出版沉思录
四川故事

何志勇/著

商务印书馆
SINCE 1897
The Commercial Press

图书在版编目（CIP）数据

出版沉思录：四川故事 / 何志勇著 . —北京：商务印书馆，2021
ISBN 978-7-100-19681-9

Ⅰ. ①出…　Ⅱ. ①何…　Ⅲ. ①出版业—产业发展—四川—文集　Ⅳ. ① G239.2-53

中国版本图书馆 CIP 数据核字（2021）第 043685 号

出版沉思录：四川故事

何志勇　著

商　务　印　书　馆　出　版
（北京王府井大街36号　邮政编码100710）
商　务　印　书　馆　发　行
北京中科印刷有限公司印刷
ISBN 978 - 7 - 100 - 19681 - 9

2021 年 5 月第 1 版　　　开本 710×1000　1/16
2021 年 5 月北京第 1 次印刷　印张 29 ½

定价：128.00 元

出版改革的思想者和践行者

柳斌杰

　　志勇同志准备出书，定名为《出版沉思录》，要我写序，我慨然应允。一是因为我对志勇非常熟悉了解，可以说，我是看着他成长起来的。二是因为志勇有思想，有情怀，有担当，一直坚守在新闻出版行业内做事，在很多出版单位干过，都干出了非常好的业绩。我国出版业之所以能创造历史上新的辉煌成绩，成为世界公认的出版大国，就是因为有一大批像志勇同志这样的中坚力量。作为他的老领导，接到这样的邀约，我义不容辞。三是因为志勇既是一个实干家，又是一个理论家。他在近三十年的出版生涯中，既勇于在实践中创新，又善于在探索中进行理论提升，发表了大量富于启迪的文章，为我国出版业改革发展，做出了理论研究上的贡献。这一点，我特别赞赏。

　　认识志勇，是我在四川省委工作期间。因分管宣传工作，对当时四川省新闻出版系统的重要人事调整记忆犹新。我清楚地记得，他是从西南财经大学出版社社长任上调到四川省新闻出版局任副局长的。那时志勇还不到四十岁，在当时是很年轻的干部。我调往国家新闻出版总署工作后，由于工作上的关系，我们的联系和交流就更多一些。印象特别深刻的是，志勇出任四川出版集团总编辑期间，为纪念小平同志诞辰100周年，四川出版集团推出了《邓小平画传》等"永远的小平"系列图书，受到社会各界广泛好评。这对四川出版扫除20世纪90年代出版"事故"留下的阴霾、增强发展信心产生了重要作用；同时，也为我国出版界纪念小平诞辰100周年添上了浓墨重彩的一笔。

2005年，志勇从四川出版集团调到四川党建期刊集团任党委书记、管委会主任。在"一把手"的位置上，充分展示了他的运筹能力。经过几年的努力，他把一个濒临亏损的四川党建期刊集团做得风生水起。我在总署工作期间，他多次就四川出版业的改革发展来找过我。我很欣赏他们这种善于思考、开拓进取、奋发有为的精神状态。

四川出版，有过辉煌灿烂的历史。四川出版业的改革，也一直走在全国前列。但是，一段时间，四川出版落后了。这是新闻出版总署和四川省委省政府都不愿意看到的。2016年四川省委做出了"振兴四川出版"战略部署，在这个关键时期，刚好志勇担任四川出版的主力军——新华文轩的董事长，担起了振兴四川出版的重任。这让我看到了四川出版重新崛起的曙光。由于我在四川工作过好几年,对四川很有感情,所以一直很关心四川的变化,尤其关注四川新闻出版业的发展。其间,我在媒体上经常看到志勇的文章和相关报道,了解到四川振兴出版的一些情况,包括他们推进的改革举措,以及这几年四川出版发生的明显变化。据报道,新华文轩下面的几家大众出版社,2015年亏损2880万元,到2019年盈利1.7亿元;文轩出版的市场占有率全国排名,也从2015年的第26位跃为2019年的第7位。短短三四年,四川出版的活力激发出来了,这是一个了不起的成就。从振兴四川出版的措施和成效看,我认为新时代的四川出版走上了一条健康的发展之路。

基于振兴四川出版取得的成绩,2016年和2019年,志勇两次荣获由出版人杂志社和北京开卷信息技术有限公司主办的书业评选之"年度出版人"大奖。这个奖主要基于数据和市场评价,是专业认同度很高的奖。在这个奖的评选史上,他是目前唯一的两次获得者。恰好这两次都是我在颁奖典礼上为他颁奖。两次颁奖,我都表达了同一个意思,一个出版家只要热爱出版事业,坚守出版本分,研究出版规律,注重出版效果,不断改革创新,就能够在出版文化这片沃土上开出灿烂的鲜花,结出丰硕的果实。

出版是传承文化、传播真理、普及科学、教育人民、服务大众的基础文化事业。出版事业的发展进步,决定着整个文化发展的面貌。我们出版工作者,无论什么时候,都肩负着记录历史、发展文化、服务人民的重任，承担着建设文化强国的使命。为此，在我国当前的出版领域，我们要在打造具有世界影响力的内容产品上、利用新兴科技增强国际传播能力上、建设具有国际影响力的出版传媒集团上、培养世界一流"大师级"的出版人才上、提升我国人均图书占有率上，切实肩负起历史责任和文化使命，为推进我国出版强国建设勇挑重担，创造中国出版史上的新辉煌。

毋庸讳言，在传播技术大革命的今天，出版业面临很多新的情况和问题，需要我们有更多的理性思考，做出更深入的研究。一方面我们要坚守出版的本来，不管出现什么情况，无论科技如何进步，变化的永远是技术、载体、平台，不变的或者说永恒的，是思想、精神、文化价值。所以，任何时候，呈现好的思想内容，推出好的内容作品，都是出版业的责任与使命。另一方面，我们要跟上时代前进步伐，积极运用互联网、大数据、云计算、区块链、人工智能等新兴科技，创新出版形态、业态、产品和服务方式，不断满足人民美好文化生活的新需要。同时，还要着力推进出版融合发展、高质量发展和国际化发展，构建与我国经济文化社会发展水平相匹配的出版格局，提供更高水平的知识服务。

坚守与变革，是出版业的时代主题，也是出版人永恒的研究课题。希望有更多的出版工作者像志勇同志一样，在工作中思考，在思考中实践，用更多的研究成果和实践经验，来丰富我们的出版理论，提升我们的出版能力，引领中国向着出版强国迈进。振兴出版，没有终点，不忘初心，永远奋斗。祝愿志勇同志在以后的工作中更上一层楼，做出更大的贡献。

2020年2月15日

目录

第二章　独特的改革之路 / 49

> 四川出版经历了激情改革的岁月。四川人敢为天下先、敢于"吃螃蟹"的精神，在出版改革中体现得淋漓尽致。四川出版改革，波澜壮阔、充满艰辛，曲折婉转、回味无穷。四川出版走过了一条独特的改革之路。

第三章　四川出版落后了 / 119

四川出版落后，这个说法很不讨喜。不少人认为，四川出版这些年改革不断，努力前行，每年都能获得不少图书大奖，每年的总结也都成绩满满。但是，在文化强省建设的背景下，四川出版好不好、强不强，需要比较才知道。与全国各省比较，四川这个出版大省，很多指标都落到了后面。这个状态，要不是冰冷的数据摆在那里，我们真不愿说、不愿正视。

一、四川出版总体落后 / 120

第四章　追问与反思 / 151

四川出版有那么多的资源，有那么好的基础，有那么多的人才，怎么就落后了呢？我们需要反复追问：为什么？

四川出版的历程如此复杂坎坷，这应当是后来者的宝贵精神财富。问题在于，前人走过的路，我们回望过吗？面对诸多问题，我们反思了吗？谋划美好未来，我们的思考足够吗？

第五章　振兴四川出版起航 / 213

> 振兴四川出版，是文化强省建设的必然要求，是四川出版人的共同心愿。在这个重大历史机遇的关头，既要广泛听取意见，又要保持清醒头脑；既要吸取历史教训，又要看清当前形势。回归常识，立足现实，一步一个脚印，积小胜为大胜，振兴四川出版才能走在一条坚实的发展道路上。

第六章　这么想，也这么做 / 245

> 振兴四川出版，需要想好了再做。想得到，才做得到。想得清楚，才做得明白。但理论总是灰色的，实践却是丰富多彩的。在前进的道路上，有令人陶醉的优美风景，也有意想不到的急流险滩。只有在尊重常识的基础上，我们才能朝着既定的目标，不断校正方向，不断开辟新的路径。

第七章　振兴四川出版的阶段性成效 / 301

> 四年来，文轩人克服一个又一个困难，迎来了文轩出版高速发展的黄金期。四年来，文轩出版一年一大进步，实现一个又一个突破，振兴四川出版取得了显著成效。文轩出版，已经以一个崭新的形象出现在人们的面前。四年的时间虽然短暂，但可以说，文轩出版创造了新的历史。

第八章　那些难忘的人和事 / 337

> 振兴四川出版的成效，在枯燥的数据背后，有着十分生动的画卷。一本本书，一个个人，一家家社，有着太多的动人故事。在四年这个不算长的时间里，在很多人认为不可能盈利的大众出版领域，两个亿的利润增加额，需要多少好书来支撑呢？又凝结着多少人的智慧和汗水呢？所以我们说："人，还是那些人；人，已不是那些人！"

第九章　新机遇与新挑战 / 367

振兴四川出版是一场长跑。四年时间仅仅是一个开始。在行进途中，我们"前有标兵，后有追兵"，稍有松懈就会掉下队来。未来的征途，挑战无处不在。未来行业格局在变，出版市场在变，我们自身的状态也在变。唯有胸怀出版理想，保持出版激情，提升出版能力，既把握方向，又认清形势，才能走出一片新的天地，迎来振兴四川出版新的辉煌。

第十章　在希望的大道上 / 399

> 振兴四川出版的良好开局，让四川出版的未来充满希望。打过胜仗的人，懂得怎么迎接下一次战役；走过来路的人，懂得怎么走好未来之路。我们深知，永远没有同样的战争，也永远没有相同的道路。创新是出版业永恒的课题。四年的历程中，四川出版人得到的最大收获是信心。四川出版人将带着自信，走向未来。

序章

四川出版有故事

　　四川是全国出版业发展起落最大的省，四川是全国出版业体制变化最多的省，四川是新中国出版史上事故最多发的省，四川是出版发展路径最独特的省，四川也是目前全国唯一明确提出"振兴出版"的省。四川出版有太多值得研究的案例。四川出版故事，有必要讲给所有做出版的人听。

（一）

出版是文化传承的重要方式，是思想集结的重要平台，是文化影响的重要源泉。出版之于人类社会，是精神家园，是未来希望，是前进灯塔。一个国家或一个地区，当经济发展到一定程度，文化发展就显得特别重要，而文化产业的"硬核"，就是出版。在社会经济的发展中，出版的地位越来越重要。出版通过影响人们的思想意识，进而影响社会经济、政治、文化和科技的发展。出版不仅是文化产业发展的重要支撑，更是社会经济发展的强大智力推动。

四川以其深厚的文化底蕴和丰富的出版资源，奠定了我国出版大省的地位。

纵观古今出版史，不难发现，四川出版在我国历朝历代都曾有杰出表现。据《四川省志·出版志》记载，自汉景帝末年"文翁教化"以来，四川人才辈出，文风昌盛。素有创新精神的四川人，很早就以介入出版活动而闻名华夏。初唐时期，四川是雕版印刷术的发祥地之一。国内现存最早的印刷品，就是唐代成都府成都县龙池坊卞家木刻《陀罗尼经咒》。到了宋代，四川雕版印刷术十分成熟，蜀刻本以其"墨黑似漆，字大如钱"名扬天下。蜀刻《大藏经》也称"开宝藏"或"蜀藏"，曾被宋高宗赠送给高丽。宋代四川成为与浙江、福建等地并列的全国刻书中心。随后几经战乱和朝代更迭，四川出版业凋零。但至清代嘉庆、道光年间，四川雕版业又发展成为与京、宁、苏、杭、徽并列的全国六大雕版中心之一。近代四川出版业获得了新的发展，铅字版取代木刻版，新书店取代旧书坊。抗日战争时期，特别是国民政府迁至重庆期间，仅成都、重庆两地的出版机构就有700多家，当时四川出版物数量约占全国三分之一，备受瞩目。

新中国成立后，我国实行出版审批制，审批的权限在中央政府。从20世纪50年代开始，中央陆续在每个省审批设立一家综合性出版社。到80年代中期，全国重新调整配置出版社，其后直到现在，三十多年来全国出版社的数量一直保持在500多家的规模。出版审批制，决定了出版社是难得的稀缺文化资源，尤其是对各省（区、市）来说，拥有门类齐全、布局合理的出版机构，是出版业"做优做强做大"的先决条件。

地方各专业出版社的配置数量与各省的文化底蕴和人文历史科技资源是密切相关的。出版社的多少，也从一个方面折射出这个省的文化底蕴是否深厚，文化资源是否丰富。深厚的文化底蕴，需要有较多的出版社为之服务；反过来说，只有丰富的文化资源，才能支撑出版社的生存发展。这是全国各省出版社数量存在巨大差异的一个重要原因。

在重庆成为直辖市以前，四川有21家出版社。除了北京、上海，在全国各省级行政区中，四川出版社的数量是最多的。相比之下，有的省区只有3~4家出版社，一般的省区也只有8~10家出版社。即使是现在，四川拥有专业分工明确、综合布局合理的16家出版社，出版社数量在全国各省区中位居前列，仍然是出版大省。

（二）

四川是一个经济大省。2019年，四川的国内生产总值（GDP）突破4.6万亿元，继续位居全国第六位。经济基础决定上层建筑。四川省强大的经济基础，对文化建设形成强有力的助推作用，能够支撑四川作为全国出版大省的地位。

四川是一个文化大省。四川历史悠久、文化繁盛、人文特征鲜明，千百年来，四川具有产生文化巨人的浓厚氛围，名人巨匠灿若星辰。四川的大学数量，特别是"双一流"大学的数量，在全国各省区当中也位居前列。文化底蕴深厚，写书的人多了，读书的人多了，出版业就会稳定发展、持续繁荣。

四川是一个人口大省。四川的人口数量位居全国前列。人口基数大，学生人数就多，课本使用量就大，教育出版的规模也就大。这种状况，为出版产业中份额最大的教育出版的发展奠定了坚实基础。

令人遗憾的是，四川如此丰富的出版资源，却并没有支撑四川这个出版大省成为出版强省。

20世纪80年代，四川出版创造过影响至今的辉煌。在那个时期，无论是在体制机制创新，还是在推出具有广泛影响力的出版物上，四川出版都堪称我国出版界的翘楚。一段时间，"出版川军"作为地方出版的劲旅而广受好评。

然而命途多舛，几经挫折，自20世纪80年代辉煌之后，从整体上看，四川出版就一路下行，其间虽有几次"反弹"，但难以根本扭转下行的颓势。到2015年，在全国35家出版集团中，代表四川出版的"文轩出版"在全国图书市场码洋占有率排在第26位。"出版大省"成了地地道道的"出版弱省"。

四川出版，一度因为重大出版"事故"频发而成为全国典型；四川出版，因为出版发行两大集团之间围绕教材教辅的激烈竞争，在全国业界备受关注；四川出版，因为发行统领出版，在全国独树一帜，成为出版发展模式的研究案例。四川出版有太多全国出版界关心关注的话题。

（三）

不管是经济资源，还是文化资源，资源都是好东西。任何市场竞争，本质上都是为了追求资源而展开的争夺战。没有资源，巧妇难为无米之炊，什么事都做不了。丰厚的资源是支撑出版做大做强的基础。

但是，仅仅依靠资源的自然禀赋，并不能带来经济的长期发展和文化的持久繁荣，因为随着经济社会的发展，资源的流动会越来越频繁。换句话说，文化资源的丰富性及其对出版业的支撑作用，并不是一成不变的。在计划经济色彩较浓的时代，或者说在市场经济不很发达的情况下，一个省的出版业，其规模、影响力与本省出版资源的丰富性密切相关。但是，在市场经济条件下，出版资源是可以流动的。哪个地方能够实现资源的最大效应，资源就会向哪个地方流动。市场经济越是发达，文化资源作为一种经济资源，其流动就越是频繁。因此，一个省的出版产业发展与其出版资源可以没有直接关系。在我国改革开放走过40多年的今天，资源早已突破了行政区划的限制，冲破了人为管控的藩篱。实践证明，一个地区的出版业如果发展得好，一家出版社可以发展为一个集团，其竞争力相当于几家、几十家出版社；反之，十几家出版社也抵不过一家出版社。这种情况，全国正反两方面的经验教训都有。由一家出版社发展为一个集团的，有重庆出版集团和中信出版集团。它们一家出版社所出的好书，比很多省区市多家出版社所出好书的总和还多；一家集团性质出版社的品牌影响力比有些省多家出版社加起来还大。

当代出版业的这种现象，与经济发展的情况类似。世界上很多自然禀赋极好的资源型国家，其经济的综合发展情况并不好。比如，自然资源十分丰富、依靠出卖资源谋求发展的国家，包括俄罗斯、澳大利亚及中东石油国家，它们的创新能力弱，经济发展水平大都不高。反而是一些自然资源极度贫乏的国家，经济资源能够实现最有效的配置与利用，比如日本、德国、瑞士等国家，创新能力很强，经济发展充满活力。由此现象，我们可以说，资源禀赋是靠不住的。对资源的过度依赖，有时还会成为经济发展的桎梏，甚至掉入"资源魔咒"的陷阱。所以，重要的不在资源，而在能力。能力，才是经济发展最重要的支撑。

纵观我国出版业，道理也一样。有些省看似"文化小省""人口小省"，却发展成为出版大省，甚至出版强省。它们解决了出版业发展最重要的问题——出版能力！几乎一切资源都是可以买到的，唯有能力是买不到的。依靠资源发展，尽管简单而直接，但只能是低水平状态；依靠能力发展，尽管漫长而曲折，却是高层次追求。所以，出版繁荣发展单靠资源是靠不住的，根本在于能力。能力建设，是一篇大文章。

（四）

推动出版能力建设，需要多思、多想，当然还要在想中干、干中想。出版产业发展千头万绪，归根到底还是要靠调动人的积极性，最终则要靠好的机制来实现。所以，发展出版产业的能力，其实就是建立一整套行之有效的机制的能力。

出版能力的提升，不会一蹴而就。我们深知，四川出版"大而不强"的问题是多年积淀而成的，是历史原因造成的，是在不经意之中一步一步掉下来的。面对这种情况，振兴四川出版，不能靠"神仙皇帝"，更不能靠一招制胜。我们没有所谓的"奇招""妙招"。如果靠一个"奇招"就能解决四川出版的问题，那么这个问题就简单了。回顾四川出版走过的曲折道路，很多问题都出在翻来覆去、违背常识。所以，解决四川出版的问题，最终还是要回到常识，采用常识性的办法。

出版产业本质上是创意产业。从创意的源头即作者和编辑个人的角度来看，出版是一个极具个性化的创意产业；从图书生产者即出版社的角度来看，出版是一个讲究分工协作的创意产业；从出版管理者即出版集团的角度来看，出版是一个高度社会化、市场化的创意产业。出版这种特性，决定了发挥好各个出版主体的作用，是发展出版产业的关键。

在三个出版主体中，人是出版的操作者，出版社是出版的组织者，集团是出版的支持者。创新创意要依靠人，出版活力来自出版人。出版社是出版人的平台和服务站，激发出版人的积极性和创造力，需要出版社建立起一套行之有效的体制机制。出版社是出版产业的战斗队。出版社的战斗力，就在于组织和调动出版人的积极性和创造力。出版集团是出版战略的指引者和推动者，是出版社的后勤保障平台。出版集团的重要作用在于为出版社服务，推动产业发展。

出版社是出版活动的平台、出版市场的主体、出版管理的核心。发展出版产业，首要问题是增强出版社的"活力"，让出版社有压力、动力和实力。一要有适当的"压力"。只有走向市场，形成一定的压力，并建立相应的目标、考核和奖惩体系，出版社才能有活力。那种躺在教材教辅业务上混日子的状态，永远也不会有充满活力的出版主体。二要有足够的"动力"。动力来源于出版人对事业的追求和对利益的满足，因此，适当扩大出版社自主权，并建立一套激励与约束机制，显得十分重要。三要有一定的"实力"。这需要建立出版"反哺"机制，注入包括资金在内的各种出版资源，为出版社提供参与市场竞争的条件。

发展出版产业，需要有共同追求的目标。没有梦想的队伍是没有前途的。对四川出版来说，无论现状多么困难，都必须有一个远大的目标和理想。振兴四川出版的提出，为四川出版提供了一个难得的宏伟目标。四川出版萎靡不振、徘徊不前的时代必须结束，四川出版人要"雄起"，要重新站立起来。

出版主体有活力、有目标，还要有一个"外向拓展型"的发展战略。四川出版多年的徘徊甚至沉沦，自觉不自觉地走入了"内卷化"这种没有发展的增长状态中。出版不敢面向市场，也不相信市场，看不到市场才是希望，市场才是未来。因此，确立眼睛向外的战略，要求各个出版主体树立大局观，跳出存量，走出地界，着眼增量，走向全国，彻底摆脱四川出版多年来"内卷化"的状态。

振兴四川出版，不是要新设机构，也不是要进行人员大换血，而是要重新界定集团、出版社和出版人的责权利关系，立足现有的集团架构，立足现有的人才队伍，用好现有资源，开展内部良性竞争，朝着宏伟的目标迈进。我很赞同这两句话："无极致，不变革"；"无大势，不颠覆"。在现有潜力尚未充分释放的情况下，我们要做的就是挖掘潜力，释放活力，而不是急于去变革体制、搞"大动作"；在外部条件还不充分具备的形势下，我们应该把精力放在做好内部的事情上，在具备与同行相同条件的基础上，把事情做得更好。

实际上，这几年振兴四川出版的实践，在我看来，是"通盘无妙手"。我们没有"大改革""大手笔""大动作"。我们是以"积小胜为大胜"的方式，力争每年有一点进步，经过若干年的力量积累，再回头来看，可能就实现了一个跨越。自2016年开始，我们在总结过去经验与教训的基础上，立足出版本来，回归出版常识，遵守出版规矩，遵循出版规律，以问题为导向，综合施策，通过建立长效机制，逐步解决了文轩出版发展中的一系列问题。文轩大众出版呈现出令人振奋的发展态势。四年来，文轩除四川教育出版社以外的8家大众出版社，2015年亏损2880万元，2019年已盈利1.72亿元；在全国35家出版集团图书市场码洋占有率的排位也从第26位上升到第7位。盈利水平和市场排位的巨大变化，背后是一大批好书涌现出来。对文轩出版乃至整个四川出版业来说，这是一个历史性的跨越。

振兴四川出版是一场"长跑"，要凝神聚力，要昂扬向上，要目标高远，要久久为功。四川出版不是一两天就"掉"下来的，振兴出版也不可能一两天就"拉"上去。一般来说，"下来"容易"上去"难。因此，振兴四川出版，要靠发展的后劲，要有可持续的力量。一时之快不是快，持续发展才是快。振兴四川出版，需要持之以恒，需要一大批有情怀、有理想、有能力的四川出版人共同奋斗。

（五）

这几年四川出版取得的成绩，说明四川出版人其实是有能力的。关键在于要让这种能力保持下去，并不断提升。事物的发展往往有吊诡的一面。当我们如临深渊，如履薄冰，重视问题，小心决策，事业就会发展起来。反之，妄自尊大，信心爆棚，莺歌燕舞，举止轻率，结果取得的成绩也会丢失。正所谓生于忧患，死于安乐。事业的兴衰已经反复证明了这一点。

这当中最需要警惕的是只说好听的不说难听的，只讲成绩不研究问题。我们的文化似乎不太喜欢谈论问题，不习惯说自己的不足，不乐意听不同的声音。我们出版业更是有报喜不报忧的传统。有的出版社习惯于渲染一两本出彩的书，来掩饰总体经营水平不高的问题。之所以能够"一俊遮百丑"，是因为好听的话让说话的人有面子，让听话的人很舒服。

我们明白，多谈问题并非易事，这需要胸襟和自信，也需要氛围和环境。如果我们不能建立问题思维，坚持问题导向，就难以找到破解未来问题的路子，就很难在解决问题中向前；过去出现过的问题就会重现，一不留神，就会回到过去，已经取得的成绩，也会丢失。这是历史的教训。

伟大的企业，往往都具有发现问题的真诚，面对问题的坦然，讨论问题的平和。这样的企业，充满自信，内心强大，习惯在不断发现问题和解决问题中一步一步朝前走。在发现问题和解决问题中朝前走，犹如负重登高，艰难之中，距离巅峰越来越近；在粉饰太平中过日子，犹如顺流而下，蓦然回首，"轻舟"已过万重山。

四川出版要实现振兴，我们需要有面对问题的勇气和胸襟。可喜的是，文轩具有面对问题的从容和自信。文轩的发展历史，就是一部不断发现问题、认识问题、解决问题的历史。经历过风雨，就不怕听雷声。

（六）

应该说，一个省的出版业，任何时候，都有做得好的一面和做得不好的一面。每个时期都有可圈可点的闪光点，也有这样那样的问题。我们既不能拿做得好的闪光点来说明这个时期总体做得好，也不能以这样那样的问题来说明这个时期总体做得不好。四川正在建设文化强省。"强"与"不强"是相对的，是与全国各省相比较而言的。因此，评价一个时期一个省的出版业的发展状况，要放在全国出版业这个维度，看是进步了，还是落后了。处于进步状态的时候，不仅有数据支撑，表现出来的闪光点也更多；而处于下行状态的时候，不仅数据不好看，而且问题显得较多。实际情况是，发展好的时候，往往会更多地看到问题，在解决问题中前行；而发展不好的时候，反而不大谈论问题，往往乐意更多地讲成绩，有意无意地用一些闪光点来掩饰问题。

过去的经验和教训，都是我们前行的宝贵财富。一般而言，总结经验容易，研究教训不容易。经验不易复制，教训却容易重演。因此，研究教训具有更大的现实意义。过去我们的很多教训，都在追逐一个"快"字、贪图一个"大"字上。做什么事情，都要快速响应，立竿见影；做什么事情，都要"大手笔""大动作"。似乎不快、不大，就不能与众不同，就显不出"英雄本色"。"快"，使事情都还没有来得及想清楚、说明白就开始干了，结果如何，可以想象；"大"，使细节都还没有拼接，短板尚未解决就大而化之，不落实、不落地，效果如何，可以预测。

"治大国若烹小鲜"，治理一个行业，管理一个企业，道理应该是一样的。大动干戈，翻来覆去，眼前看似轰轰烈烈，热闹之后定是冷冷清清。最近读到钱穆先生讲的"历史进化以渐不以骤"的观念，颇受启发。历史的变化是慢慢积累的，不会一下子就变。在历史的演进中，做几件突变的事，是容易的；而要每时每刻不断地推动发展，是不容易的。使劲一下子，跟持续不断使劲，功力、耐力都不一样。

（七）

历史的教训值得铭记。四川出版，既创造过让一代代四川出版人引以为豪的骄人业绩，也经历过因重大出版"事故"带来的挫折与灾难，特别是20世纪90年代发生的一连串"事故"。虽然岁月已远去，渐渐为人们所淡忘，但我们应以史为鉴，时刻警醒，经常反思。江泽民同志当年发出"出版无小事"的感慨，值得我们深思并谨记。

四川，可以说是改革开放以来我国出版业起伏最大、兴衰最烈的省份。四川出版大起大落的背后，隐藏着怎样的"玄机"？是什么原因导致了四川出版的衰落？四川出版未来还有希望吗？四川出版能不能振兴？如何振兴？这些话题很沉重，但需要四川出版人予以回答！

目睹四川出版最近三十年的风云变幻、起起落落，作为这一段历史的亲历者、见证者，乃至现今新华文轩振兴出版的"操盘手"，我必须研究、思考并要以实际行动回答这些问题。这既是理论课题，更是实践需要；既是职责所在，更是使命使然。莎士比亚有句名言："凡是过往，皆为序章。"将我之所见所闻、所思所想、所感所悟、所行所为述诸笔端，相信对后来者也会有所启示。

忘记历史意味着背叛。我无意为四川出版写史，也无能力写史。但站在当下新的历史方位，肩负振兴四川出版的重任，我们迫切需要以历史眼光和国际视野来研究我们的得与失，正视我们的强与弱，发出我们的鼓与呼，迫切需要从前行者和同行者中吸取经验、借鉴智慧。如果没有这样的胸襟与气度，就难以肩负起振兴四川出版的历史使命。所以，本书对四川出版发展历程的粗略回顾，目的在于总结既往，走好未来之路。

最近四年，在振兴四川出版的日日夜夜，我和我的同伴们朝夕相处、荣辱与共，我亲身感受到在一个伟大目标的激励下，人们是怎样迸发出难以想象的创造力。他们用智慧和汗水创造

了"奇迹"，创造了"历史"。这个"奇迹"，需要总结；这段
"历史"，应该记录。

今天，四川出版走上了一条充满希望的大道，这条振兴之路
必定不会平坦——螺旋式上升、波浪式前进应是常态，特别是互
联网、大数据、区块链、人工智能等新兴科技给出版业带来了巨
大的不确定性。面对未来，我们心怀忧虑，唯有时刻铭记四川出
版"到了最危险的时候"，在忧患中凝聚共识、汇集力量，方能
把振兴四川出版推向更高的发展阶段。

（八）

过去的努力值得尊重，我们要向各个时期的四川出版人致
敬。他们当初为了做好四川出版工作，苦苦求索，难能可贵。他
们的选择和做法，从当时情况来看，都自有其道理和原因，但结
果往往事后才能看清。尽管从现今"事后诸葛亮"角度审视，我
们确实走了不少弯路，但无论对错，真诚改革都值得尊重；过去
的探索和实践，都是四川出版的宝贵财富。

出这本书，是希望通过四川出版这段故事，让出版人能够
讲好未来更加精彩的故事。出这本书，不是想去发现别人没有发
现的东西，而是针对所有人都看得见的问题，做一些我个人的思
考。出这本书，也不是想去证明什么。如果要说有一点想证明的
话，那就是想证明两千多年来延续至今的四川文化基因很强大；
四川出版人血脉里那种一脉相承的敢为天下先、敢闯敢干、勇于

拼搏的精神力量很强大。四川出版人可以有所作为，能够有所作为；四川出版可以再次走在全国前列，并为四川文化强省建设做出更大贡献。

第一章

辉煌的 80 年代

　　四川出版故事，一定要从 20 世纪 80 年代说起。80 年代，是四川出版的一个辉煌时代。四川出版人给 80 年代刻下了一道深深的出版印记，让人久久不能忘怀。80 年代的辉煌历程，奠定了四川出版人的自信，也使四川出版人心中多了一份难以名状的骄傲。

一、"两大突破"引领行业发展

伴随着我国改革开放的脚步，四川出版迎来了一个崭新的发展春天。20世纪70年代末到80年代中后期，是四川出版最为辉煌的一个时期。四川出版人以敢为天下先的创新精神，顺应时代发展潮流，率先突破体制束缚，推动出版改革，推出了一大批具有广泛影响力的图书，树立了新中国成立以来四川出版的一座高峰。

（一）率先突破"三化"方针，引领行业发展

中华人民共和国成立后至1976年，四川出版界贯彻执行地方出版社"地方化、群众化、通俗化"的"三化"编辑方针。[①]这个方针要求出版社只能依托本省作者，关注本省题材，在本省出版发行图书。出书强调"字大、图多、本薄、价廉"，内容一般是突出政治、围绕中心、配合运动、宣传典型、普及知识。这个要求，因对出版社在出版题材、书稿来源、作者范围和图书发行等方面的严格限制，对出版社的发展是很大的束缚，以致四川在二十多年里推出的本版图书不多，有保留价值的好书很少；四川知名作者的书稿源源不断地外流，令人痛惜。多年来，四川甚至

---

① 《四川省志·出版志》（上册），四川人民出版社2001年版，第15页。

没有出版过一部中长篇小说，也没有团结到一批本省作者。在改革开放前的计划经济时代，能够分配给四川的图书十分有限，很多图书还没拿到书店门市就卖完了。新华书店门口经常有群众通宵排队买书。有读者为了买到一本《一千零一夜》，甚至在书店外排了"一天零一夜"。

面对"文化大革命"后的严重"书荒"和当时四川一亿多人口（含重庆）的巨大读者需求，四川出版人积极探索出版新路，在全国率先突破"地方化、群众化、通俗化"方针的限制，迈出了"立足四川、面向全国"的崭新步伐。

早在十一届三中全会召开之前，四川出版人就在积极探求突破"三化"方针限制。1977年，四川人民出版社得到了《周总理诗十七首》书稿，但是根据"三化"编辑方针，中央领导同志的著作地方出版社不能出版。后来经过出版社反复研究，认为人民对总理非常热爱，总理青年时代的诗很珍贵，选题十分难得，出版这本书能够很好地表达四川人民对周恩来总理的挚爱，于是决定突破"三化"限制，出版此书。为了慎重起见，四川人民出版社特将书稿送请著名诗词曲大家、书法家赵朴初先生校订，并征得邓颖超同志同意后才正式出版。《周总理诗十七首》的出版，是当时全国地方出版社勇闯"禁区"迈出的第一步。该书出版后连出两版，印刷三次，向全国发行近100万册，受到读者热烈欢迎。许多领导、思想文化界名人纷纷向出版社要书。有的省还自行翻印。赵朴初先生发表书评文章《真能参透生死关——读周总理遗诗志感》，对周总理的诗给予极高评价："周总理的遗诗，虽然只寥寥十七首，却为我们透露了总理青年时期内心世界的一些片段，从而使我们在总理崇高形象上见到了过去不曾见到的另一个光辉的方面。"①

十一届三中全会召开前夕，四川人民出版社组织策划了由彭德怀元帅的警卫参谋景希珍口述、丁隆炎整理的《在彭总身边》书稿，书中记述了彭德怀同志在庐山会议前后的一些感人事迹。这是一个政治性很强且十分敏感的选题，特别是书稿中有一段写到毛主席对彭德怀说："庐山会议已经过去了，是历史了，现在看来，真理可能在你一边……"当时，"两个凡是"的阴影还没有完全驱散，这样一本书能不能出版？这句话要不要保留？后来经过出版社认真研究，决定书要出版，毛主席说的那句话也不能删。②十一届三中全会后，中央为彭德怀平了反，四川人民出版社立即出版了《在彭总身边》，在全国引起强烈反响。时任中央宣传部部长的胡耀邦同志肯定了这本书，说："我一口气读完《在彭总身边》，写得好，很感人。"同时，全国许多报纸转载，电台进行了广播。③

随着"三化"方针限制的率先突破，四川人民出版社向四川籍全国知名作家和在四川工作过的知名作家约稿，推出了郭沫若的《东风第一枝》、巴金的《巴金近作》、曹禺的《王昭君》、柯岩的《周总理，你在哪里！》等一系列图书，在全国引起强烈

① 李致：《李致与出版》，四川教育出版社2013年版，第303页。
② 《四川省志·出版志》（上册），四川人民出版社2001年版，第185页。
③ 李致：《李致与出版》，四川教育出版社2013年版，第304页。

反响。随后，湖南、吉林等地出版社也把眼光投向了全国。

1979年12月8日，国家出版局在长沙召开全国出版工作座谈会。会上对地方出版社出书是否应该突破"三化"限制、实行"立足本省，面向全国"方针争论很大。会议期间，时任国家出版局局长的陈翰伯专门听取了四川代表汇报四川的探索与实践情况，他对四川出版界解放思想、突破"三化"方针的举措极为赞赏。随后，陈翰伯在大会上明确指出："要充分发挥中央和地方出版社两个积极性，目前要特别注意发挥地方的积极性，同时要树立全国一盘棋的思想。"他表示，"立足本省，面向全国、兼顾全国，可以试行。"会议最后确立了"地方出版社出书可以不受'三化'限制"的原则。四川出版界"立足本省，面向全国"的探索与实践，受到与会领导和许多代表的肯定和支持。①

"立足本省，面向全国"，有利于发挥地方出版社的积极性，有利于在出版领域突破计划经济的藩篱、让出版事业迈向社会主义市场经济，有利于社会主义出版事业的繁荣，是出版战线实事求是、解放思想、积极探索的结果，为四川和全国出版业开辟了新的发展道路。经过长期实践证明，突破"三化"、面向全国，被认为是改革开放以来我国出版界最早的一项重大改革举措。

（二）率先实行专业化发展，出版社"一分为九"

十一届三中全会之后，四川出版人以敏锐的触角、开阔的视

---

① 《四川省志·出版志》（上册），四川人民出版社2001年版，第186页。

野、前瞻性的眼光，进行了涉及广、触动深的改革，在全国率先打破地方人民出版社大一统的格局，实行出版社专业化分工，推进出版专业化发展，使四川出版获得了飞跃式的发展。

四川出版业在制定"六五"计划（1981～1986）时，提出了"把四川建设成继北京、上海之后又一个出版基地"的奋斗目标。这个规划极大地激发和调动了四川出版工作者的积极性和创造性。从1980年10月至1985年6月不到5年的时间里，四川人民出版社"一分为九"。

回顾四川出版的发展历程，首先要说的是四川出版的母体——四川人民出版社。四川人民出版社于1952年10月在合并川西、川南、川北人民出版社的基础上成立。1954年10月，四川人民出版社与四川民族出版社（1953年初西南人民出版社撤销后部分人员到成都筹建）合并，四川人民出版社内设民族读物编辑室，对外联系和出版图书，仍沿用四川民族出版社原社名和社号。1957年10月，四川民族出版社恢复建制，与四川人民出版社分离，行政上由省民委管理，业务上由省民委和省委宣传部领导。1961年，根据中央"大力实行紧缩和精简人员"的指示要求，四川民族出版社与四川人民出版社再次合并。1966年6月，"造反派"将四川人民出版社改名为"东方红出版社"，除出版毛主席著作和印制毛主席像、林彪像、样板戏小册子外，停止一切编辑工作。直到1970年才又恢复四川人民出版社社名。1971年至1972年夏，四川人民出版社除留19人"守家"之外，其余人员全部下放到名山县百丈湖"五七干校"学习劳动，出版工作基本停顿。1972年干校劳动结束，下放人员回到出版社工作。

十一届三中全会后，四川人民出版社的编辑出版工作步入正常状态，并在出书范围、经济效益、职工队伍建设等方面均有较大发展。1984年，经中共四川省委批准，四川人民出版社升为副局级单位。①

1978年10月，国家出版局在江西庐山召开全国少年儿童出版工作座谈会。会议制定了1978年至1980年三年重点少儿读物的出版规划。为繁荣少儿读物的出版，会议决定在每一个大区成立一家少儿出版社。1980年10月，四川出版界抓住机遇，在四川人民出版社少儿读物编辑室与红领巾杂志社的基础上，组建了四川少年儿童出版社，这是当时全国仅有的4家少年儿童出版社之一。

1982年9月，在四川人民出版社科技读物编辑室的基础上组建了四川科学技术出版社。1983年8月，在四川人民出版社文教编辑室的基础上组建了四川教育出版社，并于同期成立巴蜀书社。1984年9月，在四川人民出版社文艺编辑室和美术编辑室的基础上分别组建了四川文艺出版社和四川美术出版社。1984年11月，四川民族出版社再次从四川人民出版社分离出来，恢复独立建制。1985年6月，在四川人民出版社1975年开始具体管理的《汉语大字典》编纂处的基础上，成立了四川辞书出版社。

最终，在四川人民出版社1家出版社的基础上组建了9家直属于四川省出版总社的省级出版社。

① 《四川省志·出版志》（上册），四川人民出版社2001年版，第51页。

1994年10月，在四川省新闻出版局"中国农村文库"编辑部的基础上又成立了四川省新闻出版局直属出版单位天地出版社。

除上述作为四川省新闻出版局直属单位的出版社之外，四川省还相继成立了一批主管主办单位各异的出版社。

在原西南人民出版社等机构的基础上，1953年2月，组建了"重庆市人民出版社"，1955年7月，更名为"重庆人民出版社"。1963年12月，重庆人民出版社并入四川人民出版社，改为"四川人民出版社重庆办事处"。1980年12月，恢复原重庆人民出版社建制，更名为"重庆出版社"。2005年4月，在重庆出版社的基础上，组建"重庆出版集团公司"。

1983年3月，四川省社会科学院出版社成立。

1985年1月至10月，四川大学出版社、电子科技大学出版社、重庆大学出版社、西南师范大学出版社、蜀蓉棋艺出版社（后更名为"成都时代出版社"）、成都地图出版社、西南交通大学出版社、成都科技大学出版社（后并入四川大学出版社）、西南财经大学出版社等高等院校和其他系统的出版社相继成立。[①]

1988年11月，成都出版社成立。

1997年3月，重庆市成为中央直辖市，重庆出版社、重庆大学出版社、西南师范大学出版社随后即划归重庆市新闻出版局管理。

随着国家新闻出版署的建立，四川省新闻出版局于1987年

---

① 《四川省志·出版志》（上册），四川人民出版社2001年版，第53～61页。

8月成立，四川省出版总社同时撤销，新闻出版管理由事业管理性质转向行政管理性质。这次体制调整与变化，全面加强了对整个出版行业的管理，包括对出版、印刷、发行等多方面的行政管理。

1987年10月，四川人民出版社率先进行领导体制改革，实行社长负责制。此后省内其他出版、印刷、发行单位相继实行社长、厂长、经理负责制。1988年3月10日，四川省财政厅和四川省新闻出版局签订《关于承包上缴任务协议》，省财政厅对省新闻出版局实行利润总承包，采取包死基数、超收自留的办法。随后，四川省新闻出版局对直属出版单位实行独立核算、自负盈亏，全系统推行目标管理责任制和承包经营责任制。如对直属单位中的书店、工厂、公司实行承包经营责任制，对直属出版社则一部分实行目标管理责任制，多数实行承包经营责任制。

四川人民出版社"一分为九"的出版专业化改革与发展，对于拓展出书领域、优化选题结构、繁荣出版事业，起到了积极的推动作用，为四川出版产业奠定了基础。

二、大批精品力作影响深远

"名家荟萃，佳作纷呈，读者推崇，影响深远"，是20世纪80年代四川出版的真实写照。四川出版人以精益求精的敬业精神和强烈的文化担当，敏锐捕捉读者需求，在多个出版领域好书纷呈、百花齐放，迎来了四川出版业的一个全盛时代。

（一）出版了一大批名家名作

"文化大革命"十年，文化荒芜，人们渴望精神食粮，对图书需求极其旺盛。同时，粉碎"四人帮"后，一大批备受屈辱的文学巨匠和富有学识的老教授、老专家从"牛棚"中解放出来，焕发出新的青春，写出了许多感人肺腑的作品，迫切希望出版社予以出版。四川出版界敏锐地把握住这一发展机遇，推出了大批图书，其中老作家的"近作系列"和"选集系列"显得特别耀眼。这两套丛书一经出版便引起巨大反响，受到广大读者热烈欢迎。特别是"近作系列"，对恢复老作家、老专家、老教授的名誉产生了积极而重要的影响。曾任国家出版局副局长的刘杲说："其作用绝不亚于组织部的'红头文件'。"[①]

"近作系列"题材广泛，内容丰富，有小说、诗歌、散文、评论、翻译、儿童文学等，是满足特殊年代特殊需要的一种特殊出版样式。正如唐弢在《唐弢近作·后记》中所说，"近作"是一种新创造的图书出版样式，满足了特殊年代读者的特殊需求。同时，"近作系列"还是沟通作者与读者的桥梁。丁玲在《丁玲近作·后记》中说："这些文章，自然很能说明我的心情，也可以告慰于许多好心读者对我的关切和鼓励，同时可以减轻一点一年多来我没有给一些读者及时复信或竟然没有复信引起的内疚。"《叶君健近作》《严文井近作》是当时难得一见的翻译家和儿童文学作家

---

① 李致：《李致与出版》，四川教育出版社2013年版，第306页。

近作，大受读者欢迎，特别是《叶君健近作》。该作1979年6月出版，第一版印刷发行就达30万册，创造了"近作"系列图书的奇迹，对缓解儿童文学作品的严重短缺产生了积极作用。

"近作系列"推出了巴金、茅盾、郭沫若、丁玲、唐弢、夏衍、艾青、艾芜、周立波、王西彦、王朝闻、碧野、吴强、叶君健、严文井等20余位知名老作家的近作。最早推出的是《巴金近作》，它的出版为巴金恢复名誉起到了很好的作用。1978年6月12日，郭沫若逝世。同年8月，四川人民出版社推出了郭沫若有关四川的诗集《蜀道奇》，并影印了《蜀道奇》手迹；9月，又推出郭沫若近作《东风第一枝》。这两本书的出版，表达了家乡人民对郭老的怀念。

1982年初，四川人民出版社负责人专程赴沪，登门拜访巴金，与其商议出版《巴金选集》事宜。随后仅用9个月就出齐了三百多万字的《巴金选集》十卷本（包括平装本和精装本），创造了出版史上少有的出版速度。巴金不仅修改和校订了此书，且在书的《后记》中说："我严肃地进行了这次编辑工作，我把它当作是我的后事之一，我要按照自己的意思做好它。"

1980年，四川人民出版社负责人听说曹禺的《王昭君》一剧还未出书，便主动到北京登门造访，并约定在三个月内出版《王昭君》单行本。《王昭君》出版后，曹禺对《王昭君》一书的出版周期特别是装帧设计感到非常满意，决定与四川人民出版社谈"生死恋"，把自己的全部著作交给四川人民出版社出版。就这样，四川又先后出版了曹禺的《雷雨》《日出》《北京人》等作品及新成集子《论戏剧》。

四川出版人对老作家的诚意和精益求精的工作精神，使一大批老作家或其后人都愿意让四川人民出版社出版他们的选集。于是，鲁迅、郭沫若、茅盾、巴金、老舍、冰心、丁玲、沈从文、陈白尘、萧乾、沙汀、艾芜、何其芳、李劼人、周文、陈翔鹤、邵子南等几十位老作家的选集，相继在四川人民出版社出版。为确保选编质量，出版社要求，凡健在的全国著名作家，由作家自选或经作者同意由专人编选，而《鲁迅选集》则是出版社请时任人民出版社社长、总编辑、编辑出版家戴文葆编选。

一大批老作家作品的重新出版，使广大读者有机会目睹"五四"以来中国民主革命的历史画卷，从中汲取精神力量。同时，四川人民出版社还出版了"当代作家自选集"丛书、"报告文学"丛书、"收获"丛书和《小说选》。一大批著名画家的画集也相继问世。四川美术出版社出版的《张大千临摹敦煌壁画》《于右任书法》《中国版画家选集》《中国漫画家选集》等，具有很高的艺术价值。

钱穆是当时"客居"台湾的一位著名儒学学者，巴蜀书社几经周折征得钱穆同意，出版了他在香港、台湾期间撰写的学术著作《论语新解》。该书的出版，给当时海峡两岸文化交流带来了新机。

（二）出书"名牌多、成系列、有重点"，经济效益显著

在"近作"系列和"选集"系列等获得广泛赞誉的同时，四川出版界还推出了一大批具有广泛影响和双效显著的精品力作。

四川科学技术出版社在传播科技知识方面成效卓著。中国改革开放是从农村开始的。早在1979年，当时的四川人民出版社科技读物编辑室就预见到农村改革发展的需要，开始规划编辑出版100种"农村多种经营"丛书。这套丛书出版后，仅《社员专业户栽桑养蚕》就发行了79万册，《笼养鸡与鸡病防治》发行50万册。该丛书还介绍了水果、蔬菜、银耳等作物的种植栽培与病虫防治技术，以及长毛兔、鸡、鸭、奶牛、多种鱼类等养殖技术。六年间，这套丛书出版80多种，发行逾600万册，造就了四川省成千上万的养殖专业户。在乐山、内江，致富后的农民把丰收的柑橘成筐成筐地挑进当地新华书店，感谢书店为他们带来了有关多种经营的图书。此后，四川科学技术出版社还组织出版了"中医医学"丛书和第一部在自然条件下考察大熊猫的专著《卧龙大熊猫》等多种有广泛影响的图书。

四川少年儿童出版社为少年儿童制作了一把打开知识宝库的"金钥匙"，出版了"小图书馆"丛书。为了编好这套丛书，出版社编辑人员深入农村、工厂、机关、学校调查，并约请作家、教育家、儿童教育专家推荐选题和书目。该丛书120种，内容广博，有中国现代文学、中国古典文学、外国文学、自然科学知识、思想品德修养、社会科学知识六类；编选精当，注重引导，装帧精美。这套书的出版，受到党和国家领导人的关注与好评。时任中共中央政治局委员、中央军委副主席杨尚昆，国务委员、国防部长张爱萍，全国政协副主席康克清，中顾委常委伍修权等，纷纷赞扬这套丛书出得好、有意义；沙汀、秦兆阳等知名作家也专门写文章推荐这套丛书。

与此同时，四川出版界还在文化积累上下功夫。四川辞书出版社和湖北辞书出版社共同承担了编辑出版大型汉语语文工具书《汉语大字典》的任务。《汉语大字典》是我国文化建设史上的一项重点工程，由周恩来和邓小平批准编写，胡耀邦也专门作过批示。从1975年起，四川和湖北两省数百名专家、教授为编纂这部巨型字典呕心沥血。1990年10月，《汉语大字典》全书8卷出齐，这部世界上收录楷书汉字单字最多的字典出版，结束了我国长期以来"大国家，小字典"的局面，是国内出版界史无前例的一大创举。

西南地区唯一一家古籍专业社巴蜀书社，影印出版了大型类书《古今图书集成》（82册）、道家经典《道藏辑要》（35函）；同时，还策划推出了"中华文化要籍导读"丛书（50种）、"中国古典文学赏析"丛书（30种）、"中国古代文史名著选译"丛书（135种）、"中国古代哲学名著全译"丛书（35种）等一大批极具权威性和影响力的学术著作，引起了全国学术界的高度关注，也奠定了巴蜀书社在古籍出版界的主力军地位。

1986年，在北京中国革命博物馆举行的首届全国书展上，四川以1500多种图书参展，引起了社会各界的广泛关注。新闻界评价川版书具有"名牌多、成系列、有重点"的特点；《人民日报》（海外版）说"天府之国成为出版大家"。在川版书座谈会上，杨尚昆、邓力群、张爱萍等中央领导人或题词或发表谈话，称赞四川出版工作做得好，有特色。

四川率先实行"立足本省，面向全国"方针后，全国许多知名作家和学者纷纷将其著作交由四川出书，四川出版由此走上了快速发展轨道。据统计，1985年四川出版总社出书1800多种，5.8亿多册；新书品种比1980年增长229%，总册数增长82%。

20世纪80年代，四川出版界在坚持把社会效益放在首位的同时，也取得了显著的经济效益，不仅建起了职工宿舍，还在成都市盐道街3号出版大院修建了十二层办公大楼。这座出版大楼成为那个年代四川出版的标志性建筑。这在当时全国出版界实属少见。此后，"盐道街3号"就成了四川出版的代名词。

三、"走向未来"丛书的轰动效应

"走向未来"丛书，是20世纪80年代我国出版界"现象级"常销书。该丛书影响深远，不仅在当时引领时代思想潮流，而且至今仍为人们津津乐道。这套书，可以说是20世纪80年代四川出版的众多好书中的典型代表。

（一）"走向未来"丛书的出版

"走向未来"丛书的《编者献辞》写道："我们期待她能够展现当代自然科学和社会科学日新月异的面貌；反映人类

认识和追求真理的曲折道路；记录这一代人对祖国命运和人类未来的思考。"这段话，就是编者给予"走向未来"丛书的期望。

"走向未来"丛书由四川人民出版社出版，从1984年开始，历时5年，陆续出版了74种，小32开本，总计1080万字。书价从《人的发现》0.81元到《波兰危机》2.50元，篇幅从《画布上的创造》7.2万字到《波兰危机》20.2万字不等，内容涵盖物理学、社会学、经济学、生物学、哲学、历史学等学科最前沿的新知。

"走向未来"丛书受法国启蒙运动时代百科全书影响，延续了"五四"科学精神，跨越学科限制，跨越古今中外，其宗旨是思想启蒙，推动国人吸收世界新的价值观和方法论，走向全方位的现代化。这套丛书，是时任中国社会科学院青少年研究所所长张黎群有鉴于四川人民出版社出书思想解放，直接向当时四川人民出版社负责人推荐的，因而得以在四川出版。

"走向未来"丛书聚集了20世纪80年代中国最优秀的一批知识分子，代表了当时中国思想解放最前沿的思考。内容主要着眼于"人的现代化"，向读者介绍各个领域的新科学、新知识和新方法论，学科力求全面，使青年认识中华民族的历史地位，科学地认识世界发展趋势与进程。在这些著作中，有些是运用新的科学方法探寻、认识和回答重大历史与现实问题，例如探索中国封建社会为什么长期延续的《在历史的表象背后》，研究中国近代科学为什么落后的《让科学的光芒照亮自己》，揭示中国近代士大夫面临西方强大挑战的文化心理定式的《儒家文化的困境》，对中国部分地区经济长期落后原因进行考察、研究振兴机制的《富饶的贫困》等。这些著作对当时的社会改革带来了巨大影响。一段时间里学术界的"方法论热",也直接得益于丛书翻译推出的"信息论""系统论""控制论"等方面的著作。

"走向未来"丛书富有思想性,贴近时代并结合中国改革的实际,既有编译西方的内容,多学科交叉,也有中国年轻学者原创的著作。丛书的市场营销策略也非常高明,打了一套组合拳:一是封面简朴,采用了中央美院年轻画家戴士和画的现代派抽象画,时尚新颖,颇具视觉冲击力,贴近当时大学生的审美品位;二是开本设计为窄窄的小32开,便于学生口袋携带;三是每本书的篇幅通过精心编辑,内容精练,从而使成本得到控制,贴近当时大学生的购买力。

"走向未来"丛书于1984年至1988年陆续推出。1984年出版了《在历史的表象背后》《让科学的光芒照亮自己》《GEB——一条永恒的金带》《增长的极限》等12种;1985年出版了《人的现代化》《西方社会结构的演变》《凯恩斯革命》《大变化时代的建设者》等14种;1986年出版了《富饶的贫困》《儒家文化的困境》《弗洛伊德著作选》《悲壮的衰落》《新教伦理与资本主义精神》等14种;1987年出版了《走向现代国家之路》《哲学的还原》《马克斯·韦伯》《整体的哲学》《人的创世纪》等20种;1988年出版了《波兰危机》《人的哲学》《卖桔者言》《伦理思想的突破》等14种。这些书对当时的年轻人来说,完全是新知识、新观念、新思想。"走向未来"丛书累计总印量1800万册。

其中，像《增长的极限》《GEB——一条永恒的金带》《在历史的表象背后》《让科学的光芒照亮自己》《人的现代化》《新教伦理与资本主义精神》《凯恩斯革命》等书销量达数十万册甚至上百万册。

（二）"走向未来"丛书的巨大反响

"走向未来"丛书出版后，在全国引起巨大反响，在读者中出现了争购热潮。每一本"小白书"出来后都被一抢而空，人们争相传阅，一时洛阳纸贵！20世纪80年代的大学生，几乎没有不知道"走向未来"丛书的。在当时的很多大学里，"走向未来"丛书不是在书店里卖，而是在马路旁操场上堆成一堆，由学生自己挑，可以说人手一册。一个大学生通常买丛书中的一种或几种，然后与其他同学交换着看。1984年9月3日，《人民日报》以"一套开阔眼界的大型丛书"为题，发文称赞"走向未来"丛书："丛书涉及许多读者不熟悉的新知识，丛书作者力求叙述深入浅出，书中穿插了不少有趣的故事，运用了不少生动的比喻，读来兴味盎然。"

"走向未来"丛书的影响大大超出了编者、作者和出版者的预期。那时凡是在海报上印有"走向未来"丛书撰稿人的名字，都有极强的号召力。《儒家文化的困境》出版后，北京大学、清华大学、南开大学、南京大学等全国各地高校都邀请作者萧功秦做学术演讲。在北京大学演讲时，原本只能容纳300人的演讲厅，结果到了500多人。1985年北京大学召开了"走向未来"丛书研讨会，浙江、上海等地相继成立了"走向未来"丛书读书俱乐部，国外留学生、老山前线战士以及山区里的小学教员纷纷写信求购丛书。当时武汉有一农民还自办小报专题宣传丛书。一些年轻人还把这套丛书当作新婚礼品奉送。因"科学方法"是丛书高扬的旗帜，在社会上以引"三论"（控制论、信息论、系统论）为时髦，以至于流传着"谈恋爱时如能扯几句'三论'，那事情基本上就成了"之说。

由于急切地想把国外新知告诉给中国读者，而编者和作者的水平又参差不齐，致使"走向未来"丛书质量不一，甚至一些图书在某些问题上存在思想倾向、立场观点的错误。尽管如此，还是没有影响广大读者和学术界对"走向未来"丛书的喜爱。

学者徐友渔先生这样评价"走向未来"丛书："丛书是'文化大革命'结束后一代青年人生起点的教科书，它为热情求知的人打开了观察世界的窗户，给了他们了解人类历史的钥匙；对于精神饥饿、食欲旺盛的年轻人，这是一份及时的营养丰富的粮食；那时的学生几乎身无分文，但他们很富有，因为他们拥有未来。"评论家赵诚则认为："'走向未来'丛书是启蒙一代人的文化丛书……把一代青年学子从过去对世界和历史的单线条的公式化说教中解放了出来。"

可以说，"走向未来"丛书的出版，是20世纪80年代中期我国思想启蒙运动的一个重要事件。

正如马克思的那句名言，"思想的闪电一旦真正射入这块没有触动过的人民园地，德国人就会解放成为人"①，从某种意义上来说，"走向未来"丛书就是射进那个时代我国青年学子心田的"思想闪电"。那个时代读过该丛书的人，都感到兴奋、激动，有"思维被打开了"之感。可以说，"走向未来"丛书，开了一代风气之先，引领了时代思想潮流，不仅启蒙了一代读者，而且培育了一代学者。很多没有出过书的年轻人由此发端，成为学界和社会精英。在2008年《南方周末》组织的"30年来影响较大的非虚构类作品"的评选中，"走向未来"丛书当之无愧地被评为思想类图书第一位。

（三）"走向未来"丛书成功的背后

"走向未来"丛书取得如此巨大的成功，除了丛书编著者的眼界和抱负之外，也跟当年四川出版人的改革创新精神有很大关系，可以说是四川出版改革的产物。20世纪80年代初，四川出版界的改革走在全国前列，从出版社负责同志到普通编辑人员，大家心中都有一股做好出版回应社会呼声、服务国家发展的"精气神"。在风云激荡的改革年代，四川出版人用实际行动很好地诠释了：出版就是要与时代同行！

1. 个人愿望与历史潮流的重合

1985年9月的一天夜里，上海师范大学历史系青年教师萧功秦到北京，在中国艺术研究院的一个小房间里修改即将在

---

① 《马克思恩格斯选集》第1卷，人民出版社1975年版，第15页。

"走向未来"丛书中出版的《儒家文化的困境》并撰写后记。当时中国艺术研究院就设在前海西街的恭王府。身处王朝贵族留下的叠石假山、曲廊亭榭、池塘花木之中，他用一种历史学家理性而又诗意的笔调写下了这样一段话："窗外不到三十公尺的地方，那座黑影幢幢的大殿，就是一八六〇年十月二十四日恭亲王奕䜣与英国全权代表额尔金签订《中英北京条约》的地方。一种把书中出现的历史人物与眼前实址联系在一起的深沉的、史诗般的历史感浸透了我的全身——我们固然没有诞生于那个令人窒息的时代，有幸避免了好几代人连续的屈辱和痛苦。另一方面，在这月光如水、风清露冷的秋夜，古藤发出的沙沙声却仿佛要求我们去承担一种沉重的历史责任，那无疑是一种使古人欣慰、使后人羡慕的历史责任。"这段文字充满了一名知识分子在20世纪80年代的复杂心情，几乎可以作为那一代人共同心路历程的写照。①

　　20世纪80年代，中国刚刚告别充满了沉闷、压抑和惨烈的十年"文化大革命"，似乎突然进入了一个从封闭走向开放的"新世界"。那种感觉有点像欧洲文艺复兴初期，社会有一种启蒙需求，人们都在思考：中国究竟发生了什么问题，处于什么困境，我们如何选择新的方向，又该如何重新认识这个时代，等等。改革，已成当时中国社会的共识，大家都觉得"不能再这样下去了"，都在为中国寻找出路。这时，改革开放又为大家带来了一

---

① 韩雨亭：《"走向未来"，一群理想者的启蒙之旅》，载《时代教育（先锋国家历史）》2008年第19期。

种希望，大家迫切地要清理历史、面向未来。历史潮流和个人愿望，在这个时间点上重合了。

敏锐捕捉到人们这种内在自发启蒙需求的是"走向未来"丛书的编者。正如他们在丛书《编者献辞》中所说："我们的时代是不同寻常的。20世纪科学技术革命正在迅速而又深刻地改变着人类的社会生活和生存方式。人们迫切地感到，必须严肃认真地对待一个富有挑战性的、千变万化的未来。正是在这种历史关头，中华民族开始了自己悠久历史中又一次真正的复兴。"

正当四川出版界想做一套具有启蒙和思想性丛书的时候，1982年经中国社会科学院青少年研究所负责人介绍，丛书编者与四川人民出版社负责人在京聚会，双方一拍即合，随即确定以及时介绍世界新思潮和新兴边缘交叉科学、及时反映国内涌现出的中青年理论工作者富有创见性的研究成果为宗旨，着手编辑出版"走向未来"丛书100本。《编者献辞》中对丛书是这样定位的："丛书力图从世界观高度把握当代科学的最新成就和特点，通过精选、咀嚼、消化了的各门学科的知识，使读者特别是青年读者能从整个人类文明曲折的发展和更迭中，理解中华民族的伟大贡献和历史地位，科学地认识世界发展的趋势，激发对祖国、对民族的热爱和责任感。她特别注重于科学的思想方法和新兴的边缘学科的介绍和应用；把当前我国自然科学、社会科学，以及文学艺术方面创造性的成果，严肃地介绍给社会，推动自然科学与社会科学的结合。"

2. 特别的编委与特别的编委会

"走向未来"丛书聚集了许多价值观相近、有共同思想和人生追求的年轻学者。基于当时学术界存在老人压新人、青年学者出书很难的状况，编委会成立时就有一个原则，即编委只要中青年，不要50岁以上的。这是一个有着强烈改革意识和表达欲的知识群体。为了保持编委会的相对独立性，具有改革意识的四川人民出版社突破当时的出版体制，建立了一个不在成都的社外编委会，挂靠在中国社会科学院青少年研究所。

"走向未来"丛书不仅汇聚了当时中国最优秀的一批知识分子，其编委也都是当时大名鼎鼎的知识精英。"走向未来"丛书编委会充满民主氛围，每本书稿都是开会集体讨论通过的，即便对主编和编委的书稿也毫不留情。每次出书后，四川人民出版社都会给编委会一部分活动经费（当时每个常务编委月补助30块钱，普通编委和工作人员补助20块钱），大家就拿着这笔钱经常聚会讨论问题。"大家在一起，主要是讨论选题及编委会内部运行协调的问题。"一位编委接受媒体采访时说，"正是有着为青少年思想启蒙的责任和担当，编委会充满着激情和理想主义色彩。在编委会，大家基本上不谈钱，也不算经济账。"这是个富有朝气的群体，年纪大都30多岁，充满理想和热情。有的人甚至放弃了已有工作，来为丛书编委做事，主要是帮助整理稿件、做记录、组织活动等。还有人开始时丛书上并没他们的名字，后来才慢慢成了骨干。尽管"走向未来"丛书很畅销，但编委会却没有直接分享经济效益。"如果谈钱，编委会有可能赚很多的钱"，一位丛书编委在接受媒体采访时如是说。站在今天市场经济的角度看，"走向未来"丛书编委会制度——出版社拨付编辑费作为活动经费，社外人员策划选题、审稿定稿，出版社编辑并终审书稿——很有可能是后来兴起的民营书商运作模式的"鼻祖"。

20世纪80年代后期，我国出版的新思潮、新思维图书开始多元化，各种思想类丛书不断涌现，如华夏出版社的"二十世纪文库"、人民出版社的"三个面向丛书"、上海人民出版社的"新学科丛书"、贵州人民出版社的"传统与变革丛书"、浙江人民出版社的"比较文化丛书"。这种分流或多或少地影响了"走向未来"丛书的前景，并且此时年轻学者也已能轻松获得出版机会。因此，在1988年出版了最后一批14种后，"走向未来"丛书就没再继续出版，原计划出版100种，结果总计出版了74种。诚如《儒家文化的困境》作者萧功秦所说，"走向未来"丛书这样的结局，说明"丛书作为启蒙者的任务已经完成了"①。

四、80年代四川出版留下的启示

20世纪80年代是四川出版史上值得大书特书的一个重要时期。这一时期，四川出版界乘着改革开放的春风，以不畏浮云遮望眼的开阔视野和敢为天下先的豪迈气概，进行了一系列卓有成

---

① 韩雨亭：《"走向未来"，一群理想者的启蒙之旅》，载《时代教育（先锋国家历史）》2008年第19期。

效的出版改革，以改革促发展，使四川的出版事业很快从"文化大革命"的萧条之中恢复过来，并迅速发展，出版了一大批享誉至今的精品图书，树立了"出版川军"的光辉形象，铸就了四川出版的辉煌。回望这段历史，我们会发现，80年代四川出版不仅给社会留下了许多优秀的作品，也给四川出版界留下了许多宝贵的精神财富。

（一）解放思想，勇于创新

"文化大革命"期间，我国出版生态系统遭到严重破坏，稿件内容的限制、编辑力量的削弱、印刷技术的落后、发行渠道的阻塞……使出版工作基本停滞。1978年12月，党的十一届三中全会确立实事求是、解放思想的思想路线后，全国各地出版界积极推动出版改革与发展。四川出版人以敏锐的眼光，率先做出了多项调整和改革，在很大程度上扮演了出版改革先行者和引领者的角色。四川出版人解放思想、勇于创新，敢于突破传统的思想束缚和观念藩篱，敢于改革僵化的管理体制和习惯做法。这是四川出版在20世纪80年代能够取得令全国业界瞩目的成绩的重要原因。

改革开放之初，四川率先突破"地方化、群众化、通俗化"方针的限制，将眼光拓宽至全国。在思想极端禁锢的当时，不仅需要勇于开拓的政治魄力，更需要解放思想的观念突破。在当时的历史条件下，不是没有人看到"三化"方针是出版事业发展的桎梏，而是没有多少人愿意去突破，去当第一个"吃螃蟹"的人。四川出版人在这个特定的时期敢于率先突破这个禁锢，充分体现了四川出版人敢闯敢干的改革精神。

思想解放带来的效果是直观的，也是巨大的。突破"三化"方针之后，四川出版推出了一大批在全国具有广泛影响的图书和有较高水平的学术著作。这也从另一个方面说明，出版工作受体制的影响是非常大的。

除了在出版体制上的大胆改革，在选题策划、装帧设计、印刷发行等方面，20世纪80年代的四川出版也是勇于"吃螃蟹"的那一个。在选题策划上，四川出版从不同角度策划的丛书、套书，在全国都引领潮流。前面说的"名牌多、成系列、有重点"就是选题创新的具体体现。四川出版在书籍装帧设计上的创新也走在全国前列，吸引了许多省内外的优秀作家在川出书。这就如作家袁鹰说的："作家固然要稿费，但他更希望把自己的书出得好一点。"[①]在1980年度全国书籍装帧优秀作品评选活动中，四川多家出版社获得整体设计奖、封面设计奖。

20世纪80年代四川出版界强烈的改革创新精神，也跟出版主管部门的积极引导有很大关系。正是有了主管部门的发展导向，全省出版工作者的积极性异常高昂，决心走出多年的出版困境，开创四川出版事业新局面。出版工作作为党的意识形态工作，主管部门的观念与态度对出版发展的作用非常大。从这个意义上说，一个地区出版业发展得好不好，跟主管领导的思想解放程度

---

① 李致：《李致与出版》，四川教育出版社2013年版。

与认知水平有很大关系。

创新是保证一个国家、一个产业、一个企业可持续发展的最重要因素，对作为创意产业的出版业来说更是如此。观念指导行动，思想解放是创新的前提，没有思想上、认识上的突破，就不会有真正的创新。20世纪80年代的四川出版人，大胆解放思想，敢于打破传统，在体制、机制方面，在选题、编辑、装帧、印刷、发行等环节进行诸多创新性改革，极大地释放了出版活力，树立了四川出版的第一座高峰，为后来的四川出版人树立了榜样。

（二）坚守主业，多出好书

喊破嗓子，不如做出样子。出版做得好不好，最终要拿书来说话。当年四川出版人干好出版工作的目的就是多出好书，用今天的话说，就是大家都有一颗出版的"初心"。心无旁骛，一心一意把出版做好。把书做好，就是那一代出版人的人生追求。一段时间里，四川人民出版社流行一句口号，叫"勒紧裤腰带也要出好书"。话虽丑，理却端。正是这种对出版事业的坚持和坚守，才造就了当年四川出版的大批精品力作。在改革开放初期就具有这种执着的出版精神，在今天看来显得特别珍贵和不易。

20世纪80年代，四川出版的图书得到社会的普遍认可。在首届"国家图书奖"的评选中，由四川辞书出版社和湖北辞书出版社共同出版的《汉语大字典》（8卷）获得评委会的一致好评，成功摘得这一最高国家级别的荣誉奖。大型图书《中国解放区文学书系》（9编22卷）也获得"国家图书奖"的提名奖。自1986年起，中国出版工作者协会开始组织评选"中国图书奖"，每年一届。四川出版界凭借《汉语大字典》《中国抗日战争时期大后方文学书系》《彝族文学史》《甲骨文大字典》《唐诗纪事校笺》（上、下）、《未来军官学校》（22本）等一大批图书获得多届"中国图书奖"。

1989年，四川省举办了1979—1989年优秀图书评奖活动，这是四川首次举办且规模最大、奖励等级最高的图书评奖活动。在此次评奖活动中，共有110种川版图书获奖，参评一半以上的川版图书都获得专家和读者的高度评价和极大喜爱。据粗略统计，当时四川省出版局直属的10家出版社及6家高校出版社，在1978—1989年间有101种图书获得国家奖项，271种川版图书获得省级优秀图书、哲学社会科学科研成果奖等。

20世纪80年代四川出版的好书多，是那一代出版人坚守主业，潜心耕耘换来的。难得的是，四川出版人不忘出版初心，保持出版清醒，遵守出版纪律，用自己的实际行动，自觉维护出版形象，铸就了"咬定青山不放松"的集体意志，给后来出版人做出了表率。例如，当时有省外古旧书店拿来《唐祝文周四杰传》《慈禧太后演义》等多本章回小说要求在四川出版，并允诺出版社可以得到一笔可观的经济收入。但经过四川人民出版社各大编辑的审阅把关后，认为出版这些格调不高的书将产生不好的社会影响，会损毁出版社的形象，故谢绝出版。相反，四川人民出版社却坚持出版了一些不赚钱，甚至赔钱的老一辈作家和学者的优秀文学作品和高质量的学术著作。

正是在坚守主业、多出好书思想的指导下，四川出版业才排除干扰，在出版发展的大道上快速前进，使川版图书不仅在全国图书发行排行榜上位居前列，而且赢得了全国出版界的广泛好评。

（三）内聚人才，外揽作者

出版工作表面上是以"书"为中心的工作，似乎把书编好、出好、卖好，出版的任务就完成了。但实际情况远不是这样简单。书的价值在内容，好的图书内容是优秀作者的思想认识的集中体现。因此，出好书，需要出版人挖掘优秀作者，并与作者进行心灵上的对话。出版人的能力，不仅体现在优秀选题和作者的确定上，还体现在书稿质量提高、图书发行推进、与读者沟通顺畅等诸多方面。所以，出版工作实质上是以"人"为中心的工作，出版业的核心竞争力从来就是"出版人"。没有优秀的作者，就没有高质量的内容；没有优秀的编辑，就没有高质量的产品。20世纪80年代，四川出版聚集了一大批优秀出版人才，团结了一大批国内知名作者。正是这支优秀的人才队伍，为四川出版发展奠定了坚实基础。

20世纪80年代有影响的四川出版人，如果要一一列举，真是不胜枚举。今天随意罗列，担任过出版社领导的就有四川人民出版社的李致、崔之富、聂运华、刘令蒙、梁燕、冯国元、顾亚、马骏、杨忠学、关源博、邓星盈、蔡行端，四川少年儿童出版社的钱铃、赵明、韩梁、丁凤山、刘狮、张京、戴卫，四川教育出版社的曾宪治、金成林、蒲家驹、伍尧，四川科学技术出版社的周孟璞、王益奋、闵未儒，四川文艺出版社的吴正贤、杨字心、王火、李定周，四川美术出版社的王伟、陈希仲，四川辞书出版社的谢临光、陈锦林、左大成，巴蜀书社的段文桂、黄葵、邓南，四川民族出版社的唐关互、何承纪，以及四川出版总社咨询委员会主任袁明阮等；还有许许多多资深编辑，诸如四川人民出版社的钱学文、傅世悌、罗由沛、蔡济生、蒲其元、安庆国、汪瀰，四川民族出版社的玛仲·更登等。他们许多都是大名鼎鼎的出版家，有的还是各专业领域学养很深、著述颇丰的学者。他们的出版经历和成就，为四川出版人所敬仰。他们每个人都有自己独特的"出版故事"。四川出版在他们的带领下，团结了一大批全国知名作者，为四川出版留下了大量不朽的作品。也正是因为有一大批优秀出版人、出版家，才撑起了20世纪80年代四川出版的辉煌。

这些编辑家、出版家，时刻提醒自己要勇于担当，要敢于肩负起对社会、对读者、对历史的责任。正是因为有像李致先生这样一大批勇于创新、精益求精的出版家，才有像巴金、茅盾、郭沫若、曹禺、老舍、冰心、丁玲、唐弢、夏衍、艾青、艾芜、沈从文、周立波等一大批知名的大师级作者"心向四川"，也才使四川出版能够源源不断地推出优秀作品，使四川出版改革与发展走在全国前列。

（四）立足四川，面向全国

早在20世纪70年代末，四川出版人就开始重新审视地方出版社的"三化"方针,提出并践行了"立足本省、面向全国"的发展方针。从表面来看,可以认为这是为了突破"三化"方针的禁锢而在特定历史条件下做出的不得已选择。但如果再深一层去分析,其背后已经蕴含了一种出版理念,就是出版市场无边界,出版资源也无边界。发展出版业需要放眼全国市场,聚集全国资源,以全国出版资源应对全国读者需要。这种理念,对地方出版业来说特别宝贵。因为,在长期计划经济体制下运行的地方出版业基本没有全国意识,主要精力都放在守好自己的一亩三分地。在我国改革开放刚刚起步的20世纪80年代,四川出版人意识到一定要在全国范围内争夺出版市场,以全国的视野去争夺出版资源,这不但难能可贵,事实上也是四川出版繁荣发展的重要原因。

《中国出版年鉴(1985)》中有对当时四川省出版状况的专题记载和描述。其中有这样一段话:"四川是在全国最早提出和实行'立足本省,面向全国'方针的出版社之一。作为地方出版社,也应该开阔视野,开拓稿源,努力出版具有地方特色和较高质量的图书,以满足本省广大读者的需要。同时以自己的特色面向全国,力争成为全国不可或缺的一方面,为全国出版事业的发展做出自己应有的贡献。"可以看到,当时四川出版不满足于仅仅供给一个省的阅读需求,而是把眼光放在了全国。在相关领导的鼓励与支持下,四川的出版家身体力行,努力实践新的出版方针。作为突破"三化"的积极实践者,四川出版社放眼全国,面向全国市场发展,受到了全国读者的热烈欢迎,自身也得到了锻炼和发展。

由于实行"立足本省，面向全国"的方针，全国许多知名作家和学者纷纷到四川出书，被人戏称为"孔雀西南飞"。1986年，在首届全国图书书展上，杨尚昆、张爱萍、李一氓等中央领导同志均十分赞赏四川出版"立足本省，面向全国"的做法。

毛泽东的《七律·和柳亚子先生》中有一著名诗句"风物长宜放眼量"，是说对一切事物都应该放开眼界去衡量。出版工作也是如此，没有放眼全国的心胸和视野，没有面向全国去争取出版市场、去抢夺出版资源的决心和勇气，就不可能有出版事业的大发展。抢占不到全国优质出版资源，没有优秀的产品提供给读者，不但全国读者不认可，四川本地的读者也不会满意。四川的读者不会因为你是"四川出版"就会认同你的书。我们必须用全国出版资源来应对全国出版竞争，以好书来赢得读者，这样才能在全国出版市场占有一席之地，也才能真正守好四川出版市场。"立足本省，面向全国"，是20世纪80年代四川出版留给我们的重要启示。

第二章

独特的改革之路

　　四川出版经历了激情改革的岁月。四川人敢为天下先、敢于"吃螃蟹"的精神，在出版改革中体现得淋漓尽致。四川出版改革，波澜壮阔、充满艰辛，曲折婉转、回味无穷。四川出版走过了一条独特的改革之路。

一、1992年四川首次组建出版集团

（一）出版集团化改革的背景

我国出版业集团化建设的历程与其他行业集团化建设的历程是基本一致的。党的十一届三中全会以后，随着对外开放、对内搞活经济方针的贯彻执行，地区、部门之间开始打破封锁，在生产、流通、科技领域，多层次、多形式的横向经济联系有了很大的发展。伴随企业自主权的扩大，企业之间出现了不同内容、不同形式的横向经济联合。这是我国经济生活中的一个新事物，显示出了明显的优越性和强大的生命力。横向经济联合，是经济体制改革的重要内容，是发展社会生产力的要求。它促进了资源开发和资金的合理使用，促进了商品流通和社会主义统一市场的形成，促进了技术进步和人才的合理交流，促进了经济结构和地区布局的合理化。横向经济联合，是发展社会主义商品经济的客观要求，是社会化大生产的必然趋势，是对条块分割、地区封锁的有力冲击，对于加快整个经济体制改革和社会主义现代化建设具有深远的意义。

1986年3月，国务院颁布《关于进一步推动横向经济联合若干问题的规定》（国发〔1986〕36号）。1987年12月，国家体改委、国家经委为贯彻落实国务院36号文件精神，发布了《关于组建和发展企业集团的几点意见》，指出企业集团是适应社会主义商品经济和社会化大生产的客观需要而出现的一种具有多层次组织结构的经济组织。组建企业集团应有多层组织结构，由紧密联合的核心层、半紧密联合层及松散联合层组成，企业集团可以试行股份制。

正是在这样一个背景下，我国出版业开始了集团化建设的探索。1988年11月，花城出版社、江苏文艺出版社等11家地方文艺出版社成立了"地方文艺出版社联合发行集团"，并于1989年4月在武汉举行了成立大会。成立集团的主要目的是以联合体的形式协调各出版社的出版选题、发行折扣，交流市场信息，共同维护市场秩序。1989年6月，华东六省市的新华书店成立了"华东省级新华书店发行集团"，通过联合编印征订图书目录、实行统一包销等举措，共同做大市场份额。受国家经济体制环境的影响和当时人们认识的局限，这一时期成立的出版业集团虽有集团之名，但并无集团之实，充其量只是松散的出版发行联合体。

进入20世纪90年代以后，鉴于企业集团建设不规范的状况，国家对集团化提出了更加明确的要求。1991年12月14日，国务院在批转国家计委、国家体改委、国务院生产办公室《关于选择一批大型企业集团进行试点的请示》中，对试点企业集团提出了四个条件：一是要有一个实力强大、具有投资中心功能的集团核心；二是要有多层次的组织结构；三是要通过资产和生产经营的纽带把核心企业和其他企业组成有机整体；四是核心企业和成员企业各自都具有法人资格。集团核心企业与紧密层企业之间实行统一制定计划、统一承包经营、统一重大贷款、统一进出口贸易、统一国有资产保值增值、统一主要干部任免。

在国家推进企业集团化发展的大潮中，四川第一次组建出版集团的改革也上路了。

（二）四川出版集团闪亮登场

"东部，面临浩瀚的大海。东部，总是走在西部的前面。阳春三月，我们四川省新闻出版局一行六人，带着四川出版界的现状和忧虑，带着前进途中遇上的一个又一个问号，来到了东部沿海考察。"这是时任四川省新闻出版局局长陈焕仁发表在1992年4月23日《四川日报》头版的文章《东部刮来了"集团"风——沿海出版改革启示录》中的第一段。文章以"四川，已被东部拉开了距离""优势，来源于'集团'"和"有差距，也有机会"三个小标题，以事实陈述了他到东部沿海地区考察后对发展四川出版的思考和看法。

四川人民出版社"一分为九"专业化发展之后，四川出版的活力大大增强，但经过几年发展，也暴露出一些面上的问题。如，出版单位资金分散，印刷技术改造、图书发行网点建设等基础设施建设欠账很多；各出版社面对的市场"肥瘦不均"，不同出版社盈亏不能互补，出版单位的差距越来越大；出版单位"小而全"的弊端逐渐显露，编、印、发、供缺乏配合与协调，人、财、物重复投入，资金浪费大。而这些问题，四川省新闻出版局囿于体制、财力所限，缺乏调控能力，难以通过行政手段根本解决。

面对四川出版存在的问题，陈焕仁局长积极思考和探索。"出版局既要承担政府管理职能，对全省新闻出版业进行行业管理，还要负责原四川出版总社所属的19个企事业单位的生产经营。这种管理体制，政企不分。同时，19个直属单位各自为战，人力、物力和财力分散，相互脱节，不能形成整体优势。所以，组建出版集团，总的考虑是政企分开，让企业集团发挥整体优势，集中精力做大做强。出版局负责行业行政管理。"现已退休的陈焕仁同志回忆道，"应该说，当时出版集团设计很实，集编、印、发、供和外贸于一体。集团发展计划分两步走：第一步，由3个经济实力最强的出版单位组成核心层，实行统一核算，分级管理，统负盈亏。集团其余16家成员单位为紧密层，继续实行独立核算、自负盈亏，向集团承包经营。第二步，集团逐步联合、吸引其他出版企事业单位和跨行业、跨地区的相关企事业单位，发展为人、财、物、产、供、销'六统一'和法人关系、资产经营、收益分配一体化的大型综合性、多功能的强大出版实体。"

在国内外考察及内部深入研究的基础上，四川省新闻出版局于1992年4月向省委、省政府呈送了关于深化出版改革、组建四川出版集团的报告。有关部门经过论证，一致认为组建四川出版集团是政企分开和深化出版改革的需要，也是四川出版上新台阶的必由之路。1992年10月17日，四川省人民政府发文正式批准组建四川出版集团。

根据四川省新闻出版局1992年12月18日下发的《关于核准实施〈四川出版集团公司章程〉的通知》，四川出版集团公司核心企业为3家，即四川教育出版社、四川出版印刷公司和四川省印刷物资公司，实行统一核算，分级管理，统负盈亏。成员单位16家，即四川人民出版社（副厅级单位）、四川科学技术出版社、四川民族出版社、四川美术出版社、四川少年儿童出版社、四川文艺出版社、巴蜀书社（事业单位）、四川辞书出版社（事业单位）、四川省新华书店、四川省外文书店、四川新华印刷厂、四川新华彩印厂、四川省出版对外贸易公司、四川省音像公司、四川画报社（事业单位）和盐道街（出版大楼）管理处，实行独立核算，自负盈亏，向集团承包经营。集团实行总经理负责制，内设编辑出版部、生产经营部、教材业务部、计划财务部、人事部、总经理办公室、党委办公室等部门，有职工1.5万人，资产总值14亿元，年销售14亿元。

出版集团作为计划单列、独立核算、自主经营、自负盈亏、依法纳税、具有独立法人资格的大型文化企业，与四川省新闻出版局实行政企分开。省新闻出版局负责对全省新闻出版事业行使政府管理职能，出版集团负责原局属19个企事业单位的生产经营。根据组建出版集团的相关文件精神，集团将统一编制出版规划和年度出书计划；统一组织、安排落实重点图书的编辑、印刷、发行；统一制订生产经营、资金安排计划；统一推进技改、基建等重点项目的规划实施；对成员单位的编印发、人财物进行统一调度和协调。

与当时全国组建的其他出版集团相比，四川实行了比较彻底的政企分开，四川出版集团在体制改革上的力度是比较大的。

同一时期，山东、辽宁、江西等成立的出版集团，新疆、浙江、天津等成立的印刷集团或出版贸易集团，大都是政府主导型集团，能够实行政企分开的很少。"大陆出版集团运作出现以来，少见出版社各自的体制上有明显的更动或改变。也就是说出版集团出现后对出版业固有体制与产业架构仍未见明显的冲击和影响。"①比如1993年2月组建的江西出版集团，就是以江西省出版总社为核心，以12家企事业单位和92家各级新华书店为紧密层，以赣南印刷厂为松散层；实行总社社长负责制。在体制上，江西出版集团仍然是政企合一的模式，集团、总社、新闻出版局三个牌子一个机构，集团董事长、总社社长、新闻出版局局长三个职务由一人担任。

四川出版集团的组建，在方案设计上基本遵循了中央文件精神，在政企分开方面走在了全国前面。作为四川出版集团的创建者和设计者，陈焕仁对四川出版第一次集团化改革记忆犹新：

"就全国而言，彻底建立出版集团、彻底做到政企分开的是四川。1995年新闻出版署还提出利用这个集团，把四川建设成为西部出版基地。当时有种信念，专业人员搞经营会做得更好，业界一度认为四川出版将来会比其他省做得更好。"

① 余敏：《出版集团研究》，中国书籍出版社2001年版，第14页。

（三）四川出版集团悄然落幕

从1992年10月四川出版集团组建，到1995年8月中共四川省委宣传部对四川出版集团公司的机构和职能进行调整，四川出版集团运行了两年多就悄然落幕。

四川出版集团运营两年多，存在的主要问题是出版集团与省新闻出版局及出版社之间的矛盾难以调和，最终导致省新闻出版局与出版集团的激烈"内斗"。这种与组建出版集团初衷相悖的情形，是当事者始料未及的。

事后来看，当年出版集团成立后，有"两个关系"没有处理好，为集团运行失败埋下了伏笔。

一是出版集团与出版社之间的关系没有处理好。作为成员单位的出版社对参加集团缺乏积极性，许多出版社的领导对集团持消极、观望态度。据中国出版科学研究所的调研记录，某出版社的总编辑说，四川出版集团实质上没有把各出版社统一起来，因为出版社原本不赞成参加集团。[①]在原来的体制下，出版社作为独立的经营主体，对人、财、物、产、供、销有相对完整的经营决策权。新闻出版局主要实行导向管理和经营结果管理，对经营过程并未过多干预，形成了管理与经营相对平衡的状态。现在成立了集团，出版社与新闻出版局之间则新增一个管理层级；在管理上，出版社既要接受集团的管理，又要

---

① 余敏主编：《出版集团研究》，中国书籍出版社2001年版，第11页。

接受新闻出版局的指令；在经营上，集团统一管理经营活动，必然削弱出版社的自主权，这对长期抱着"宁为鸡头不为凤尾"观念的出版社来说是很难适应的。由于出版社的态度不积极，集团的管理就不易落到实处。比如集团规定，作为集团核心的四川教育出版社、四川出版印刷公司和四川省印刷物资公司实行统收统支，但实际上集团只能统收统支出版印刷公司的资金。

二是出版集团与省新闻出版局的关系也未能理顺。建立集团实现了形式上的"政企分开"，但新闻出版局与集团并没有在制度层面明确各自的职能、职责。体制关系不顺更明显的表现是，在新闻出版局与集团管理层的人事安排上，实行了集团副总经理进入省新闻出版局党组，集团总经理任局党组副书记。也就是说，新闻出版局的党组，既包括了新闻出版局的局长、副局长，又包括了集团的总经理、副总经理。这是一个典型的"政企合一"的结构。这种状况，导致新闻出版局与集团在具体工作中矛盾重重，这些矛盾必然会传导到出版集团的运行主体——出版社。很多时候，这让出版社夹在其中而感到"无所适从"。

长期以来，省新闻出版局的管理重点是直属成员单位，即主要"管脚下"，而少于"管天下"（行政管理）。以成员单位为主成立集团后，省新闻出版局从"管脚下"到"管天下"，有一个调整适应过程。出版在我国是一个行政管理色彩很强的行业，行政管理对出版社的影响甚大，而出版集团也想尽可能地将省新闻出版局以前指挥直属单位的行政权力接过来。本来成立集团是要实现"政企分开"，但两家的领导班子成员进了一个党组核心，工作的重心都在这些集团成员单位身上，诉求不一样，管理对象高度重合，在涉及集团乃至成员单位的问题上，意见不一致甚至扯皮的事就难免发生。与此相对应，集团成立后，对涉及的管理事权划分，许多都不清楚，比如选题管理，最终的审批权是集团还是新闻出版局，大家"争吵"了很久。诸如此类问题，在集团与新闻出版局之间广泛存在着。这些问题，抽出来看，好像都不是太大的事情，但就是这些问题，成了集团与新闻出版局履行自身职责的"绊脚石"。回头来看，顶层设计重要，操作细节同样重要，真可谓"细节决定成败"。正如陈焕仁同志回忆说的："造成出版集团运行存在问题的主要原因，体制和人事上都有，但都不涉及集团成立对不对，后来省委发了三个关于集团调整的文件，都是肯定了集团这种模式的。"

为了解决四川省新闻出版局和四川出版集团公司职责权限问题，1994年7月14日，省委宣传部下发关于省新闻出版局和省出版集团公司职责划分的意见，把副处级以上干部的任免权从集团收回到省新闻出版局党组，把图书选题审批权也收归局里。接着，在1995年8月4日，四川省委宣传部下发关于理顺省新闻出版局和四川出版集团公司管理体制的通知，调整了四川出版集团公司的机构和职能。四川省新闻出版局重新负责管理直属出版、印刷、发行等单位的业务工作和生产经营。至此，20世纪90年代轰轰烈烈的四川出版集团化改革落下了帷幕。

（四）四川出版集团影响至深

1992年组建的四川出版集团虽然运行时间短暂，但是对后来四川出版的发展具有深远的影响。

应该说，四川出版人对发展的愿望是十分迫切的。别人都没有想到体制变革的时候，四川出版人却敢为天下先，率先在体制调整上做文章。这种敢为天下先的改革创新精神，一直伴随着四川出版的发展。正是有了这种精神，四川出版才有了第二次组建出版集团，进行出版发行一体化整合，成为"A＋H"双上市的出版传媒企业等令行业瞩目的改革与发展成果；正是有了这种精神，四川出版人即使在最低迷的时期，也没有放弃对事业的追求，在平凡中也时常闪耀出创新发展的光芒。

从1992年四川在全国率先成立出版集团开始，四川出版走上了一条不断调整体制的改革探索之路。此后，四川成为全国出版体制变更最多的省份。

二、2003年四川第二次组建出版集团

（一）第二次组建四川出版集团的背景

如果说1992年组建四川出版集团是四川出版人敢为天下先的"主动"作为，那么2003年再次组建四川出版集团，则是在中央文化体制改革统一部署下推进的，有些"被动"的成分。

1. 中国出版业市场化、产业化进程加快

我国对文化发展规律的认识，是一个渐进过程。自1979年广州出现第一家音乐茶座以后，市场的力量开始向文化领域渗透。随着"立足本省，面向全国"出版方针的贯彻实施，出版市场、文化市场的概念得以确立，1988年国务院相关部门陆续颁布文化市场管理法规。1997年党的十五大之后，文化是生产力、是综合国力重要组成部分的认识得到明确。

2000年10月，党的十五届五中全会通过的《中共中央关于制定国民经济和社会发展第十个五年计划的建议》，第一次提出了"文化产业"这一概念，要求完善文化产业政策，加强文化市场建设和管理，推动文化产业发展。在中央正式文件里提出"文化产业"概念，标志着我国对文化的产业属性的认可。文化不仅具有意识形态属性，更有产业属性，这就要求文化产业的发展要遵从市场规律和价值规律。2002年11月，党的十六大报告进一步深化了对文化发展规律的认识，首次提出"积极发展文化事业和文化产业"。出版业作为我国文化产业的重要组成部分，加快市场化、产业化转型已成为主要发展方向。

2. 加入WTO后，我国出版业开始推进集团化试点

统计显示，2000年我国图书市场营业额已达430亿元人民币。巨大的市场份额让国外出版公司垂涎三尺。根据我国签署的入世协议，在加入WTO后的第一年，允许外资通过合资合作形式进入发行领域，从事录音带、录像带、书籍、杂志等零售业务，三年内开放批发业务。这一时期，国外资本也在积极寻找进入中

国市场的突破口，意欲进行市场争夺、资源争夺、阵地争夺，这一切无不让我国出版界感到"山雨欲来风满楼"。

当时，我国出版业的市场化程度很低，出版机构的市场竞争能力很弱，出版单位还是事业单位企业化管理，还不是真正的市场竞争主体。虽然经过十余年改革发展，行业整体实力有所增强，但我国出版业弱、小、散的发展格局并没有真正改变。全国560余家出版社，几乎按中央各部委与各省均匀分布，同质化严重，有实力、有影响力的出版社凤毛麟角。

推进集团化改革，组建出版"联合舰队"，打造出版"航空母舰"，培育新的市场竞争主体，应对国外出版传媒"巨无霸"的挑战，是当时我国出版界的共识。为此，中共中央宣传部、国家新闻出版署于1999年先后批准组建了上海世纪出版集团、北京出版社出版集团、广东省出版集团3家试点出版集团，还有江苏新华发行集团、广东新华发行集团、四川新华书店集团、上海新华发行集团4家试点发行集团，2000年又批准组建了辽宁出版集团、中国科学出版集团和山东出版集团等出版集团，开始积极探索出版业集团化发展之路。

3. 中央出台文件强力推进出版业的集团化建设

2001年8月24日，即在试点集团运行一年多之后，中共中央办公厅、国务院办公厅下发了《关于转发〈中央宣传部、国家广电总局、新闻出版总署关于深化新闻出版广播影视业改革的若干意见〉的通知》（中办发〔2001〕17号）（以下简称"17号文件"）。17号文件在明确文化体制改革总体要求的基础上，提出："按照专业分工和规模经营要求，运用联合、重组、兼并等形式，组建一批主业突出、品牌名优、综合能力强的大型集团，推动产业结构、产品结构、组织结构、地区结构调整，促进跨地区发展和多媒体经营，提高产业集中度。""积极推进集团化建设，把集团做大做强。在现有试点基础上，组建若干大型报业集团、出版集团、发行集团、广电集团、电影集团，有条件的经批准可组建跨地区、多媒体的大型新闻集团。"

2002年6月17日，新闻出版总署颁发了《关于新闻出版业集团化建设的若干意见》。《意见》指出："推进集团化建设，是新闻出版业调整结构，优化资源配置，提高产业集中度，形成规模优势的重要举措，各地区、各部门要根据中办发〔2001〕17号文件的精神，解放思想，实事求是，积极主动，加大力度，深入创新，稳步推进，在试点集团的基础上，加快新闻出版业的集团化建设。"

17号文件和国家新闻出版总署的系列文件，为我国出版发行业集团化改革吹响了"集结号"。在2003年12月26日四川出版集团正式挂牌成立之前，包括17号文件下发之前中共中央宣传部、新闻出版总署批准成立的试点出版集团在内，上海、北京、广东、辽宁、江苏、浙江等地相继组建了13家出版集团。

（二）漫长的集团筹备期

17号文件在我国出版集团化改革与建设上具有里程碑意义，对长期困扰出版业的政事分开、政企分开、管办分离和政府职能转变等深层次的文化体制改革问题进行了全面解答和部署，对推动出版集团建设具有显著的促进作用。1992年四川第一次组建出版集团面临的问题，比如出版集团与新闻出版局对出版单位领导干部任命权、选题审批权、政府返还税收使用权等权力划分，17号文件均有明确的指导性意见。如在《新闻出版总署关于贯彻落实〈关于深化新闻出版广播影视业改革的若干意见〉的实施细则》中就明确要求："地方出版集团组建后，要实行政事分开，新闻出版管理部门行使行政监管职能。出版集团要以资本和业务为纽带，在清晰界定产权的基础上，明确资产经营责任，着力进行管理体制和运行机制的创新。"

按理说，有中央政策的强力支持，有十几家出版集团先期组建的示范效应，四川再次组建出版集团应该顺理成章，但实际情况并非如此。

1995年8月4日，运行不到三年的四川出版集团，在"争吵"中走完了它的生命历程。虽然1992年组建的出版集团已经远去，它留给四川出版人的记忆，带给四川出版发展的"伤痛"，却是久久难以忘怀。对于再次组建出版集团，四川出版人的心情十分复杂，已是"一朝被蛇咬，十年怕井绳"。在这样一种氛围中，当1999年我国试点出版集团组建如火如荼的时候，四川出版界已没有了往日那份激情，而是异常平静。乃至在后来较长一段时间里，尽管在全国已有不少省市组建了出版集团且运行得很好，还有一些省市正在紧锣密鼓地筹备出版集团，四川出版人还是比较忌讳谈论组建出版集团的话题。直到2001年17号文件下发，四川再次组建出版集团的话题才重新浮出水面。所以，这次出版集团的组建，带有"被动"的成分，若没有17号文件，四川是否会再次组建出版集团实难预料。

也正是这样的原因，这次四川组建出版集团十分审慎，筹备方案反复修改，成立时间一拖再拖。

出版集团的筹备工作，由省委宣传部常务副部长牵头，省委宣传部出版处和省新闻出版局有关领导参与，共同成立筹备组，制定组建方案。依据组建方案，新的出版集团由四川省新闻出版局直属四川人民出版社、四川教育出版社、四川少年儿童出版社、四川民族出版社、四川美术出版社、四川科学技术出版社、四川文艺出版社、四川辞书出版社、巴蜀书社、天地出版社、四川电子音像出版中心、读者报社、四川画报社等16家单位组成（当时四川省新华书店、四川省外文书店、四川省出版对外贸易公司三家单位已组建四川新华书店集团公司），属事业性质的出版集团。

虽然新的出版集团2001年就启动了筹备工作，并计划2002年挂牌成立，但到了2002年底则说要推延到2003年；到了2003年，又说估计要到2004年才能成立。最后，集团终于在2003年12月26日得以挂牌。从提出组建出版集团到出版集团正式挂牌成立，历时近三年。

为什么耗时近三年新的四川出版集团才挂牌成立呢？其背后除了反复斟酌方案之外，主要还是没有运用市场化方式，难以避免行政推动资源整合带来的弊端。

按照中央17号文件精神，考虑到出版的意识形态属性，出版集团不能等同于一般企业集团，而是必须保留其事业性质。而在一般企业理论中，集团就是企业联合体，因此，集团就是企业，不过是多个企业的一种集合而已。为了保持出版集团的事业性质，并且区别于一般的企业集团，因而在治理结构上，出版集团"实行党委（党组）领导下的管委会负责制，党委（党组）书记兼管委会主任"，不设董事会，也不设董事长，替代董事会和董事长角色的是管委会和管委会主任，出版集团的一把手是党委书记兼管委会主任。

在四川出版集团的筹备方案中，大家最关心的是人事安排，反复修改的也是领导班子职位方案。最初提出的方案，领导序列是：党委书记、管委会主任，党委副书记、管委会副主任，管委会副主任、总编辑，管委会副主任、总经理，管委会副主任，纪委书记。在筹备过程中，由于涉及具体的人事安排，又重新调整领导序列，组建方案又改为：党委书记、管委会主任，总经理、管委会副主任，总编辑、管委会副主任，管委会副主任，管委会副主任，纪委书记。

在漫长的筹备期间，对出版社的管理几近"真空"。省新闻出版局不便管，谁都知道要成立出版集团了，反正有出版集团筹备组的领导在关心出版社的事，新闻出版局只关注一件事情，就是吸取过去的教训，出版导向不能出问题，至于出版社的发展，就不再是新闻出版局重点关心的问题了。但对出版集团筹备组来说，此时又没有名义和条件来管出版社的发展事务。这期间，出版社在做什么呢？好几个社的社长都已过退休年龄，还在"超期服役"，等待退休；其他社的社长及中层干部都不知道下一步怎么干，在观望，基本上没有考虑发展的问题。四川出版社的体制机制本来就不健全，缺乏内在发展的积极性和原动力，业务的推动一直是靠"人治"而不是"法治"。没有领导管，就等于让出版社"放敞马"，放任自流，各行其是。这种情况使四川出版业务基本处于停滞状态，四川出版的发展再次被延缓。

曾于20世纪80年代创造过辉煌业绩的四川出版，却在90年代"事故"频发、一蹶不振，省委省政府领导看在眼里急在心里。所以，当2003年12月26日四川出版集团再次成立挂牌时，时任省委书记、省长均出席挂牌仪式并授牌。在当时我国已建立的出版集团中，省委书记、省长为出版集团成立授牌的，仅四川一家，这在新中国出版史上也是头一回，足见省委省政府对四川出版发展之重视。

（三）集团组建后的几大举措

经得几番寒彻骨，迎来梅花扑鼻香。虽然四川第二次组建出版集团的过程并不顺利，但2003年底出版集团成立后，迅速推出了一系列改革举措，创新体制机制，明确发展目标，提振发展信心，很快，四川出版发展就呈现出新的气象。

1. 竞聘上岗：体制机制改革的突破口

集团挂牌成立后，集团党委分析了我国出版业面临的新形势和集团的发展现状，之后赴上海、下浙江、上北京、奔辽宁，做了大量调查研究，形成了改革发展总体方案和与之配套的11个子方案，决定从干部人事制度改革入手，把成员单位领导干部竞聘上岗作为集团改革发展的突破口。

选择以集团成员单位领导干部竞聘上岗作为全面改革的突破口，主要原因有以下四个方面：

第一个方面是创新体制机制，营造优秀人才脱颖而出的发展环境。干事业，人才最重要。当时的四川出版，在计划经济条件下形成的旧有体制还在相当程度上继续发挥作用，"三项制度"改革严重滞后，懂出版、会经营、善管理的复合型人才缺乏，领军人物尤其匮乏。一些出版社人浮于事，活力不足，职工安于现状、不思进取的思想普遍存在。然而，残酷的市场竞争已摆在了四川出版人的面前，为了尽快适应新的形势，加快出版产业发展，必须为有志于四川出版业发展的人才提供舞台，要营造一个优秀人才脱颖而出的体制机制环境。

第二个方面是引入竞争机制，充分调动广大干部职工的积极性。时任四川省委书记张学忠在集团成立大会上的讲话中指出，希望四川出版形成强大内在动力和发展活力，增强整体实力和市场竞争力，努力打造新闻出版行业"巨型航母"。随后张学忠书记在视察发行集团后又要求每个文化集团都要"加强内部管理，以'三项制度'改革为重点，建立新的用人制度和分配制度，充分调动各个单位和广大干部职工的积极性，形成一池活水"。多年来，僵化的管理体制，死板的选人用人机制，压抑了广大出版工作者的积极性，极大地限制了四川出版业的发展。通过竞聘上岗，在集团全体职工中增强竞争理念和竞争意识，形成公开、公正、公平的选人用人机制，为集团发展奠定制度基础。

第三个方面是充实干部队伍，提升成员单位领导班子整体素质和能力。自2001年开始筹建出版集团以来，各单位领导班子暂停调整已两年零七个月，干部队伍和领导班子缺位、老化等问题十分突出。一是正职缺位较多。在竞聘上岗的14个成员单位中，因各种原因造成正职缺位的有6个单位，占竞聘上岗单位的42%。二是成员单位领导班子成员年龄结构老化。在不多的正职干部中，有4名正职在57岁以上，接近或达到了退休年龄。同时，集团成员单位领导班子在思想作风上也或多或少地存在一些问题，集团亟须采取新的选人用人机制，把政治强、业务精、作风正的优秀人才选拔到领导岗位上来。

第四个方面是出于提升出版社第一竞争力的迫切需要。现代企业的竞争，其实质是人才团队的较量。可以说，出版社所有的价值和竞争优势，都蕴藏在内部优秀的人力资源中。而社长无疑是出版社这个人才团队中最为重要的角色，其学识素养、知识结构、理论水平、胸襟视野、用人理念等，对出版社的生存发展有着巨大影响。所以我们说，"社长是出版社的第一竞争力"，选好出版社的当家人至关重要。集团党委实行集团中层干部竞聘上岗，就是为了选好出版社的"当家人"，通过建立新机制，选拔优秀人才，激发积极性和创造力，推动集团快速发展。

集团中层干部实行竞聘上岗，是四川出版界从未有过的改革，也是一项系统工程。集团刚刚组建，要搞好这项事关集团全局的改革，必须要制定一套周密细致、操作性强的实施方案。基于此，集团党委把制定竞聘上岗实施方案作为一件大事来抓，多次研究成员单位领导班子成员的竞聘上岗工作，2004年3月8日，在请示省委宣传部同意后，集团党委将经过反复征求意见并修改形成的方案讨论稿下发到各成员单位，轰轰烈烈的竞聘上岗拉开了序幕。

2004年4月8日，集团党委在四川剧场召开成员单位领导班子成员竞聘上岗动员大会。这次大会是近二十年来四川出版系统规模最大、范围最广的职工大会。会上，时任集团党委书记、管委会主任莫世行同志介绍了集团的现状，分析了集团面临的机遇和严峻形势，阐述了集团成员单位在事业发展和干部人事制度管理方面存在的困难、问题，并作了热情洋溢、言辞恳切的动员报告。随后，集团各成员单位认真落实大会精神，做好思想动员工作，选出了各单位的联络员和职工代表，协助、参与和监督竞聘上岗工作。同时，各成员单位还积极鼓励符合条件的同志报名参加竞聘。

通过竞聘，一批年轻干部脱颖而出，他们为集团的改革和发展注入了新的生机与活力。在这次竞聘上岗中产生的一批优秀人才，时至十五年后的今天，仍有不少还在出版社的领导岗位上，为振兴四川出版贡献力量。可以说，现在四川出版的领军人物，多是在这场竞聘上岗的改革中崭露头角的。如果没有这样一场带有全局性的深刻的改革，后来四川出版还会面临更加严重的人才危机。

可惜的是，这场改革没有得到延续，也就使其最终成为四川出版发展史上少有的一个亮点。

2. 完美亮相：出版界刮起纪念邓小平诞辰100周年系列图书旋风

2004年是邓小平同志诞辰100周年。对四川出版界来说，出好相关图书，既是四川作为小平家乡的历史责任，也是四川出版重塑新形象的难得机遇。

（1）抓住机遇，精心谋划

2001年10月，四川省新闻出版局向时任中共四川省委常委、宣传部部长的柳斌杰同志汇报了全力推出纪念小平同志百年诞辰图书的规划，柳部长非常支持，当即表示：凡是有关邓小平题材的图书，都是四川出版的重点项目，都是最能体现四川出版特色的选题，一定要抽调精兵强将，一抓到底，抓出成效来。领导的重视、家乡人对小平的深情厚谊和时代赋予的使命感，为四川出版界做好纪念小平同志百年诞辰图书出版工作增添了巨大动力。

2002年4月，四川省新闻出版局在成都龙泉驿召开会议，专题研究纪念小平同志百年诞辰选题策划工作。2002年6月，省委宣传部和省新闻出版局在小平同志的故乡广安，召开了纪念小平同志百年诞辰图书出版工作座谈会，四川人民出版社等9家出版社的社领导和有关编辑30余人参加了会议。这次会议，标志着四川出版界纪念小平百年诞辰图书的出版工作正式启动。会后，各有关出版单位纷纷落实广安会议精神，抽调出版社的精兵强将专门负责此类图书的选题开发工作，开始有《邓小平画传》《永远的小平——卓琳等人访谈录》《邓小平故居留言簿》等多种选题被列为四川省纪念邓小平百年诞辰重点选题，并有部分图书做好了出版的前期工作。

（2）确定主题，表达敬意

为纪念小平同志诞辰100周年推出的系列图书选题最终确定了60种，内容涵盖小平同志生平事迹、历史功绩、理论贡献、精神风范、人格魅力、情感世界和家庭生活等方面。这60种图书寄托了小平家乡四川上至省委领导，下至普通群众对伟人小平同志的无尽思念，同时也是四川出版界为世界上千千万万读者怀念小平同志奉上的特别礼物。

60种图书最后选定了"永远的小平"作为主题。"永远的小平"最早是香港凤凰卫视台制作的纪念小平同志的一部电视专题片的片名。这个片名由邓小平的夫人卓琳题字。"永远的小平"所传达出的不尽的思念、永远的怀念，正是集团策划推出的系列图书所要表达的主题。

（3）统筹安排，周密部署

2003年12月26日，四川出版集团挂牌运营。集团甫一成立，就将纪念邓小平百年诞辰图书的出版工作，列为2004年工作的重中之重。

2004年1月，四川出版集团召开专题会议，研究纪念小平百年诞辰图书出版工作。60种图书分别由8家出版单位出版，因而必须整体规划，周密部署，并且要协同作战，包括选题的落实、书稿的编辑加工、图书的装帧设计和宣传营销等，都要统筹安排。为此，集团统一设计了"永远的小平"系列图书的标识，统一了宣传主题。

2004年桂林全国书市开幕前两个月，"永远的小平"系列图书的出版工作进入倒计时。这期间，既要推进集团成员单位领导班子竞聘上岗工作，又要赶制"永远的小平"系列图书，其忙碌程度可想而知。那段时间，凡是与"永远的小平"系列图书有关的工作人员，都没有周末休息日。

"永远的小平"系列图书的出版，不仅是对四川出版集团整体实力的检阅，更是对四川出版集团重大项目运作能力的考验。经过这次"检阅"，可以说，四川出版集团是可以打硬仗的，四川出版集团在出版产业的发展上，可以大有作为。

（4）创意求新，出版求精

在纪念小平百年诞辰之际，国内很多出版社都在出版有关小平的图书，作为小平家乡的出版单位，如何从一个全新视角全方位地展现小平的生平事迹、家庭生活、人格魅力及人民眼中的世纪伟人呢？这着实让四川出版界同仁费了一番思量。

在读图时代，以图文并茂的形式反映小平的生平事迹，是一个很好的想法。作为小平的家乡，四川理应出版一部内容最全、资料最丰、规模最大、水平最高、图文并茂的大型传记性图书。于是，以大量图片和凝炼文字的画册形式反映小平同志光辉一生的选题应运而生了。最早报送的选题是《小平，您好》大型传记画册，通过与中共中央文献研究室的专家学者联系沟通，中共中央文献研究室的专家学者为四川出版界的这一创意和雄心所打动，认为四川出版界的想法更符合他们的初衷，于是决定把已有的项目按照这样的体例来策划安排。于是，重点选题《邓小平画传》的创意就出来了。据了解，像这样重大的题材，中共中央文献研究室还从未交予过地方出版社，这是首开先例。

为了做好《邓小平画传》（珍藏本）装帧设计，集团特地邀请了著名设计师宁成春先生为该书设计。该书设计独特而雅致，大气而庄重。开本选定独特的大12开，内页版面则文字与图片交相辉映，将方形开本的优势发挥到极致；封面材料使用法国绒纸，画面人物富于立体感，显得生动、亲切，尤其是塑料函套，从微透明的印有"小平您好"热烈群众场面的盒上，透出封面小平同志亲切的招手画像，里外融合，寓意深远。

《邓小平画传》出版后，在社会上引起强烈反响。2004年7月底《人民日报》在报眼位置、中央电视台在《新闻联播》对《邓小平画传》的出版进行了宣传报道。原中央党校党史部主任、中国现代史学会会长郭德宏在《人民日报》发表文章称《邓小平画传》"在内容上超过了以前出版的任何一部关于邓小平的画册，可以说是第一部全面、系统地反映邓小平业绩、思想和风范的极为难得的画传"。

（5）亮相书市，业界震动

2004年5月12日，第十四届全国书市在广西桂林开幕。这是四川出版集团挂牌成立后第一次在全国书市上正式亮相。在这届书市上，四川出版集团以"永远的小平"为参展主题，以浓郁的天府民居风韵为布展特色，特别是"永远的小平"系列图书的亮相，在全国出版界产生了强烈反响，受到了社会各界的广泛好评。

书市期间，中宣部、新闻出版总署有关领导对四川出版集团推出"永远的小平"系列图书给予高度评价，认为四川出版集团的整体优势明显、协同效应突出、运作能力较强；四川出版集团在推出纪念小平百年诞辰出版物的工作中，走在了全国前列，起到很好的表率作用。

书市之后，2004年8月5日，中宣部、新闻出版总署在人民大会堂联合召开纪念邓小平诞辰100周年图书出版座谈会，四川出版集团是唯一被邀请参会并做汇报发言的地方出版单位。其间，时任新闻出版总署署长的石宗源风趣幽默地讲："这个座谈会展出的图书，快成四川出版集团的专展了！"

"永远的小平"系列图书出版后，社会各界好评如潮，《人民日报》、新华社、中新社、中央电视台、《光明日报》、《中国新闻出版报》等全国30余家媒体给予了广泛深入的报道。截至当年年底，该系列图书销售突破100万册，《邓小平画传》也于当年荣获第十四届中国图书奖特别奖，获得了社会效益和经济效益双丰收，为四川出版界赢得了荣誉。

3. **集团评奖：引导编辑出好书的突破性尝试**

出版社要"以书说话"。这是我任四川省新闻出版局分管图书出版工作的副局长以来一直坚持的观点。出版社生产的图书是商品，出版社经营得好不好，关键看出版的图书影响大不大、受不受欢迎。出好书，需要建立长效机制，特别是激励机制，所以要旗帜鲜明地开展出版评奖工作。这对编辑和出版社是一个非常重要的导向。奖励不仅要有精神的，也要有物质的，并且要重奖。重奖之下必有好书！

四川出版集团成立后不久就制定了《四川出版集团出版奖评奖办法》。《评奖办法》开宗明义提出了出版奖的评奖宗旨："坚持把社会效益放在首位的同时，高度重视出版物的市场表现，注重出版物社会效益与经济效益的有机统一，鼓励创新。"根据《评奖办法》，四川出版集团出版奖设出版奖荣誉奖、优秀出版物策划奖、优秀出版物编辑奖、优秀出版物装帧奖、畅销出版物奖、报刊最佳广告业绩奖、报刊最佳发行业绩奖、年度人物奖、年度出版新人奖、重大出版工程和重大出版活动组织奖等十余项奖项。

《评奖办法》中就出版奖参评条件做出了明确规定：选题要求创意新颖、策划独到，注重作品的原创性；内容导向正确，格调健康，具有较高的思想价值、科学价值或者文化艺术价值；编校质量须达到国家规定的图书质量合格品标准，即文本差错率在万分之一以内；装帧设计要求整体装帧美观大方、开本恰当、用料合适并与内容和谐、相宜；印制质量必须为省级合格品以上；参评四川出版集团畅销出版物奖的出版物，出版当年实际发行量应达到3万册（套）以上（含3万册）；参评四川出版集团年度人物奖和四川出版集团出版新人奖的个人，必须在当年有突出的工作业绩；参评四川出版集团重大出版工程和重大出版活动组织奖的出版单位，必须在当年配合中央、省委、集团中心工作方面成绩突出等。《评奖办法》还就参评范围、评奖机构、评奖程序、授奖办法、评奖周期等方面做出了明确规定。

2005年3月1日，四川出版集团召开2005年度工作会议。会上，对四川出版集团首届出版奖获奖者——35种出版物、10家出版单位及46名个人给予隆重表彰。省委宣传部、省新闻出版局领导为获奖者颁奖。

四川出版集团出版奖的评选，是四川出版集团实施人才强社战略，创新机制，增强活力，建立全新的业绩、能力考评体系和分配机制，充分调动广大员工积极性采取的重大举措。通过树立标杆，指引集团全体出版人深入市场、精心策划、精耕细作、多出好书。这一四川出版集团的"奥斯卡奖"，不仅极大地激发了出版单位出好书的热情，而且有利于出版新人不断成长。

在颁奖现场，气氛热烈，场面感人，很多员工流下了激动的泪水，他们感叹四川出版很久没有这样下真功夫重视出好书了。

被评为"2004年度出版人"的任正平，是一位54岁才步入少儿读物出版领域的老出版工作者。他担任过地方电视台台长、报社副总编，却志愿选择了四川少年儿童出版社少儿读物编辑这一平凡而普通的岗位。任正平是四川出版优秀编辑的典型代表。

任正平2000年到出版社工作，当时四川少年儿童出版社面对市场严酷的竞争，正全面推行改革，实行岗位绩效考核制度。面对两年内完不成任务即要离开编辑岗位的"严峻"考验，他坦然以待，虚心求教，悉心钻研，很快就成为少儿读物编辑工作的行家里手。他在启蒙、认知类产品上挖掘创新，成批推出适销对路的图书，使川少版卡片挂图类图书在全国这一细分市场上的零售销量迅速上升，排名升至第一。2004年度，他所编辑的图书发货码洋突破千万元，退货率仅为2.8%。截至2004年12月30日，他独立策划并担任责任编辑的图书，发行量累计超过5万册的有16种，超过10万册的有11种，超过20万册的有7种。在"非典"肆虐期间，他和两位编辑仅用两天时间就编辑好《少年儿童非典预防手册》，为抗击"非典"做出了贡献。该书荣获第六届国家图书奖特别奖。

被评为"2004年度出版新人"的是四川民族出版社青年编辑马晓峰和四川少年儿童出版社青年编辑黄政。

四川出版集团出版奖的评选，在四川出版界乃至全国出版界产生了很大反响，《中国图书商报》这样评价道："作为集团，举办这样一个颁奖活动无疑具有重要意义。在中国出版业正在经历的这场前所未有的文化体制改革中，如何能够真正融入市场，建立一种全新的业绩、能力考评体系和分配机制，充分调动广大员工积极性，是目前很多出版机构面临的重大课题。四川出版集团此举无疑是一次突破性的尝试。"

（四）组建出版集团的事后观察

回顾四川出版的发展历史，第二次组建出版集团是一个重要的阶段，这期间有许多经验教训值得我们总结和反思。

从纵向看，2003年组建出版集团推动和促进了四川出版的发展。如果没有这次出版集团的组建，四川的出版社仍然处于单打独斗的状况，很难说会有更好的发展。集团的推动，特别是集团成立初期采取的一系列改革举措，使出版社的干部队伍建设得以加强，市场经营能力有所提高，图书出版质量明显提升。长期低落的士气受到鼓舞，精神面貌有了很大改观。这些变化都是四川出版发展所急需的。成立集团，松散的出版社抱成团，有了实力开展省内省外的市场竞争，单个出版社的发展也有了更大的底气。

从横向看，2003年的出版集团化改革不论是与省内发行集团相比，还是与省外试点出版集团相比，都是相对滞后的。在各省都在以集团化为突破口推动出版业大发展的历史时期，四川出版集团赶了个晚集。从这个角度来看，这次组建出版集团相对延误了四川出版发展的进程。总体来看，尽管这次组建出版集团相对滞后，但却为四川出版的未来发展奠定了重要基础。

三、四川新华发行集团的改革历程

正当20世纪90年代四川出版界"事故"频发、管理层忙于"救火"之际，一位富有战略眼光，甚至改变了四川出版发展轨迹的人物历史性地出现了，他就是时任四川省新闻出版局副局长、首任四川新华发行集团董事长兼总经理王庆。他率领四川新华发行集团致力于改革发展，是当时我国出版界的一面旗帜，并为我国出版业第一股——文轩连锁在香港H股上市奠定了坚实基础。

四川新华发行集团脱胎换骨的改革发展历程，要从早年四川新华书店的改革探索说起。

（一）四川省新华书店早年的改革探索

1950年1月，新华书店西南总分店（新华书店重庆发行所前身）在原正中书局重庆分局的旧址上诞生。1952年，随着四川省建制的恢复，由川东、川南、川北、川西分店合并成为四川省新华书店，到1979年的近30年间，与其他新华书店一样，四川省新华书店的主要任务是发挥舆论宣传阵地的作用，不追求经济效益。

改革开放后，国家发展转向以经济建设为中心，意识形态属性相对较弱的图书发行业率先开启改革之路。

我国图书发行业的改革是从搞活市场入手的。1983年，中央提出了"一主三多一少"的改革方针，就是要以国营书店为主体，鼓励多种流通渠道、多种经济成分、多种购销形式，减少流通环节，出版发行业由此率先走向市场。1988年，对图书发行业又提出了"三放一联"，即：放权承包，搞活国营书店；放开批发渠道，搞活图书市场；放开购销形式和发行折扣，搞活购销机制；推行横向经济联合，发展各种图书发行企业集团。

在中央政策的指导下，与全国其他省新华书店一样，四川省新华书店也在不断地探索改革之路。但四川省新华书店真正有影响力的改革，不能不从1991年4月王庆同志由四川省外文书店调任四川省新华书店总经理说起。

当时的四川省新华书店以管理店自居，市场拓展艰难，业务不断萎缩；全系统产权关系不明晰，财务、业务管理权与人事管理权分离；各地书店小而全、小而散，组织化程度低，人力成本高，历史包袱重，运营效率差。王庆上任后，提出了"深化改革、转换机制、强化管理、开拓发展"的四川省新华书店工作思路，进行了开行业之先的多项改革探索和尝试。

1992年年初，四川省新华书店将办公楼的底层和二层空出来，向社会招商，创办了全国首家开放式大型图书批发市场。这在当时引起了巨大的震动。本单位的同志说他引狼入室，把民营书店引到了自己的家门口；省外的新华书店同行说他出风头。其实，王庆这样做的主要目的是给自己树对手，在对手身上找差距，向民营书业学习市场化经营。

同一年，四川省新华书店组建了全国出版发行界第一支近百人的专职图书推销员队伍，把发行的主战场从四川引向了全国。在我国出版发行业探索市场化道路初期，新华书店在计划经济体制下没有发行一般图书的动力和压力，主要精力都放在中小学教材发行上，出版社对此怨声载道，许多出版社被迫自办发行。王庆率先在全国组建一般图书发行队伍，从"坐贾"走向"行商"，赢得了出版社的普遍欢迎和肯定。四川省新华书店的发行队伍与全国3000家新华书店建立了业务联系，足迹遍及除西藏和台湾以外的所有地区，为四川新华书店打开了市场，赢得了声誉。

1997年，四川省新华书店开始在发展连锁经营方面进行探索。当年，它率先在成都市区发展了近百家图书连锁店，在社区、高校、超市都建立了连锁网点，这为后来建设大规模的连锁网络积累了经验。2001年四川省新华书店集团成立后，又在全国新华书店系统首次建立图书与音像电子出版物两个连锁总部，发展连锁网络。

发行企业要上规模、出效益，关键还在上游要有好产品，以及有了好产品还要愿意交给书店卖。为此，四川省新华书店主动与出版社接触，先后与四川科学技术出版社、吉林文史出版社、上海人民美术出版社等建立了战略合作关系，将合作出版社的产品打入全国市场。为了稳定、深化这种战略合作关系，1998年3月，四川省新华书店又与四川科学技术出版社、四川少年儿童出版社联合成立了全国首家新华书店与出版社合资组建的股份制企业——四川省新华书店发行有限责任公司，在社店合作方面迈出了新的步伐。

1998年10月，四川省新华书店开办了全国首家完全市场化经营的大型现代化书城——西南书城。在发行体制改革初期，业界曾经出现"省级店无用论""省级店是多余环节必须取缔"等说法。因此，对四川省新华书店来说，掌握终端市场成为必然选择。在王庆的极力主张下，省店开办西南书城。这是在没有政府投资的条件下按市场原则开办和经营的现代化书城，有力地推动了成都图书市场的繁荣。

在开拓业务发展的同时，四川省新华书店还以市场为导向，在"转换机制、强化管理"上下功夫，积极推进干部人事、劳动用工、收入分配"三项制度"的改革，激活员工的市场意识。同时，在管理机制上尝试模拟公司制，成立了教材、图书、音像、储运、蜀新（多种经营）分公司，实行专业化经营，强化内部核算。把教材发行业务与市场化业务彻底分开，培育自负盈亏、自我发展的能力。

四川省新华书店早年的改革探索，为后来新华发行集团的成立打下了坚实基础。

一是物质基础。正是在这一时期，四川省新华书店综合实力随着改革发展逐年增长。省新华书店本店1991年净资产仅为1663万元，而1999年达到2.6亿元；全省新华书店系统1991年净资产为1亿元，1999年达到9亿元，销售码洋32亿元。

二是思想基础。在王庆等一班人的带领下，这一时期四川省新华书店进行了一系列适应市场的机制调整与改革，新华书店干部员工的市场化观念基本确立。也正是在这一时期，通过一系列管理变革，激发了广大干部员工的改革热情，以至于在后来推行开全国先河的全员下岗分流工作时仍波澜不惊，并在集团整合、转企改制、股改上市等一次又一次大的体制"折腾"中成功"着陆"。

（二）四川新华书店集团的成立

20世纪80年代图书发行业的改革以放权让利为中心。划小经营单位后虽然有利于搞活基层经营，但也存在一些问题：书店普遍经营规模过小，书店多头进货，出版社多头发货，成本高，效益低。发行环节流通不畅，成为出版业发展的瓶颈之一。

鉴于这些情况，国家有关部门多次提出要加强图书发行业集约化经营，推动发行业做大做强。1996年6月，新闻出版署出台了《关于培育和规范图书市场的若干意见》，提出省级新华书店要按照市场规律的要求进行改造，努力实现经济增长方式由粗放型向集约型转变，省级新华书店可以成立以资产经营为内容的集约化程度较高的发行集团。有了政策指导，集团化建设就成为出版发行体制改革的一个方向，全国各地都掀起了集团化建设的热潮。

20世纪90年代以来，四川省新华书店的改革得到了中央有关部门的肯定，被列入首批试点单位。1998年年底，新闻出版署批准江苏、广东、四川三省进行组建发行集团试点，开始探索按照现代企业制度进行集团化建设，授权经营、股份制改造等产权改革也开始深入推进。试点发行集团的改革受国家新闻出版署的直接领导。

1999年10月30日，依据《四川省人民政府关于组建四川新华书店集团有限责任公司的批复》（川府函〔1999〕255号），四川省新华书店、四川省外文书店和四川省出版对外贸易公司三家原四川省新闻出版局直属单位组建大型国有独资企业——四川新华书店集团有限责任公司。

2000年3月29日，四川新华书店集团正式成立。就任集团公司董事长的王庆当即宣布：集团成立之日，就是企业再造之时。

四川新华书店集团的组建方案，是以四川省新华书店为龙头，合并四川省外文书店、四川省出版对外贸易公司，实行公司化改造。以国家授权经营的方式，实行资产重组，组建具有投资、控股性质的国有独资公司——四川新华书店集团有限责任公司。四川省新华书店、四川省外文书店、四川省出版对外贸易公司的名称仍保留，目的是为了继续发挥这三个单位无形资产的作用。按照专业分工、业务对口、功能互补、突出优势的原则，对三家单位业务进行必要调整。省政府授权省新闻出版局对全省新华书店系统及四川新华书店集团有限责任公司的国有资产运营实行监管，并会同省国有资产管理局对四川新华书店集团有限责任公司的国有资产保值增值进行考核和监督。

四川新华书店集团公司成立后，全力推动全省新华书店的集团化发展，其核心是解决全省新华书店的管理关系问题，将分散在全省各地的新华书店整合为一个真正的经营主体。1979年以来，四川新华书店系统实行的是当地政府为主、上级店为辅的双重管理体制，财务、业务归口由省店管理，干部任免权由地方政府负责，资产也归地方政府管理。在推进集团化的过程中，最大的阻力来自经济实力较强的各地新华书店与地方政府。由于新华书店在当地开展业务需要得到地方政府的大力支持，如果强制推行三权统一上收，一定程度上会影响当地的既得利益，将面临较大的阻力。王庆等人经过研究认为，集团化建设应从调整资产管理关系入手，避免在敏感的人事权上直接与地方政府交锋，要将原来脆弱的行业管理关系，转变为以资产为纽带的集团化管理关系。资产关系理顺了，其他财务、业务、人事等方面的问题也就迎刃而解了。

切入点想清楚了，接下来，四川新华书店集团确定了"三步走"的集团化建设思路。

第一步，授权改制，资产重组，构建集团核心企业。以四川省新华书店为骨干，合并四川省外文书店、四川省出版对外贸易公司，以国家授权经营的方式，实行资产重组，组建四川新华书店集团。集团实行董事会领导下的总经理负责制，成为自主经营、自我发展、自我约束、自负盈亏的法人财产实体和市场竞争主体。

第二步，以全省新华书店系统为主体构建集团的整体架构。以资产为纽带，本着统一规划、自愿互利的原则分步对全省新华书店进行公司化改造，并逐步吸纳完成公司化改造后的全省各地新华书店加入集团，作为集团的全资或控股子公司。暂未加入集团的各地新华书店，作为集团的半紧密层成员，由集团按原来的方式进行管理。

第三步，资本运营，多元发展。在对各成员企业进行公司化改造、对生产经营要素进行优化重组的基础上，推动商品经营与资本经营的有机结合，提高资本的运营效率。以出版发行产业为基础介入相关产业，实现图书、期刊、报纸、电子出版物、广播、电视等多种媒体综合开发，追求适度有效的规模，获取规模效益。

（三）四川新华发行集团的改革举措

四川新华书店集团成立，集团核心企业组建完成，只是迈出了集团化建设的第一步。为了加快集团发展的步伐，在王庆的主导下，围绕"三步走"的总体思路，推进了一系列在全国颇有影响的改革举措。

1. 体制变革：推动全省新华书店的授权经营与转企改制

全省新华书店的集团化，首先需要理顺产权关系。要解决体制上的问题，就要变"国营"为"国有"，实施国有资产授权经营，让书店拥有完整的企业经营权。这里又分了"两步走"。

第一步，推进全省新华书店国有资产授权经营，理顺集团管理体制。四川新华书店集团组建后，把完善集团的工作重点放在了争取授权经营上。2002年10月，省委八届十五次常委会会议原则同意省委宣传部、省新闻出版局《关于完善四川新华发行集团的报告》，该报告提出，全省新华书店由事业性质转为企业性质，对四川新华发行集团实施国有资产授权经营，将全省各级新华书店的国有资产全额划转给四川新华发行集团，确定四川新华发行集团为省政府授权投资机构，对全省各级新华书店履行出资人职责，对甘孜、阿坝、凉山三个少数民族地区的50个新华书店不进行改制，保留事业单位性质。

第二步，推进全省新华书店的公司化改造，实现全省新华书店集团化。在改制之前，全省各地新华书店是自收自支的事业单位，还不能成为企业集团的成员。四川新华书店集团成立后，根据省委八届十五次常委会会议精神，在全省新华书店系统进行了公司化改造，并逐步吸纳公司化改造后的全省各地新华书店加入集团公司。根据当时改制的相关规定，改造后加入集团的各级新华书店，作为集团的全资或控股子公司，其人、财、物由集团按其公司章程统一管理，经营者由集团聘任，承担相应的义务，享有相应的权益。

2003年6月，四川省委办公厅、省政府办公厅联合下发《关于做好四川新华发行集团改制和授权经营有关工作的通知》。《通知》进一步明确，全省新华书店国有资产，以各店经中介机构审计并报核准后的2002年决算数为准，统一划转发行集团经营，阿坝、甘孜、凉山三州及其所属县新华书店暂不改制，保留事业单位性质，由发行集团负责其国有资产经营管理工作。

至此，四川新华书店集团获得了全省新华书店的经营授权，理顺了全省新华书店产权关系，突破了集团化改革发展的最主要障碍。授权经营的实施，对四川新华书店的发展具有里程碑意义，彻底改变了原来新华书店同名不同家的状况，将原来省市县新华书店松散的管理关系转变为强有力的产权关系，为后来的发行集团的发展，包括实现与出版集团的整合奠定了重要基础。

随着授权经营的实现，全省新华书店的整合完成，2004年5月，"四川新华书店集团"正式更名为"四川新华发行集团"。

2. 业务整合：打破按行政区划设置业务机构的传统，构建纵向一体化运作的业务管理体系

在完成全省新华书店的授权经营后，如何构建集团内部企业管理体制成为一个难题。子公司是以专业化经营的公司为主，还是以原地区性的基层书店改造为公司为主，一直是全国同行争论的热点话题。由基层书店改造为独立的子公司阻力小，操作相对简单，但难以达到集团化经营的效果。

经过反复研究，从有利于事业长远发展出发，王庆最终选择

了专业化的子公司经营模式。

历史形成的各级新华书店都是独立法人，都是自立门户、"五脏俱全"。这种体制对促进当地文化事业的发展曾起到重要作用。但是，在出版业市场化、产业化发展的新时期，这种体制不利于提高产业的集约化经营。为此，发行集团在设计经营与管理体制时，打破"以块为主"的格局，确立了"以条为主、条块结合"的模式。具体讲，就是把集团总部的经营和管理分成若干条线往基层延伸。在经营上，分成教材公司和图书音像连锁公司，整合全省的分销业务资源；在管理上，建立从省到市、县的资产、财务和审计三条管理监督线，从而把集团公司与基层书店真正融为一体。

在这一思路的推动下，四川新华书店集团首先从一般图书业务整合入手，通过在全省推进连锁经营，将各基层书店原来集中统一的教材发行与图书音像经营业务剥离，图书音像业务纳入全省统一的连锁经营体系。2003年5月，全省基层新华书店的图书、音像商品全部由两大连锁公司统一供应，彻底改变了基层新华书店的一般图书业务独立经营的局面。

在对基层新华书店一般图书业务基本完成连锁整合后，集团启动了教材教辅业务整合和基层书店整体改制工作。2003年6月，集团成立文教类图书业务整合机构，下设业务、财务、人力资源、技术等专业小组。12月，集团印发《四川新华发行集团市、县机构设置及人员竞聘上岗办法》，在各市设立管理中心，负责全市范围内的改制工作和资产管理工作；设立集团教材公司区域管理中心，业务上接受集团教材发行公司的管理。至此，原来独立的基层书店被分拆为图书音像连锁店、教材区域管理中心及分公司（县区设教材发行分公司）和市管理中心三大业务板块，集团注销了112个原市县新华书店的法人资格，彻底改变了全省新华书店建店50多年来以行政区划构成的三级法人、"多而散"和"小而全"的经营管理格局。

3. 人员分流：推进人事制度改革，打破"铁饭碗"

早在集团成立之前省新华书店就率先进行了"三项制度"改革，为集团成立后建立市场化的劳动用工制度打下了较好基础。集团成立后，又推动了一系列改革举措，使集团人事管理体制彻底市场化，为集团的发展打下了坚实基础。在这个过程中，巨大的工作量、复杂的矛盾处理，都超乎想象，成为行业内很难复制的改革模式。

2000年4月18日，四川新华书店集团挂牌不到一个月就印发了《人事管理试行办法》。该《办法》按照现代企业制度规范要求，在机构设置、干部聘用、劳动用工、收入分配等方面实行员工能进能出、管理人员能上能下、收入能增能减，以确保下一步集团转换机制、竞聘上岗工作顺利进行。集团的改革为随后全省新华书店集团化中的人事制度改革树立了榜样。

在省委办公厅和省政府办公厅《关于做好四川新华发行集团改制和授权经营有关工作的通知》下发两个月之后，2003年8月，集团在成都召开全省各市、州、县（不含三州少数民族地区县级书店）新华书店改制工作会议，针对全省新华书店职工普遍关心的离退休人员移交社保、人员分流安置、解除劳动人事关系、转换职工国有身份、经济补偿金支付等人事制度改革问题进行专题研究。

此后，全省新华书店大规模的转换身份和分流安置工作拉开序幕。整个工作分为三个阶段进行：第一阶段是人员分流，减员增效；第二阶段是竞聘上岗，转换职工国有身份；第三阶段是办理经济补偿，终止原来的劳动关系。

四川新华发行集团通过"事转企"，全员转换国有身份，破除了原事业单位职工的终身制，在此基础上，劳动用工方式以劳动合同制为核心，实行全员聘用制。在干部人事上，打破论资排辈，试行职业经理人制度。在薪酬制度上，改掉事业单位档案工资制，实行企业岗位绩效分配制度，参照社会劳动力价格，探索多样化的激励措施，以业绩论收入。这一系列实实在在的人事制度改革举措，为发行集团现代企业制度的建立奠定了基础。

发行集团推进的全员下岗分流的改革举措，在今天看来是属于比较"激进"的改制方式，走在了全国新华书店改革的最前列。为此，集团也付出了沉重代价。改制完成后，部分分流人员进入社会后工作生活不稳定、不如意，于是找到原单位讨说法，甚至引起群体事件。2004年8月23日，南充市店部分分流人员及在岗员工，强行关闭南充市内5家门店，并聚集在集团南充市管理中心，要求答复他们提出的员工改制过程中的问题。集团改制办负责人一行到现场说明情况，也遭到围攻。直到今天，集团仍设有专职部门负责维稳工作。

4. 产业延伸：进军出版、印刷领域，构建整体竞争优势

四川新华书店集团组建后，不断开疆拓土，延伸产业链经营。在做强做大出版物发行业的基础上，一方面积极向附加值高的出版环节延伸，另一方面适时地向印刷、物流、行业增值服务等专业领域发展，打通产业的各个环节，形成完整的出版产业链。

作为一家发行企业，拥有出版业务资质一直是四川新华的一个梦想，更准确地说，是王庆的一个梦想。他希望通过拥有出版业务，打通出版发行产业链。

1998年3月，四川省新华书店与四川科学技术出版社、四川少年儿童出版社联合成立了全国首家新华书店与出版社合资组建的股份制企业——四川省新华书店发行有限责任公司。可以说，这是四川省新华书店期望打通出版发行产业链的最初尝试。2000年3月，四川新华书店集团成立后，向中宣部、国家新闻出版署专题报告，要求授予集团出版权，开办出版社。但是，当时全国没有这样的先例，申请出版权受挫。此后，集团转变思路，向民营公司学习，从出版策划与经营入手介入出版领域。2001年4月，集团与旗下四川新华图贸公司、四川新华在线公司两家子公司一起，投资300万元组建四川新华出版公司，四川省新闻出版局批复经营范围为出版物的选题策划和经营，由此，四川新华书店集团正式进军上游出版业务。

2002年10月，根据中央17号文件关于"有条件的国有书刊印刷企业可以进入发行集团"的精神和省委、省政府领导的指示，经四川省新闻出版局同意，四川新华彩印厂划入四川新华书店集

团公司，四川新华书店集团由此控股西南地区印刷技术先进、规模最大的彩色印务公司，介入印刷业务。2003年6月，四川新华彩印厂和成都军区印刷厂、成都九兴印刷包装有限公司重组，组建了由集团控股的西部地区印刷技术最先进的四川新华彩色印务公司，设计年生产能力250万对开色令，预计年加工产值1亿元。

在向上游出版、印刷领域延伸的同时，集团还于2004年6月开工建设西部出版物物流配送中心。该中心2006年6月正式运营，它以出版物物流配送为基础，提供第三方物流服务。中心占地面积66亩，地面建筑面积5万平方米，立体储存面积10.2万平方米，储位20万个，日处理收货能力为1万个品次，日拣选能力为3万至3.5万种，日配送能力可达500家连锁门店，日加工能力为3.5万个包件，是当时我国出版发行行业规模最大，自动化、信息化程度最高的现代化出版物物流配送枢纽。

2004年11月，集团对全省新华书店系统的7家酒店进行整合，并兴办旅行社、出租车公司，形成了旅游产业板块。

由此，四川新华发行集团初步形成了出版发行、文化旅游、传媒科技、综合经营四大产业板块。

（四）四川新华文轩连锁股份有限公司香港H股上市

1. 推进股份制改造，成立四川新华文轩连锁股份有限公司

随着我国逐步履行"入世"承诺，党和政府相继出台了进一步推动文化体制改革，鼓励国有文化企业体制创新，有条件的企业可以争取上市融资等指导性文件。2003年12月31日发布的《国

务院办公厅关于印发文化体制改革试点中支持文化产业发展和经营性文化事业单位转制为企业的两个规定的通知》明确指出："国有发行集团、转制为企业的科技类报刊和出版单位，在原国有投资主体控股的前提下，允许吸收国内其他社会资本投资"，"通过股份制改造实现投资主体多元化的文化企业，符合条件的可申请上市"。

在实现了授权经营、全省新华书店事转企改制并加入集团后，新华发行集团又乘着政策的东风，马不停蹄地推进股份制改造，创造一个更高更大的发展平台。2003年11月，四川新华发行集团制定改制总体实施方案，明确提出集团公司将按照相关政策法规，建立企业法人治理结构和母子公司管理体制，实施股份制改造。同年12月，改制方案先后获得新闻出版总署、省委宣传部、省国资委的批复。2004年6月，新华发行集团成立股份制改造工作领导小组，7月，新华发行集团正式启动股改。

这一阶段，发行集团完成了几项主要工作：（1）根据股改方案，对集团与股份公司资产、业务、人员进行剥离；（2）对投入股份公司的资产进行评估，将投入股份公司的土地全部由划拨地转变为国家作价出资，并完善相关法律手续；（3）引入战略投资者，建立符合上市规范要求的企业法人治理结构；（4）按照中国证监会要求，建立股份公司独立完整的业务、资产、人员、机构和财务体系；（5）完成股份公司成立的法定程序和手续；（6）制定并颁发股份公司企业发展战略。

2005年4月15日，四川省国资委签发了《关于四川新华文轩连锁股份有限公司（筹）国有股权管理有关问题的批复》（川国资委〔2005〕81号），同意四川新华发行集团作为主发起人联合其他发起人共同出资设立四川新华文轩连锁股份有限公司，公司总股本73337万股，其中四川新华发行集团持有63003万股，占总股本的85.91%。2005年4月30日，四川省人民政府作出《关于同意设立四川新华文轩连锁股份有限公司的批复》（川府函〔2005〕69号）。2005年5月13日，四川新华文轩连锁股份有限公司召开创立大会，通过了关于设立公司的决议，并选举王庆等11人为公司第一届董事会董事。

2005年6月11日，在四川省工商行政管理局注册登记并领取了《企业法人营业执照》后，四川新华文轩连锁股份有限公司正式宣告成立。

按照《公司法》的要求，四川新华文轩连锁股份有限公司成立后，与集团公司实行分业经营。集团公司保持国有独资性质，为省政府授权经营投资管理机构，负责管理经营全省新华书店国有资产，通过投资、控股、参股等方式从事资本经营和产权运作，以实现国有资产的保值增值。四川新华文轩连锁股份有限公司按照国家有关规定，做到了与集团公司"人员分开、资产分开和财务分开"。集团原出版物分销等主营业务全部进入股份公司经营，以有效规避集团公司与股份公司之间的同业竞争和关联交易关系。

2. 国内首家H股出版发行上市企业诞生

四川新华文轩连锁股份有限公司完全按照标准的上市公司组建，公司成立后，加快推进上市进程。2005年12月29日，新华文轩召开股东大会，通过了选择在香港主板上市的相关决议。

新华文轩选择在香港联交所上市，主要有两个原因。第一，香港是有影响力的国际金融中心，港股市场是中国概念股票上市的重要集聚地，是与包括恒生指数在内的重要国际性指数接轨的资本市场，吸引了大量国际性金融机构在此活动。选择在香港上市，对提升新华文轩在国际资本市场的知名度有重要意义。第二，与内地上市相比，在港上市的审批程序相对简单，资本市场运作模式也更加成熟。在港上市企业符合证监会规定与《香港联合交易所有限公司证券上市规则》即可，无需内地烦琐的审批程序。上市流程简化，有利于实现新华文轩快速登陆资本市场的目标。据了解，在A股市场，当时排在新华文轩前面的拟上市企业有1000多家，如果选择在A股市场等待，将可能延缓新华文轩的发展进程。

2006年1月12日，中宣部批复四川省委宣传部，原则同意《关于四川新华文轩连锁股份有限公司在香港联合交易所主板上市（H股）的请示》。1月27日，新闻出版总署向省新闻出版局下发《关于同意四川新华文轩连锁股份有限公司在香港联交所主板上市（H股）的批复》。7月4日，四川省政府向四川新华发行集团下发同意新华文轩发行H股并在香港联交所上市的批复。8月29日，国务院国有资产监督管理委员会下发关于新华文轩国有股权管理方案的批复。至此，上级主管部门的审批程序全部完成。

2007年5月30日，中国新华书店第一股——四川新华文轩连锁股份有限公司，在香港联合交易所主板正式挂牌上市。这不仅是新华文轩发展史上划时代的一天，也是中国图书出版业值得纪念的日子。新华文轩也由此成为国内首家进入国际资本市场的图书发行企业。此次H股上市，新华文轩公开发行H股401761000股，募集资金约21亿元人民币。股票代码0811的新华文轩上午10点以5.50港元开盘，16点以5.55港元收盘。同一天，上证指数跌281.84点，深证成指跌829.45点，恒生指数跌176点。在这样的背景下，新上市的新华文轩取得了不俗成绩，仍上涨0.05港元。业界普遍认为，新华文轩成功上市不但为其未来的发展提供了新的资源和动力，也为国际投资者提供了投资中国图书市场的良好机会。

3. **新华文轩上市后推进产业发展的主要举措**

一是搭建一体化的经营管理架构。

新华文轩筹备成立股份公司之时，就决定彻底打破传统的多法人组织模式，采用"渠道事业部＋支持平台"的连锁经营模式设计文轩公司总体业务架构，彻底改变原来多法人的母子公司架构。在这一架构下，新华文轩将渠道业务划分为教材发行、零售、中盘等主要分销渠道，采取事业部的组织模式，建立采购、印制、物流与信息等业务平台，为渠道提供统一的业务支持与服务。不同的业务单元既能独立发展，又能相互支撑。这一架构最重要的特点，就是在图书出版-印制-发行-物流的产业链中，彻底消除母子公司体制下多法人主体为各自利益而相互争夺资源和恶性竞争带来的内耗，确保公司在产业链上的整体利益最大化。同时，在这一架构下，公司分散的经营资源集中起来，以产业链的整体实力参与市场竞争，就如把五个手指收回来握成拳头打出去那样更有力，更能把握竞争中的主动权。这种全产业链一体化、高度协同的业务组织，彻底改变了原来发行集团子公司小、散、弱的局面，较高的资源集中度也有利于提升公司的发展空间与发展速度，这一举措为文轩在上市后业绩快速增长奠定了基础。2007年2月，新华文轩先后印发了《商品组织运行方式》《商品营销管理运行方式》《物流网络运行方式》《采购运行方式》等一系列重大业务运行制度和流程规章，为建立一体化的经营模式提供了制度保障。

二是构建贯通目标、预算、考核的管理体系。

新华文轩成立之初建立了一套战略规划、资源配置、目标预算考核相结合的管理体系。公司战略目标按产业方式分解，形成了包括规模目标、财务回报、实现路径、能力目标等在内的战略目标体系，以保证公司总体战略能有效地贯彻到各业务环节的经营管理中。以全面预算管理、绩效考核管理等为手段，监控战略目标体系实施过程，提升战略执行能力，激励各事业部严格按照公司确定的战略路径加快发展。同时，建立财务管理、资产管理、内部审计等新的管理模式，对资金资产实行集中统一管理，提高资金资产综合使用效益，有效防范财务、经营风险。这套体系在今天的新华文轩仍然发挥着重要作用，这也说明发行集团当年推动改革的眼光是长远的。

新华文轩上市募集了20多亿港元（约合21亿元人民币），要考虑这些钱怎么花。接下来的几个举措，都是关于这些钱的具体投向。

三是推进全国扩张战略。

四川新华发行集团一直有一个"做全国的发行集团"的梦想。

新华文轩H股上市后，加大了向全国扩张的步伐，将部分募集资金用于建立全国零售、批发及发行网络。具体分为三笔资金投向：

第一笔用来布局全国中盘分销网络。新华文轩分析，中国当时的500多家出版社，60%以上为缺乏市场推广及发运能力的中小出版社。同样，中国图书零售商70%以上为独立民营企业，欠缺全国零售连锁店的采购及物流配送能力，这中间存在巨大的商机。为此，新华文轩决定利用自身在商品组织和物流等方面的优势，打造一个庞大的全国性中盘，作为中小出版社与中小型独立零售商、小型批发商之间的中介服务平台，向出版社提供市场推广及发运服务，向独立零售商及小型批发商提供采购及储运服务，并从中获取收入。2006年起，新华文轩开始了全国性大中盘模式的探索。经过创立、优化、成型三个阶段的调整，确立了按市场自然形成辐射范围的14家区域公司，将图书批发的触角伸向全国80多座大中城市。

第二笔用来拓展省外零售业务。2005年，新华文轩首先在西安开设书城。2008年12月，"贵州新华文轩"开业。"贵州新华文轩"由贵州出版集团所属贵州省新华书店与新华文轩共同投资组建，注册资本6000万元，以直营和加盟两种连锁经营方式，整合贵州全省近100个县以上新华书店门市，组建成零售连锁网络。

第三笔用来拓展省外教辅读物市场。新华文轩先后在贵州、重庆、云南建立了教材教辅拓展中心，主要开发当地教辅市场，在北京成立了教辅策划机构，开发《点睛教练》等品牌教辅读物。

四是加大在出版领域的投入。

新华文轩上市后，有了更强的实力和更大的动力来向产业链上游延伸。由于出版环节实行更为严格的准入制，发行企业开办出版社很难，但这并不妨碍下游向上游的渗透。为了获得更稳定的书号资源，2007年7月，新华文轩与华夏出版社签署合作协议，共同投资组建华夏盛轩图书有限公司，新华文轩占股权比例为51%。当时，新华文轩发展出版业务的主要模式是渠道型出版，就是主要根据渠道的需求来定制出版物。对新华文轩来说，其庞大的图书发行销售网络是一个巨大优势。图书出版后，首先依托新华文轩自己的发行网络，从图书面市到销售高峰期的推广时间比普通畅销书短得多，因而效率更高。新华文轩庞大的销售网络也使基本印数的销量得到保证。此外，根据新华文轩以往经验，与购自第三方出版商的图书相比，合作出版产品能带来更加可观的收益。新华文轩上市后介入出版领域，为后来2010年整合四川出版集团旗下出版单位埋下了伏笔，为打通四川出版发行产业链做了先期尝试。

五是开展资本运作，进行产业布局。

2008年10月，新华文轩临时股东大会通过决议，以1240万元收购四川新华商纸业有限公司51%股权。2008年，新华文轩与安徽新华发行集团签订收购协议，收购安徽新华发行集团7.79%股权，总价值为1.8亿余元。同年，新华文轩投入2700万元资金，与贵州出版集团实现跨区域合作，成立"贵州新华文轩"，专营图书零售书城（店）。新公司整体利用和移植了新华文轩的业务支撑平台、一体化运行管理模式，实现了商业模式的跨区域复制。

（五）四川新华集团化改革回望

通过四年时间的改革探索，四川新华将原来分散在全省各市县的新华书店整合成了一个统一的企业整体，打破了数十年来各自独立的新华书店经营格局，虽大刀阔斧，却波澜不惊，不能不说是一个奇迹。

改革能够取得突出成就的原因，首先是以王庆为首的一班人善于把握国家推进文化体制改革带来的历史性机遇。当年推进授权经营、事转企、下岗分流等，要触及地方政府、基层书店和职工的切身利益，在今天看来个个都是难点，但都是党和政府所倡导和鼓励的改革。发行集团的改革举措，虽然不算重大的创新之举，但是牢牢抓住了国家的政策机遇，顺势而为，大大减少了改革的阻力。后来，全国很多同行到四川学习改革经验，但都没能实现全省新华书店彻底的集团化改造，一个重要原因就是改革政策特别是下岗分流政策发生了变化。

其次是以王庆为首的一班人所拥有的强烈的事业心。当年王庆在业界有"拼命三郎"之称。他把四川新华书店的发展当作自己的事业追求，在改革任务繁重的那几年，经常带领集团一班人加班加点研究工作，常常开会开到深夜，被戏称为"夜总会"。有人说，他是把国有企业当成私人企业干，当成自己的企业干，愿意对事业无私付出，这种精神在实际生活中并不多见。正是有了这种强烈的事业心，四川新华发行集团才能啃下一个又一个改革的硬骨头，迎来一个脱胎换骨的新文轩。

再就是王庆个人在发行集团和全省新华书店拥有的崇高威望，也是改革得以顺利推进的重要原因。与其他出版发行企业相比，四川新华当年推进改革，有一个有利因素，就是强有力的领导班子。改革需要做出一系列影响利益格局的重大决策，矛盾多，阻力大，没有强有力的领导很难推进。当然，王庆的个人威信并不是天生的，而是在事业发展过程中逐步形成的。正是他善于思考，勇于创新，敢想敢干，不断取得新的业绩，才赢得了广大干部职工的信赖和支持，建立起他在班子中的核心地位。现实生活中，相反的例子很多，很多集团的条件不差，但往往内部争权夺利，正气不能形成，决策难以统一，大好形势葬送在权力游戏之中。

站在今天的角度看，这一阶段四川新华的改革也有值得反思的地方。主要问题就是改革中对职工权益的关注相对不足。受改革开放初期我国工业企业推行减员增效这一改革举措的影响，当时在设计改制方案时，也采用了全员下岗分流这种比较极端的措施，其目的是让企业能够减少包袱轻装上阵。推行这种极端措施的结果是，企业的包袱是减轻了，但也给企业留下了长期维稳的后遗症。当然，这也是在当年我们国家经济基础薄弱、物质条件还很差的现实状况下，不得已而为之的改革举措。随着经济的发展，国家和企业积累了更好的物质基础之后，对职工权益的保护成为改革的重要方向。所以，在四川新华后面成立的许多发行集团，基本都没再采取像四川新华这样的全员下岗分流的措施。

四、新文轩的诞生

（一）整合资源是四川出版发行业的必由之路

新华文轩H股上市之后，2010年，在四川省委宣传部的支持下，在龚次敏董事长率领的重组新华文轩工作团队的精心实施下，四川出版发行业实现了一场改变格局、影响深远的资源大整合。

为什么要走资源整合这条路？这既与新华文轩上市打通资本市场，为四川出版业带来新的发展机遇有关，也与四川发行集团和出版集团多年的"恩恩怨怨"有关。

从新华文轩的角度来说，2007年成功登陆港股后，面临产业发展压力，找到一个"心仪"的投资对象一直是心头大事，如何使用募集的20多亿元资金，成为文轩上市后推动产业发展的重大考验。省委领导对新华文轩提出了"快投、慎投、准投"的投资要求。为此，新华文轩提出了"突出主业，超越主业"的发展思路，开始在产业发展上进行扩张布局。主要从两个方向考虑，一个是主业方向，一个是多元化产业方向。主业方向重点是向省外扩张，新华文轩先后在贵州、陕西开办连锁书店和大型书城，成立云贵渝教材教辅拓展中心等，但由于对当地的市场不熟悉、供应链过长、市场基础较差、当地政府抵制等原因，效果并不理想。在多元产业布局方向，新华文轩先后在学校教育、影视艺术等方向进行投资，并入股皖新传媒，但投资效果在短期内无法显现。在这样的局面下，找到一个既符合主业发展方向、又稳妥安全的投资对象成为新华文轩产业发展的重要任务。

从四川出版集团的角度来说，它也需要寻求新的发展机遇，希望搭上一辆快车。2003年四川出版集团成立后，推进系列改革举措，呈现出良好的发展势头。但是，由于事业体制的限制和内部矛盾，其发展速度远远落后于四川新华发行集团。特别是新华文轩成立并上市那几年，一年几大步，把出版集团远远抛在了身后。发行集团发展得红红火火，出版集团的同志看在眼里，更多的是羡慕和无奈。新华文轩在香港H股上市之后，原来觉得不可能的事情变成现实，打通了资本市场，迎来了更大的发展机遇。这种情况下，出版集团的同志，特别是出版社的同志，希望能够搭上新华文轩这列快车，借助其渠道的优势和资本的力量，实现出版的快速发展。

因此，从出版集团与发行集团两方面看，四川出版与发行资源的整合都是有民意基础的，这个基础就是四川出版界希望将四川出版的资源优势与新华文轩的体制优势、渠道优势、资本优势相结合，产生"1＋1＞2"的效应。

除此而外，四川出版业的一些深层问题也需要通过某种方式彻底加以解决。四川出版、发行两大集团，从成立那天起，就围绕教材教辅业务展开了激烈的竞争，这个竞争严重制约了四川出版业的整体发展。

四川新华发行集团的核心业务是出版物的发行销售，而四川出版集团的核心业务是编辑出版。这两大集团的业务虽在产业链中是上下游关系，但为了各自利益，为了抢占更大的市场份额，双方互相进入对方的业务范围，特别是在利润较高的教材教辅领域展开了激烈的竞争。发行集团为了争夺出版利润，引进省外出版主体，出版集团也到各市县争夺教辅终端市场。这不但打破了多年来稳定的四川出版发行业秩序，还造成了四川出版业的利益大量流失。四川出版主管部门的领导看在眼里，急在心头。

四川新华发行集团从书店经营起家，在出版物发行行业进行了长期的改革与探索，成效显著，也奠定了其业内改革先锋的地位。从开办批发市场、图书批销中心到开办大型书城、全省连锁书店，从教材租型到教辅造货，从省内连锁到省外连锁、全国中盘，可以说在发行领域能够干的事都干了。在一般人看来，把发行领域的事干到这个地步已经很不错了。但是，以王庆为首的发行集团领导层并不甘心于此，希望有更大的发展空间，因此，进入出版环节、获取上游资源和利润就成为必然的选择。也正是长期的出版情结使然，在多次争取出版权未果的情况下，四川新华为进入上游出版环节，做了一系列布局。2001年成立四川新华出版公司、北京蜀川公司、弘哲公司，2007年与华夏出版社合资成立华夏盛轩公司，可以说，四川新华向出版渗透的努力从来没有中断过，获取出版资源是四川新华矢志不渝的追求。

正是这些眼前契机与长远诉求交织在一起，最终促成了四川出版发行资源的大整合。

（二）新华文轩出版传媒股份有限公司的诞生

在省委宣传部等主管部门的支持下，2008年6月，四川出版集团、发行集团成立重组新华文轩工作领导小组，正式启动相关整合工作。12月，中央有关部门下发《关于同意重组四川新华文轩连锁股份有限公司的批复》，该批复同意由四川出版集团和发行集团重组新华文轩。2010年6月22日，新华文轩公布与四川出版集团签订股权转让协议，以人民币12.55亿元收购四川出版集团持有的所属15家出版单位100%的股权，并建议公司名称由"四川新华文轩连锁股份有限公司"更改为"新华文轩出版传媒股份有限公司"。2010年8月20日，新华文轩召开股东大会，批准公司与四川出版集团签订股权转让协议，并通过公司更名的议案。2010年9月9日，四川省文化体制改革和文化产业发展领导小组下发《关于同意〈四川出版集团有限责任公司、发行集团重组四川新华文轩连锁股份有限公司实施方案〉的批复》。

至此，"四川新华文轩连锁股份有限公司"正式变更为"新华文轩出版传媒股份有限公司"，新华文轩由单一的出版物发行企业，扩展为以出版物编辑出版、印刷、发行为一体的全产业链出版发行企业。

新华文轩出版传媒股份有限公司正式诞生，被媒体称为"中国首个以股权整合方式完成的出版发行资源整合案例"。对新华文轩来说，通过整合资源打通了出版发行产业链，打造了一个新的文化产业投融资平台。整合后的新华文轩，核心主业升级为

"出版＋发行"，拥有出版、零售、教育征订和中盘业务等板块。特别是四川人民出版社、四川教育出版社等11家专业出版机构和《读者报》《四川画报》《红领巾》等12家期刊和报纸的加盟，使新华文轩具备了出版传媒企业的属性，这对以出版物发行起家的新华文轩来说，具有深远的意义。

对四川出版来说，新华文轩和四川出版业务的整合也具有重大意义。长期在事业体制下运行的四川出版业直接跨入上市公司，为出版发展提供了良好的体制条件，为在事业体制下受到制约的出版社打开了一片崭新的天地。此外，新华文轩经过长期市场化洗礼，其强大的渠道能力，也为四川出版的腾飞提供了极大的想象空间。四川出版发行成为一家人，使原来的教材竞争失去意义，四川出版人可以专心致志地从事出版生产了。

（三）推进出版发行一体化整合，构建全产业链经营格局

新华文轩通过并购四川出版集团的出版业务，打通了出版发行产业链。接下来最紧迫的任务，就是将出版与发行业务有机整合起来。为此，新华文轩于2010年12月正式成立整合实施领导小组，开始实质性地推动出版与发行两大业务板块的整合工作，领导小组下设业务整合办公室和8个实施小组。至2011年，新华文轩基本完成整合工作。

1. 业务整合：确保出版发行业务一体化运行

新华文轩并购四川主要出版资源后，致力于将出版业务和发行业务融合在一起，进而实现出版发行产业链的贯通，这是一项

艰巨的任务。经过研究，新华文轩决定按照出版发行一体化的思路设计新的业务架构及其运行方式，以此推动整合的实施。

一是推进教育类产品集中和一体化运行。将各出版社的征订类教育产品业务进行集中，除四川教育出版社外，其他出版社不再保留上目录的教材教辅类产品，只能从事大众出版业务，在市场上找饭吃。将教育类产品集中后，新华文轩对重组后教育产品的研发、纸张采购、印制、征订发行等业务按照产业链环节进行细分，建立了教育产品原创研发平台、教育产品纸张采购和印制集中业务平台，拟定了教育产品征订运行方式、教育产品纸张集中采购平台运行方式等业务制度，对教育产品从生产到销售的各个环节进行计划管理和全面监控，实现了教育出版发行业务的一体化运行。

二是对大众出版业务进行产品线分工和生产计划管理。将教育类产品剥离后，对大众出版社实行产品线管理，每家出版社都要坚持在分工范围内组织出版生产，避免四面出击，全面开花，引导大众出版社走专业化的出版之路，培育自己的优势产品线，增强市场竞争力。与此同时，新华文轩建立了对出版业务的计划管理体制，要求各出版社组织拟订大众原创产品年度、月度计划，以保证公司内部商品流转的计划性和匹配性，打通大众出版社与渠道间的运行通路，通过出版社与印制生产、物流、渠道等环节的经营计划对接，更好地实现出版与生产、物流、渠道部门的协同。在这个过程中，新华文轩拟将大众出版社的印制、物流与发行业务进行全面集中，但由于出版社反应强烈，只实现了部分集中，四川少年儿童出版社等出版社一直坚持业务独立运行。

三是建立出版社目标预算绩效考核体系。为了加强对出版社的监控和管理，新华文轩按照业务、财务、人力资源一体化的管控模式，搭建了出版社的目标考核体系。对教育出版社，下达经营目标与费用预算，主要考核编辑图书完成率和成本，不考核利润。对大众出版社，下达经营目标与费用预算，对出版图书进行单品考核，按照产品生命周期设计考核指标，对出版社进行利润考核，并依据考核结果核算薪酬总额。

2. 人力整合：统一制度，内部调配

为了确保平稳过渡，新华文轩采取基本人事制度统一、各出版社分步到位的策略推进人力资源整合。特别是在薪酬制度上实行统一，将原新华文轩的中层干部薪酬标准大幅下调，以便与原出版集团的薪酬保持基本一致。在业务整合与组织架构调整的基础上，新华文轩主要通过内部人员调配的方式，实现了人员整合。其间制定了《各单位人员调配方案》，明确了人员调配总体原则，并对列入人员调配名单且再次提供上岗机会后仍未上岗的人员，提出了劳动关系处置办法。同时，通过制定《人员调配情况表》《调配人员岗位设置表》《解除劳动关系申请表》《劳动合同及变更协议》等相关实施方案，将出版社全体人员调配到相应岗位，实现了人员的平稳调配与安排。

3. 财务整合：资金集中管理，实现公司效益最大化

为了加强资金集中统一管理，新华文轩制定了《货币资金管理办法》《出版单位资金管理模式》等规定，明确了对出版单位的资金实行集中统一管理，采用收支两条线的实现方式，将出版社财权彻底上收。此外，为确保公司业务整合后商品内部流转的有序进行，尽可能实现公司效益最大化，在综合考虑公司业务发展、内部管理、税收和评级等因素后，拟定了公司总部对出版单位与印刷物资公司（纸张采购平台）的内部用纸交易价格，为内部经营效益核算和目标考核奠定了财务基础。

4. 信息整合：对接业务系统，统一办公系统

新华文轩在信息系统建设上一直走在全国前列，早在2005年6月就上线了ERP系统，成为国内出版发行业第一家大规模成功引进ERP系统的企业集团。四川出版集团旗下各出版社的业务信息系统主要是云因系统。为了确保业务整合的顺利进行，新华文轩在让各出版社继续运行云因系统的基础上，将云因系统与新华文轩ERP系统进行联网对接，初步解决了公司信息联通的问题。与此同时，为加强公司内部信息传递、信息交流、信息共享，实现公司的信息协同，提高办公效率，新华文轩将协同办公信息系统应用推广到了13家出版单位及新增机构，在文档管理、办公发文等方面实现了线上运行。

（四）新华文轩资源整合中的几个重大举措

2010年新华文轩资源大整合过程中，推出的几个与出版有关的重大举措，对新华文轩未来出版业务的发展影响至深，所以，这里需要做详细叙述。

1. 整合教育出版发行资源，实行一体化经营

2010年四川出版发行资源整合，是当时四川省委重要的战略部署，其主要目的是要解决长期以来四川出版与发行"窝里斗"的问题，实现"1＋1＞2"的效应。从新华文轩的角度看，整合四川出版资源除了解决H股上市募集资金的投向问题外，就是要打通四川教材教辅出版发行产业链，实现这一核心业务的利润最大化。因此，文轩并购出版之后，最重要的举措就是整合教育出版发行资源。

其实，早在2009年前，当两大集团决定进行战略重组之时，文轩就开始积极谋划教育产品出版发行的一体化经营。2010年，四川出版集团15家出版单位正式并入新华文轩后，文轩就着手搭建教育产品出版发行一体化业务架构，围绕教育产品出版发行业务进行了一系列资源整合。

一是将各出版社、文轩旗下出版事业部、四川出版集团旗下上瑞公司的所有教育产品研发业务并入四川教育出版社。四川教育出版社归口统一出版所有教育产品，不再介入四川区域市场九年制中小学义务教育产品的发行业务。

二是将原来四川出版集团旗下的四川出版印刷公司与原来文轩旗下的生产印制中心进行整合，组建了新的生产印制中心，统管教材印制业务。

三是将人民教育出版社、北京师范大学出版社等版本的教材租型业务，统一归到文轩旗下的采购中心平台。

文轩成立教材领导小组负责教育产品重大事项决策（包括同质品种冲突等）及目录审定，对教育产品原创研发业务实行"统

一决策、统一规划、统一管理和统一协调"。自此，原四川出版集团旗下的教育产品出版环节和原四川新华发行集团旗下的教育产品发行环节，都统一到了文轩旗下，从而彻底结束了原来两大集团的"内耗"，实现了四川教育出版发行一体化经营和对四川区域教育市场的绝对掌控，确保了这一核心业务利润的最大化。财务报表显示，2011年文轩利润大幅增长，教育出版发行一体化经营贡献巨大。①教育出版发行的整合，使四川出版和发行的整合真正发生了"化学反应"，这一改革举措在行业的影响也是巨大的。时至今日，每当文轩与其他出版发行集团交流学习时，其他兄弟单位都对文轩当年的改革成效羡慕不已。

2. 推进大众出版发行业务整合，改造中盘助力出版发展

在推进教育出版发行整合的同时，新华文轩对大众出版业务也按照业务一体化运行的思路推进整合。当时的指导思想是按出版发行环节进行分步整合，各出版社的发行、物流、印制等业务由公司统一集中管理，实现一体化运行，出版社编辑业务独立运行。为此，新华文轩还组织相关人员到上海世纪出版集团学习集团统一建立发行中心的经验。

在推进大众出版业务整合进程中，发行业务的整合首先实施，这使文轩中盘的发展迎来了重大转机。

早在2005年下半年，四川新华文轩连锁股份有限公司成立不久，为实施"走出四川、走向全国"战略，成立了"中盘项目

---

① 参见新华文轩2011年度财务报告。

规划小组"。2006年3月，文轩召开"中盘"启动大会并为首批外派的49人壮行，开启了开疆拓土、进军全国的"中盘之旅"。2006年5月，文轩设立中盘连锁事业部。2006年8月，在全国各地设立的25个分公司正式开业经营。2007年，文轩陆续将全国25个分公司调整为14个分公司。2008年3月，更名为"中盘事业部"的本部搬迁到北京，以经营公司自有产品、公司重点产品为主，经营业态为分销、馆配、大中专教材销售。2008年9月，文轩启动"大中盘"规划，以经营公司自有产品、代理产品、包销产品为主，经营业态主要为分销、馆配。2009年8月，全国14个分公司又增至24个。直到2013年6月，在出版发行资源整合之后，文轩有了自己的出版产品，这种情况下，中盘事业部对全国24个分公司进行调整，设立5大区，并以5大区为主导开展经营工作，主要经营新华文轩自有产品及旗下各出版社产品，并辅以馆配、农家书屋招投标等业务。

文轩中盘业务的不断调整，有其现实背景。随着图书电商的快速发展，实体中盘的生存发展基础开始动摇，文轩中盘何去何从面临战略选择。一方面，中盘前期投入巨大，它承载了文轩欲做"全国发行商"的光荣与梦想；另一方面，中盘连年亏损，当时亏损额已达数亿元，且没有止亏迹象，成为文轩"不能承受之重"。这时，文轩大众出版的发行业务整合提上了议事日程，中盘作为面向全国的大众图书发行渠道有了新的使命。

2014年6月，文轩对中盘事业部进行了重新定位，就是服务于文轩各出版机构，销售文轩旗下各出版机构的产品，打造"渠道、营销、数据、产品（销售）"四大能力。文轩旗下各出版社可按市场化原则自愿选择发行业务是否并入中盘。除四川少年儿童出版社外，文轩其余大众出版社的发行业务全部进入了中盘事业部。尽管此中颇有波折，各出版社意见不一，但中盘之前在全国所建立的网络及人脉优势，对大众出版的发展仍然有助推作用。不过，随着四川少年儿童出版社之外8家出版社的发行业务全部整合进入中盘，出版社离市场越来越远，出版决策的效率也越来越低。此外，虽然出版社的大众类产品有中盘发行，但一些需要特殊发行渠道的产品没有了相应渠道支持就倍感艰难。

3. 布局产业链中下游和相关文化产业，实现"多线"发展

在2010年10月至2015年12月这五年期间，新华文轩主要围绕四条主线进行战略投资布局：

一是"大发行"业务主线。着重在支撑出版物发行的物流网络体系建设和构建出版物大型超市销售网络的商超业务方面加大投资力度，共计投资2.8亿元。特别是商超公司，文轩投入9000余万元收购其51%的股权。进军商超业务，是当时我国出版界打造发行新业态的一大亮点。然而该公司经营持续亏损，直到今天仍未扭亏为盈。

二是"大教育"业务主线。2012年7月，投资近3亿元收购位于大邑县的职业教育学院48%的股权，成立四川文轩卓泰投资有限公司进行管理，高调介入实体办学业务，这在当时出版界算是"大手笔"。同时，成立教育技术装备公司，探索性地介入教育装备业务。

三是印刷业务主线。2014年出资近1.7亿元收购四川出版集团旗下四川新华印刷有限公司，全面提升印制生产能力。

四是资本经营业务主线。2014年投资1.4亿元成立文轩投资公司并参股中信并购基金，全面介入资本经营业务。

此外，在报刊传媒方面投资600万元，与台湾方面合办期刊《薇薇新娘》，不过该杂志已于2016年停办，广告公司也一并注销。同时，还在文化"走出去"方面进行了积极探索，投资近2200万元成立华盛顿文轩媒体发展有限公司和文轩国际文化传播有限公司，目前这两家公司均已关停。于2015年成立的文轩音乐公司，现今也在积极研究关停措施。

（五）四川出版发行资源整合的初步成效

四川新华发行集团和四川出版集团重组新华文轩实现四川出版发行产业链一体化经营之后，整合效应迅速显现。

出版发行整合后，特别是教材教辅的集中管理，彻底改变了四川出版界自出版发行两大集团成立以来长期内斗的局面，使新华文轩在四川教材教辅读物市场的占有率显著提升，确立了绝对优势地位，也使新华文轩在与上游出版社谈判过程中处于更为有利的地位。

教材教辅业务是出版发行企业的经济支柱，新华文轩重组之后，销售规模与利润实现了大幅增长。2011年，也就是新华文轩重组后的第一年，出版和发行的整合效应初显，新华文轩全年实现销售码洋54亿元，比2010年的47.62亿元增长13.4%；实现利润

5.07亿元，比2010年的4.37亿元增长15.23%。企业综合实力位居全国同行业前列。

四川出版发行资源整合完成后，新华文轩迎来了发展的黄金时期。出版发行产业链一体化经营的多年愿望得以实现，企业整体实力明显增长，在全国出版界的影响力显著上升，得到了国家有关部门的高度肯定。新华文轩先后被评为"全国文化体制改革优秀企业"、第一届和第二届"中国出版政府奖先进出版单位"和"全国新闻出版系统先进集体"。2009年2月、2010年6月、2012年9月，中央政治局常委李长春同志三度视察新华文轩，给予了"新华文轩是西部地区文化体制改革一盏灯塔"的高度评价。2011年4月，中央政治局委员、中宣部部长刘云山同志视察新华文轩，评价新华文轩是"全国文化体制改革的排头兵"。

（六）四川出版发行资源整合的深远意义

四川出版发行资源的整合，新华文轩出版传媒股份有限公司的诞生，是四川出版发展史上里程碑式的事件。曾经的竞争对手握手言欢，分居出版上下游的出版社与书店变成了一家人，这是当年经历了出版与发行"教材大战"的许多老出版人想也不敢想的事情。特别是对于两次组建出版集团都收效不佳的四川出版人来说，如此重大的格局调整能够波澜不惊，在较短时间内顺利完成，也超出了许多人的预料。从产业整合的角度看，这次两大国有文化集团重组新华文轩，无疑是一次非常成功的案例。其中一个重要原因，就是这次整合是借助上市公司的平台，运用市场化的方式，按照资本市场的规则进行的，避免了行政推动资源整合的许多弊端。

这次重组除了具有"全国首家以市场化方式进行整合"的特点外，还有一个大家不愿意在公开场合谈论的特点，即这是全国唯一一个由发行企业整合出版企业的案例。其实，从2000年开始，四川新华作为全国文化体制改革先锋大步向前，而四川出版还在为组建集团踌躇不前的时候，就已经预示着这个结果了。四川新华经过几轮脱胎换骨的改革，将四川出版远远抛在了身后，为此，四川省委在2006年初发出了"远学湖南卫视，近学四川新华"的号召。这种情况下，发行整合出版也就成为四川出版业发展的必然。从这里我们也可以看出先进体制所带来的力量和优势。

四川出版资源整体进入新华文轩后，事实上是出版与发行两大集团的主体资源放在了一个"篮子"里，出版板块与发行板块的关系如果处理不好，极有可能出现"外斗"转变为"内斗"，或者出现"整而不合"的状况，使出版板块游离于新华文轩之外。面对当时的形势，在龚次敏董事长的带领下，新华文轩下决心推进出版发行产业链一体化整合，取得了难得的整合成效。一体化整合的目的是把出版业务纳入文轩的管控体系，这一步不仅必须走，而且要坚定不移，否则出版永远游离在文轩的体系之外。只有先前统一了，才有后来的分而治之。

四川出版集团主要出版机构进入新华文轩后，新华文轩对出版业务实行专业化发展模式，集中运营教育类产品，将大众出版推向市场，实行严格的经营目标考核。这对四川出版的发展具有重大而深远的意义。

一方面，新华文轩将公司教育产品进行集中，实施专业化发展，加强教育产品一体化运行与管理，解决了教材教辅出版发行的内耗问题，对垄断性市场实行"密不透风"的封闭式管理，有利于实现市场整体利益最大化。

另一方面，新华文轩对大众原创产品进行专业化分工，引导出版社开展产品线建设，通过培育专业化能力提高市场竞争力，这个方向也是正确的。如果出版社什么选题都做，"捡到篮里都是菜"，没有形成自己的出版特色，那出版社也必定走不远。在推进出版专业化发展的同时，新华文轩构建了与业务构架相匹配的教育产品目标绩效管理体系和大众原创产品目标绩效管理体系，更加关注出版社市场化产品的经营业绩。这对于许多习惯于抓社会效益、不重视经济效益的出版社来说，也是出版市场观念的巨大促进，有利于出版社的长期持续健康发展。

第三章
四川出版落后了

　　四川出版落后，这个说法很不讨喜。不少人认为，四川出版这些年改革不断，努力前行，每年都能获得不少图书大奖，每年的总结也都成绩满满。但是，在文化强省建设的背景下，四川出版好不好、强不强，需要比较才知道。与全国各省比较，四川这个出版大省，很多指标都落到了后面。这个状态，要不是冰冷的数据摆在那里，我们真不愿说、不愿正视。

当四川出版与发行整合之后走过第五个年头、来到2015年的时候，当四川出版人逐渐适应了新华文轩的管理方式之时，抬头一望，那些曾经与我们差不多的省份，已纷纷走到四川出版前面去了。用中共四川省委常委、宣传部部长甘霖同志的话说，四川出版已跌至谷底。四川出版真的落后了。

一个省的出版地位，可以从四个方面看：一是出版总体情况，即这个省的出版产值、利润和市场占有率，特别是代表这个省的出版传媒集团的产值、利润和市场占有率在全国同类集团中的市场排名情况；二是单个出版社在全国同类出版社中的市场排名情况，这主要反映出版社的市场竞争能力；三是出版的图书的文化影响力，即出版了多少好书，拿了多少图书大奖，特别是出版了多少畅销书，这些书在全国有多大的社会反响；四是出版社的生存状态，即发展潜力如何。下面我们以2015年为时点，从这四个方面来看看四川出版的发展状态。

一、四川出版总体落后

（一）从总体规模和市场占有率上看，四川出版落后了

我国各省市出版传媒集团的发展水平，基本上可以代表其所在省市的出版发展状况，比如新华文轩可以代表四川出版，中南

传媒可以代表湖南出版，凤凰传媒可以代表江苏出版等。同时，由于各省市的出版总体规模统计数据并不太准确，而各出版传媒集团，特别是出版传媒上市公司的经营数据相对更为全面，可信度更高，也更容易获得。因此，我们可以通过对各出版传媒集团的比较分析，来看看四川出版在全国的地位。

根据北京开卷信息技术有限公司的报告，2015年，在全国35家出版传媒集团中，文轩出版整体市场占有率处于全国靠后的位置，仅排名第26位。与全国排名前10位的出版传媒集团相比，无论是新书品种数量、动销品种数量，还是码洋市场占有率，差距均非常明显（详见下表）。

2015年中国图书零售市场出版集团TOP10

排名	出版单位	码洋占有率（%）	码洋排名变化	动销品种数	动销品种占有率	新书品种数
1	中国出版集团	6.18	→	72479	4.32	9969
2	吉林出版集团	3.74	→	64323	3.83	5475
3	凤凰出版传媒集团有限公司	3.35	↑1	43202	2.57	6497
4	中国工信出版传媒集团有限责任公司	3.22	↓1	42029	2.50	5376
5	中南出版传媒集团股份有限公司	2.92	→	25763	1.53	2124
6	长江出版传媒股份有限公司	2.91	→	26381	1.57	3752

续表

排名	出版单位	码洋占有率（%）	码洋排名变化	动销品种数	动销品种占有率	新书品种数
7	上海世纪出版集团	2.67	→	49935	2.97	4157
8	中国国际出版集团	2.63	→	22303	1.33	1486
9	浙江出版联合集团	2.24	→	21265	1.27	3142
10	中文天地出版传媒集团股份有限公司	2.05	↑1	19105	1.14	2826
26	新华文轩出版传媒股份有限公司	0.51	↑3	12495	0.74	1612

注：数据来自北京开卷《中国图书零售市场年度报告（2016）·综合卷》第43页。新华文轩数据为开卷系统查询后加。

需要关注的是，20世纪80年代，湖南出版与四川出版不分伯仲，可30年后的2015年，代表湖南出版的中南出版传媒集团的码洋市场占有率为2.92%，是代表四川出版的新华文轩码洋市场占有率0.51%的近6倍；中南传媒动销品种数25763种，是新华文轩12495种的两倍多；中南传媒新书品种数2124种，比新华文轩1612种多了500多种，这也说明中南传媒的单品种图书效益比新华文轩好得多。

地处中部地区的江西出版，也把四川出版远远甩在了后面。2015年江西人口总数4566万人，经济欠发达，与四川相比可以说是人口小省、经济弱省。但是，代表江西出版的中文天地的全国市场占有率达到了2%以上，是四川的4倍，出版的新书是四川出版的1.5倍以上。

从全国出版传媒集团市场占有率来看，四川出版已经掉到全国第四阵营了，处于十分落后的地位。

2015年开卷监控全国出版传媒集团市场占有率分布①

市场占有率	集团分布	数量
3%以上	中国出版、吉林、凤凰、中国工信	4
2%（含）～3%	中南、长江、上海世纪、中国国际、浙江、中文天地	6
1%（含）～2%	北京、时代、陕西、中国教育、山东、辽宁、天津	7
0.5%（含）～1%	科学、广西、重庆、河北、南方、中国地图、中国财经、云南、黑龙江、新华文轩	10
0.5%以下	中原、海峡、山西、新疆、贵州、内蒙古、中国人力资源、读者	8
合　计	35	

为了避免在2015年这个时点上排名的偶然性，我们把时间再朝前推一点，看看这之前若干年里，代表四川出版的文轩出版市场占有率的全国排名情况（开卷监测数据）：2014年，第29位；2013年，第28位；2012年，第28位；2011年，第29位；2010

① 北京开卷信息技术有限公司：《2016年中国图书零售市场观察年度报告·综合卷》。

年，第28位。相比之下，2015年文轩排名第26位，还是这个时期相对最好的情况。

（二）四川出版在全国的地位与四川省经济地位不相称

一般情况下，经济发展得好的省份，其出版产业也发展得比较好。比如，江苏省2015年GDP 7.01万亿元，位列全国第2，代表其出版产业发展水平的凤凰出版传媒集团在全国排名第3；浙江省2015年GDP 4.29万亿元，位列全国第4，代表其出版产业发展水平的浙江出版联合集团在全国排名第9；湖北省2015年GDP 2.95万亿元，位列全国第8，代表其出版产业发展水平的长江传媒在全国排名第6；湖南省2015年GDP 2.9万亿元，位列全国第9，代表其出版产业发展水平的中南传媒在全国排名第5。

而四川省2015年GDP 3.01万亿元，位列全国第6，代表其出版产业发展水平的新华文轩在全国排名第26位。可以说，四川的出版产业发展水平与其在全国的经济地位极不相称。

当然，也有经济发展得好而出版产业发展与其经济地位不相称的其他省份，如广东省。该省2015年GDP 7.28万亿元，位列全国第1，而代表其出版产业发展水平的广东出版传媒集团没有进全国前10。同时，也存在经济发展水平靠后而出版产业发展水平非常靠前的省份，如吉林省。该省2015年GDP 1.43万亿元，位列全国第22，代表其出版产业发展水平的吉林出版集团却在全国排名第2。江西省2015年GDP 1.67万亿元，位列全国第18，中文天地却跻身全国出版前10。

（三）四川没有一家全国一级出版社

2008年6月，国家新闻出版总署启动经营性图书出版单位等级评估，对出版单位综合实力和竞争能力进行量化评定，主要考察出版单位的图书出版能力、基础建设能力和资产运营能力。这是目前我国最权威的出版能力评价标准。2015年，图书出版单位的等级评定，将"全国百佳图书出版单位"评为"全国一级出版社"。在最后评出的"全国一级出版社"名单中，四川没有一家上榜。这就是说，四川没有一家出版社进入"全国一百强"。

在重庆成为直辖市之前，其仅有的3家出版社与四川其他出版社发展水平差不多。但在直辖之后，经过若干年发展，重庆市的3家出版社均发展成为全国一级出版社。再来看看全国主要出版传媒集团的情况。凤凰传媒旗下9家出版社，有5家全国一级出版社；中南传媒旗下9家出版社，也有5家全国一级出版社；江西中文天地传媒旗下8家出版社，有3家全国一级出版社；浙江出版联合集团旗下8家出版社，有5家全国一级出版社。而新华文轩旗下9家出版社，没有一家进入全国一级出版社名单。当然，在四川的16家出版社中，也没有一家进入全国一级出版社行列。

2015年我国部分出版传媒集团一级出版社数量统计表[①]

项　目	凤凰传媒	中南传媒	中文天地	浙江联合	重庆出版	新华文轩
出版社总数	9	9	8	8	3	9
一级出版社数量	5	5	3	5	3	0

二、四川单体出版社普遍落后

（一）出版社全国排名普遍落后

文轩出版整体排名靠后，旗下各出版社的行业排名也是靠后的。根据开卷"全国图书零售市场观测系统"监控数据，2015年全国共有581家出版社参与零售市场竞争，新华文轩旗下排名最靠前的是四川少年儿童出版社，但其全国排名也仅为第151位。在社科类、教育类、少儿类、文艺类、科技类、美术类、古籍类等大众出版细分领域的排名中，四川没有一家出版社进入前十位。

下面，根据开卷监控的数据，我们分别来看看文轩旗下8家出版社在各自细分领域的排名情况（由于天地出版社缺少同类型比较对象，这里未做比较）。

四川人民出版社2015年在全国出版社综合排名为240位，不但落后于上海、江苏、浙江等发达地区的人民出版社，也远远落后于吉林、安徽、湖南、贵州等欠发达地区的人民出版社。

---

① 《国家一级出版社名录》，百度文库2015年7月8日。

2015年全国地方人民出版社前10位排名一览表

出版社	地方专业社排名	全国综合排名	码洋占有率	动销品种数	新书品种数	动销品种占有率	动销品种排名	出版效率	销售册数占有率	销售册数排名
重庆出版社	1	28	0.77%	8218	1245	0.49%	34	1.57	0.68%	40
天津人民出版社	2	57	0.49%	3127	513	0.19%	157	2.62	0.46%	62
上海人民出版社	3	69	0.39%	5929	668	0.35%	62	1.11	0.26%	107
江苏人民出版社	4	81	0.36%	8302	1692	0.49%	31	0.72	0.46%	61
浙江人民出版社	5	92	0.31%	1697	287	0.10%	317	3.03	0.28%	104
西藏人民出版社	6	120	0.23%	3382	234	0.20%	144	1.16	0.31%	92
吉林人民出版社	7	127	0.21%	6263	320	0.37%	59	0.57	0.25%	111
安徽人民出版社	8	134	0.20%	4366	521	0.26%	97	0.79	0.25%	110
湖南人民出版社	9	135	0.20%	3154	253	0.19%	155	1.09	0.17%	154
贵州人民出版社	10	158	0.17%	2365	244	0.14%	226	1.2	0.19%	142
四川人民出版社	16	240	0.09%	1208	194	0.07%	411	1.21	0.06%	269

　　四川教育出版社在全国排名靠后，2013年全国排名第485，而2015年下降至496位。四川教育出版社排名靠后的主要原因在于四川教育出版社的书多为教材教辅，主要通过征订渠道进行销售，而开卷统计数据未涵盖征订渠道，所以市场码洋占有率较低。但从另一个角度分析，这也说明四川教育出版社出版的市场渠道教育图书偏少，在市场渠道教育图书板块不具备竞争力。

2015年全国地方教育出版社前10位排名一览表

出版社	地方专业社排名	全国综合排名	码洋占有率	动销品种数	新书品种数	动销品种占有率	动销品种排名	出版效率	销售册数占有率	销售册数排名
陕西人民教育社	1	21	0.98%	5465	639	0.33%	70	3.01	1.18%	16
北京教育出版社	2	24	0.92%	9825	1319	0.59%	21	1.57	1.34%	7
辽海出版社	3	59	0.46%	2287	205	0.14%	234	3.4	0.06%	282
湖南教育出版社	4	62	0.44%	3774	381	0.22%	125	1.94	0.63%	44
浙江教育出版社	5	90	0.31%	4904	1009	0.29%	82	1.06	0.48%	58
河北教育出版社	6	104	0.27%	4488	439	0.27%	95	1.02	0.29%	98
吉林教育出版社	7	144	0.19%	6704	640	0.40%	52	0.48	0.29%	99

续表

出版社	地方专业社排名	全国综合排名	码洋占有率	动销品种数	新书品种数	动销品种占有率	动销品种排名	出版效率	销售册数占有率	销售册数排名
凤凰教育出版社	8	152	0.18%	5629	705	0.34%	67	0.53	0.39%	74
湖北教育出版社	9	184	0.13%	3376	377	0.20%	145	0.67	0.17%	160
上海教育出版社	10	190	0.13%	4330	486	0.26%	101	0.49	0.19%	145
四川教育出版社	30	496	0.01%	426	15	0.03%	519	0.29	0.02%	425

　　四川少年儿童出版社整体实力在四川大众出版社中是较强的，但该社2013年全国排名也仅为154位，2015年没有大的提升，排名151位。同期，浙江少年儿童出版社和二十一世纪出版社不仅长期位居地方少儿出版社前两名，更是一度位居全国所有出版社前十位。

2015年全国地方少儿出版社前10位排名一览表

出版社	地方专业社排名	全国综合排名	码洋占有率	动销品种数	新书品种数	动销品种占有率	动销品种排名	出版效率	销售册数占有率	销售册数排名
二十一世纪出版社	1	10	1.23%	6857	998	0.41%	50	3.02	1.89%	2
浙江少年儿童出版社	2	14	1.12%	5265	575	0.31%	73	3.58	2.01%	1

续表

出版社	地方专业社排名	全国综合排名	码洋占有率	动销品种数	新书品种数	动销品种占有率	动销品种排名	出版效率	销售册数占有率	销售册数排名
长江少年儿童出版社	3	15	1.07%	7343	1525	0.44%	44	2.44	1.42%	6
明天出版社	4	26	0.82%	2644	446	0.16%	192	5.21	1.18%	15
安徽少年儿童出版社	5	45	0.59%	4723	617	0.28%	88	2.1	0.90%	26
北方妇女儿童出版社	6	49	0.56%	8105	755	0.48%	36	1.17	0.99%	20
接力出版社	7	52	0.53%	4319	468	0.26%	103	2.07	0.66%	42
新疆青少年出版社	8	53	0.52%	13007	1438	0.77%	14	0.68	0.82%	32
陕西未来出版社	9	68	0.40%	2677	340	0.16%	190	2.48	0.26%	109
湖南少年儿童出版社	10	80	0.36%	5858	670	0.35%	65	1.02	0.51%	52
四川少年儿童出版社	16	151	0.18%	2982	525	0.18%	165	1.01	0.35%	86

　　四川文艺出版社2015年全国排名为256位。同期，在地方文艺出版社排名前10的出版社中，大部分位居全国前100位。其中，湖南文艺出版社、江苏凤凰文艺出版社、长江文艺出版社不但稳居地方文艺出版社前三甲，还是全国出版社30强。

2015年全国地方文艺出版社前10位排名一览表

出版社	地方专业社排名	全国综合排名	码洋占有率	动销品种数	新书品种数	动销品种占有率	动销品种排名	出版效率	销售册数占有率	销售册数排名
湖南文艺出版社	1	5	1.44%	3771	339	0.22%	126	6.39	1.20%	12
江苏凤凰文艺出版社	2	19	1.03%	5906	975	0.35%	63	2.93	0.88%	27
长江文艺出版社	3	23	0.96%	4761	627	0.28%	87	3.37	0.84%	29
译林出版社	4	37	0.66%	5133	699	0.31%	75	2.16	0.75%	37
北京十月文艺出版社	5	47	0.58%	858	95	0.05%	464	11.36	0.40%	71
上海译文出版社	6	70	0.39%	3695	298	0.22%	133	1.78	0.32%	91
百花洲文艺出版社	7	77	0.37%	1910	308	0.11%	288	3.27	0.30%	96
浙江文艺出版社	8	98	0.28%	2088	218	0.12%	262	2.26	0.24%	118
上海文化出版社	9	123	0.23%	1084	89	0.06%	432	3.53	0.20%	138
时代文艺出版社	10	125	0.22%	3248	210	0.19%	151	1.15	0.35%	85
四川文艺出版社	19	256	0.08%	1155	165	0.07%	418	1.13	0.06%	288

四川科学技术出版社在全国出版社整体排名中靠后，排名也不稳定，2015年在全国出版社排名中位居第375位。同期，在地方科技出版社中，江西科技出版社发展速度最快。2013年，江西科技出版社未进入地方科技出版社前10位，2015年一跃升至地方科技出版社第5位，全国出版社排名第180。

2015年全国地方科技出版社前10位排名一览表

出版社	地方专业社排名	全国综合排名	码洋占有率	动销品种数	新书品种数	动销品种占有率	动销品种排名	出版效率	销售册数占有率	销售册数排名
江苏凤凰科学技术出版社	1	64	0.42%	5875	1169	0.35%	64	1.2	0.40%	70
北京科学技术出版社	2	72	0.38%	4060	575	0.24%	115	1.57	0.28%	102
吉林科学技术出版社	3	142	0.19%	2934	322	0.17%	170	1.1	0.22%	132
湖南科学技术出版社	4	148	0.18%	3203	337	0.19%	154	0.96	0.16%	169
江西科学技术出版社	5	180	0.14%	1122	96	0.07%	427	2.05	0.09%	224
上海科学普及出版社	6	188	0.13%	2534	205	0.15%	200	0.87	0.19%	147
辽宁科学技术出版社	7	193	0.13%	4360	477	0.26%	98	0.49	0.10%	209
天津科学技术出版社	8	196	0.12%	2871	318	0.17%	176	0.7	0.12%	190

续表

出版社	地方专业社排名	全国综合排名	码洋占有率	动销品种数	新书品种数	动销品种占有率	动销品种排名	出版效率	销售册数占有率	销售册数排名
河南科学技术出版社	9	200	0.12%	2951	319	0.18%	169	0.68	0.12%	192
广西科学技术出版社	10	206	0.12%	1231	82	0.07%	405	1.57	0.09%	219
四川科学技术出版社	24	375	0.03%	1259	104	0.08%	398	0.45	0.03%	356

　　四川美术出版社在全国出版社排名中长期靠后，2013年至2015年，又从第350位下降至387位，处于中下水平。在地方美术出版社排名中，也未能进入前10位。

2015年全国地方美术出版社前10位排名一览表

出版社	地方专业社排名	全国综合排名	码洋占有率	动销品种数	新书品种数	动销品种占有率	动销品种排名	出版效率	销售册数占有率	销售册数排名
湖北美术出版社	1	46	0.59%	5311	762	0.32%	72	1.86	1.19%	13
吉林美术出版社	2	73	0.38%	8374	942	0.50%	29	0.76	0.64%	43
江苏凤凰美术出版社	3	87	0.32%	5122	1236	0.31%	76	1.05	0.47%	59

续表

出版社	地方专业社排名	全国综合排名	码洋占有率	动销品种数	新书品种数	动销品种占有率	动销品种排名	出版效率	销售册数占有率	销售册数排名
吉林摄影出版社	4	95	0.29%	3094	325	0.18%	159	1.57	0.51%	54
上海人民美术出版社	5	107	0.27%	4372	338	0.26%	96	1.03	0.24%	121
黑龙江美术出版社	6	111	0.26%	4601	1280	0.27%	92	0.94	0.43%	67
湖南美术出版社	7	138	0.20%	4060	255	0.24%	114	0.82	0.20%	141
山东美术出版社	8	173	0.15%	2843	338	0.17%	177	0.86	0.19%	149
安徽美术出版社	9	179	0.14%	3205	565	0.19%	153	0.72	0.25%	114
江西美术出版社	10	208	0.11%	3420	472	0.20%	143	0.55	0.14%	177
四川美术出版社	25	387	0.03%	1881	232	0.11%	293	0.27	0.03%	365

　　巴蜀书社2013年至2015年在全国出版社的排名中略有上升，但变化不大。该社2013年全国排名第480，2015年为第467位，同样处于中下水平，与排名前10的古籍类出版社差距十分明显。

2015年全国地方古籍整理出版社前10位排名一览表

出版社	地方专业社排名	全国综合排名	码洋占有率	动销品种数	新书品种数	动销品种占有率	动销品种排名	出版效率	销售册数占有率	销售册数排名
线装书局	1	35	0.70%	1631	291	0.10%	331	7.17	0.07%	247
北京燕山出版社	2	66	0.41%	2623	165	0.16%	194	2.6	0.17%	156
中国书店出版社	3	67	0.40%	1804	96	0.11%	305	3.76	0.05%	307
黄山书社	4	129	0.21%	4133	365	0.25%	109	0.85	0.34%	88
吉林文史出版社	5	145	0.19%	2916	205	0.17%	171	1.07	0.34%	89
天津古籍出版社	6	178	0.14%	918	58	0.05%	458	2.54	0.02%	414
上海古籍出版社	7	186	0.13%	4015	353	0.24%	116	0.56	0.07%	263
岳麓书社	8	219	0.10%	1937	130	0.12%	281	0.9	0.10%	204
凤凰出版社	9	223	0.10%	2898	85	0.17%	172	0.59	0.08%	244
中州古籍出版社	10	331	0.05%	1301	168	0.08%	382	0.59	0.03%	381
巴蜀书社	16	467	0.01%	1683	113	0.10%	320	0.12	0.01%	465

　　四川辞书出版社在2013年至2015年的全国排名逐渐下降，2013年全国排名第331，2015年下降至381位，也处于中下水平。从2013年到2015年，四川辞书出版社动销品种数略有增长，但出版效率从1.22下降至0.91，市场码洋占有率也略有下降。

2015年全国地方辞书出版社排名一览表

出版社	全国综合排名	码洋占有率	动销品种数	新书品种数	动销品种占有率	动销品种排名	出版效率	销售册数占有率	销售册数排名
上海辞书出版社	153	0.18%	2429	187	0.14%	211	1.23	0.07%	253
崇文书局	284	0.06%	1792	358	0.11%	306	0.59	0.08%	242
四川辞书出版社	381	0.03%	585	56	0.03%	501	0.91	0.02%	407

上述出版社的数据，仅仅是在地方同类出版社之间的比较，还没有包括中央部委及军队出版社、高校出版社、城市出版社。实际上，全国同类出版社的领军社，大都是国家级的出版社。与他们相比，四川出版的差距就更大了。

（二）出版社经济效益普遍较差

新华文轩在2011年完成收购四川出版集团的主要出版机构后，致力于推动各出版社图书出版产品线划分。各大众图书出版社将教材教辅交由四川教育出版社统一出版后，面向市场，走专业化发展道路，专注于自身优势产品线，但发展效果并不理想。2011年至2015年，新华文轩大众图书出版的总体营业收入逐年下降，大部分出版社的营业收入也逐年减少。

与全国同行相比，新华文轩所属8家大众图书出版社总体经济规模都很小。2015年销售码洋最高的四川少年儿童出版社，也只有1.42亿元，而中文天地传媒旗下的二十一世纪出版社2015年销售码洋高达4亿元。同时，各出版社现金流都很紧张，多家出版社先后向文轩提出借钱维持生计。因教材教辅被整合进教育出版社，8家大众图书出版社经济实力都很弱，经济效益差，连续多年亏损经营，每年要完成的目标是减亏，真正盈利的很少。相比之下，2015年中文天地传媒旗下8家图书出版社利润合计超过1亿元，每家出版社利润都在1000万元以上，其中二十一世纪出版社2015年利润高达8000万元。

2014～2015年新华文轩旗下大众图书出版社营业收入和利润总额统计表[①]

序号	公司名称	营业收入（万元）		利润总额（万元）	
		2014年	2015年	2014年	2015年
1	四川人民出版社	3145.53	3730.36	−72	−145.76
2	四川少年儿童出版社	4305	5593.37	−472	−155
3	四川文艺出版社	1827.24	556.45	−396.38	−926
4	四川科学技术出版社	1616.89	1098.11	106.11	−105.22
5	四川美术出版社	2224.26	2530.67	211.92	6.59
6	四川辞书出版社	791.60	822	−92	−293
7	巴蜀书社	1409.49	848.02	347.17	−970.19
8	天地出版社	3109.33	2730	51.57	−292
合 计		18428.86	17962.15	−316.11	−2880.89

四川的图书出版社曾经是年轻人羡慕和向往的地方，出版社作为文化企业一直有着品位不俗、收入不低、社会地位较高的优

[①] 根据新华文轩年度经营数据统计（不含四川教育出版社）。

势，如今却成为求职者避之不及的亏损企业。四川出版社衰落至如此地步，已经严重影响到四川文化产业的形象。

三、四川出版好书太少

上面说四川出版总体落后，出版社的排名落后，都是就规模而言的。也有可能还有另外一种情况，就是虽然我们规模不大，但好书不少，影响力很大。但遗憾的是，四川出版的好书也太少，好书的社会影响力更是小，这应该是四川出版更为严重的问题。

一个省的出版业，靠几本书是撑不起来的，靠一两家出版社也是强不起来的。一个出版强省，需要有一批强势出版社，能够持续推出一大批好书。因此，我们不能用几本书来说明出版产业的发展状况。在人们的记忆中，2015年前后的川版图书，似乎除了四川人民出版社推出的社会反响较好的纪念小平同志诞辰110周年等图书外，没有更多有广泛社会影响的好书。这说明四川出好书的情况不可持续，其背后传递的信息是：四川出版缺乏出好书的长效机制，虽然每年都有那么几本好书，但支撑不起四川出版的应有地位。总体而言，文轩出版在出好书方面落后，主要表现在以下几个方面：

（一）好书数量少且影响力小

一是畅销书品种少。与省外优势出版传媒集团相比，文轩出版的畅销书非常少。以江西中文天地和江苏凤凰传媒为例。2015

年，中文天地销量10万册以上的图书有94种，销量5万册至10万册的图书有90种；凤凰传媒销量10万册以上的图书有49种，其中在中国大陆地区有31种，在非中国大陆地区有18种。而新华文轩销量10万册以上的图书仅2种，销量5万册至10万册的图书只有26种。从这一数据可以看出，无论是销量5万册至10万册的图书品种，还是销量10万册以上的图书品种，新华文轩都远远落后于江西省的中文天地和江苏省的凤凰传媒等出版集团。

二是重印率偏低且逐年下降。重印率是反映出版质量的重要指标，体现了图书的质量水平和出版社出好书的能力。从连续三年的统计数据来看，新华文轩大众图书整体重印率在逐年下降：2013年重印率44%，2015年下降至32%，而2015年全国图书出版平均重印率是45%。文轩旗下9家出版社，绝大多数的重印率都是在下降的。

2013～2015年新华文轩旗下出版社及华夏盛轩重印率统计表[①]

序号	公司名称	重印率		
		2013年	2014年	2015年
1	四川人民出版社	0.30	0.45	0.38
2	四川少年儿童出版社	0.33	0.36	0.26
3	四川文艺出版社	0.54	0.52	0.40
4	四川科学技术出版社	0.40	0.27	0.27
5	四川美术出版社	0.35	0.25	0.15

① 根据新华文轩年度经营数据统计。

续表

序号	公司名称	重印率		
		2013年	2014年	2015年
6	四川辞书出版社	0.61	0.67	0.49
7	巴蜀书社	0.19	0.35	0.06
8	天地出版社	0.61	0.60	0.47
9	华夏盛轩	0.86	1.25	0.62
合　计		0.44	0.45	0.32

三是原创精品力作少。在国家"十三五"重点图书出版规划中，新华文轩只有15种入选，而中南传媒有80多种入选，中文天地有40多种入选，都是新华文轩入选数的数倍。又如，国家出版基金资助项目，新华文轩近年有40余种，获得资助的项目数量和资金总额都远远落后于中东部省市出版集团。此外，新华文轩获得国家级三大出版奖的数量与领先出版集团相比也很少，尤其是在获得正式奖的数量上差距更大。2013～2015年，新华文轩获得"国家级三大图书奖"9个，处于全国出版集团中下水平，而同期中南传媒有16个，居全国出版集团前列。虽然新华文轩在2012年就开始进行产品线调整，鼓励出版社聚焦一个或几个细分领域进行精耕细作，但效果并不尽如人意，原创能力没有明显提升，能够畅销和常销的原创图书数量很少。反观省外优秀出版社，如湖南少儿出版社等，常年聚焦于细分领域，已形成低幼启蒙板块、知识科普板块和少儿文学板块三大优势，推出了"小樱桃系

列""暖暖心绘本系列"等多个系列优秀原创精品图书。

（二）好书出版的持续性差

首先是一流作者占比低。优秀的作家不仅能带来优质的内容资源，也能为出版社带来品牌影响力，有利于形成出版资源的集聚效应，带动出版社持续出好书。新华文轩旗下各出版社维系的知名作家数量很少，与全国其他地方出版社相比，差距十分明显。四川的出版社不但没有聚集起一批全国优秀作家，连四川本土作家也留不住。著名儿童文学作家杨红樱是成都人，但她成名以后的作品，基本上没有在四川的出版社出版。

其次是重点选题储备不足。四川的出版社在选题策划中，过多地关注一时的市场反应，推出了较多"短平快"的图书。虽然这类图书能够满足读者的一时之需，但很快就无人问津。具有思想性、艺术性的长线选题和项目基本没有用力挖掘，出版社的持续发展能力很弱。这与国内一些优秀出版社形成了鲜明对比。比如，知识出版社（沪）1992年精心出版的余秋雨《文化苦旅》，连续畅销二十多年，给出版社带来了巨大的经济效益和出版影响力。而新华文轩各出版社在这几年，基于考核、管控等多种因素，出书追求"短平快"，只求完成任务，拿到绩效，重点选题储备严重不足，发展难以持续，使后来的经营越来越吃力。

再次是优秀出版人才数量少。四川出版要持续出好书，需要一支高素质的人才队伍支撑。编辑，尤其是具有选题策划能力的编辑，对出版社发展至关重要。没有人才，就没有优质选题，就没有精品力作。然而，在四川出版发行整合之后，因出版人才队伍建设没有得到应有的重视，加之激励措施不到位，出现了出版人才严重不足的局面。主要表现在四个方面：一是出版领军人才少，在全国知名、具有全国性荣誉的人才更少。四川作为出版大省，入选中宣部"文化名家暨'四个一批'人才"当时在岗的仅有1人。二是具有高级职称的编辑人才少。有高级职称的编辑人才只占出版社职工总人数的18%，能够与作者深度沟通交流的优秀策划编辑更少。三是具有编辑资质的人员数量少。新华文轩旗下9家出版社一共仅有200多人具有编辑资质，个别出版社有发稿权的编辑只有十几个人。四是数字出版人才缺乏。新华文轩数字出版能力弱，数字出版方面的高端人才几乎是空白。人才问题，已严重制约四川出版出好书的能力。

四、出版社生存状态较差

四川出版出好书的能力不足，经营状况不好，与此相伴的是出版社的生存状态越来越差。

（一）从"战略核心"变为"边缘地带"

出版业务在原四川出版集团居于战略核心地位，进入新华文轩之后，因新华文轩起家于发行，对大众出版关注度低，故而大众出版在整个新华文轩业务板块中的地位由战略核心变为了战略从属。地位的变化，尤其伴随大众出版社连年亏损的现实，使大众出版业务处于"边缘地带"。

从2010年10月成功并购四川出版业务之后，到2015年年底这五年多的时间，新华文轩主要围绕"大发行""大教育"与资本经营等业务进行战略布局，并在报刊传媒和"走出去"等方面加大投入。而对大众出版业务，基本上是"放任自流"，除了基本的管理费用以外，没有增加相应投资助推其发展。

大众出版业务被"边缘化"，其实背后还有旁人看不到的"心头之痛"。四川新华发行集团虽然早期就介入大众出版业务，但发展并不尽如人意，以至于"心有余悸"。这应该是出版社生存状态变差的更深层次原因。这一点可从2000年至2010年的投资情况觅得踪迹：2001年参股上海东方出版交易中心有限公司，同年成立四川新华出版公司，2008年控股北京华夏盛轩图书有限公司，2010年出资9800万元入股海南出版社有限公司。在经过近十年的摸爬滚打后，得到的结果却是大量"造货"与"铺货"，使大众图书库存成为集团的"心头之痛"。在2010年出版业务进入文轩之后，一位从出版集团到文轩的老总感叹，他曾花了很大一部分精力来处理文轩大众图书"库存"。因为这些原因，发行集团及新华文轩当初对大众出版业务"蓝海"的研判一时逆转，不看好大众出版业务前景的言论影响了文轩管理层的决策。因此，在2010年并购四川出版集团旗下出版业务之后，新华文轩未对其进行战略性投入，也就在情理之中了。

（二）从"重结果"变为"管过程"

过去出版社在出版集团旗下的时候，出版集团实行的是比较松散的集团化管理模式，更加注重出版社的经营"结果"，因此，出版社具有很大的经营自主权。从某种程度上看，出版集团还处于"弱势"地位，许多经营上的决策比较尊重出版社的意见。

但出版社进入新华文轩之后，新华文轩对其采用了"运营＋预算"的"强势"管控模式。这种管控模式的特点是：

第一，对出版过程的管理，文轩总部管得很细。文轩总部将管控触角深入到出版社内部及单书出版各环节，直接让出版社变成一个"生产车间"，从而使得作为一级独立法人的出版社的社长有"被架空"的感觉，出版社经营管理团队的积极性与内生发展动力被抑制。

第二，对预算审批的控制，文轩总部统得过多。诸如出版社社长参加有关会议住宿超标、出版社车辆爆胎维修费用等，都要经过文轩总部审批才能报销。

这种"双重"管控，使出版社感到权力被剥夺，手脚被束缚，难以有所作为。通常情况下，工业企业或流通型企业会采取这种管控模式，因为通过强有力的"过程"管理可以有效控制成本，提升效率，实现经营效益的最大化。但是出版业作为内容产业，必须发挥人的创新创造能力，发挥人的主观能动性，需要的是"结果"管理。如果实施强势的"过程"管理，就会适得其反，打击编辑的工作创造性，让人没法干事，不想干事。新华文轩对出版社实施这种管理模式，让出版社无所适从。

（三）从"双效任务"变为"亏损考核"

在四川出版发行整合前，四川出版集团对大众出版业务的管理，采取的是每年下达社会效益和经济效益两个方面目标任务的方式。整合之后，新华文轩对出版社主要下达的是经济效益目标，并对其实行亏损考核。

所谓亏损考核，就是对剥离教材教辅业务后的大众出版社，实行年度利润亏损额度限制的考核办法。说白一点，这就是拿走教材教辅等高利润产品之后，每年允许大众出版社在一定数额范围内亏损。打个比方，一家出版社原来教材教辅等教育产品能带来1000万元的利润，如当年考核利润600万元，那么大众图书亏损400万元；把教材教辅等教育产品剥离后，就允许这家出版社年度亏损1400万元。年度考核时，只要这家出版社亏损在1400万元之内，就算考核过关。

亏损考核，表面上传递出的是一种"允许你亏"的"宽容"，骨子里透出的却是对大众出版"无关痛痒""发展好与坏不影响大局"的观念。这种考核模式，对出版社的发展有很大的负面影响。

此举造成的第一个后果是，出版社只重视短期效益，不顾及长远发展。出版社在出版集团旗下时，出版集团每年都要拿出一定的资金，通过项目补贴、出好书奖励等方式给予出版社资助。同时，部分出版社还有教材教辅的稳定收益，日子自然好过，每年还可推出一批中长线产品。但到了文轩之后，教材教辅"金饭碗"被端走，且没有补贴措施，出版社的日子是越来越难过。前三年靠之前的积累还能勉强维系支撑，随后便捉襟见肘，难以为继，甚至出现了借钱发工资，生存都困难的局面。文轩本来设想的是拿走教材教辅等教育产品之后，把大众出版社全面推向市场，让他们在市场中求生存、谋发展。但出版社兜里无钱，无力开发中长线产品，加之文轩对出版社图书采用产品生命周期考核，第二年起三年提完拨备，出版社只想"吹糠见米"，搞"短平快"以解生存危机，哪里还有心思和精力顾及长远发展？所以出版社推出的多是自费出版、合作出版的平庸书。

此举造成的第二个后果是，出版社底气和实力不足，眼界和格局受限。强者恒强，弱者恒弱。我国出版业的竞争，主要体现在对优质内容资源的争夺上。囊中羞涩的文轩大众图书出版社，因实力不足，缺乏参与优质内容资源争夺的底气和勇气，对于并购社会上的优质内容策划机构，更是不敢奢望。许多原来联系的作家及其优秀选题，也眼睁睁地看着流失。好选题、好书稿越来越少，销售能力也一日不如一日。结果，现金流逐渐枯竭，对优秀作家的吸引力不断下降，出版社做事越来越谨小慎微。如此恶性循环，严重打击了出版士气。

因此，这种考核模式，束缚了出版社的手脚，降低了出版社的眼界，限制了出版社的格局，不仅严重影响出版社的生存状态，更是深刻地改变着出版社的发展理念。

（四）从"期望"变为"失望"

在2010年图书电商还未兴起之时，谁拥有实体书店销售网络体系，谁就拥有在出版发行产业链中更大的话语权。新华文轩通过转企、改制、上市，在我国出版业有着广泛的影响力，特别是对四川区域市场强大的控制能力，使得国内出版社争相前来合作。"搞定了文轩，就搞定了四川市场"，是当时国内出版社看重新华文轩的重要原因。同时，新华文轩于2006年开始在全国布局"中盘"，2010年前后在全国主要省份建立了24家中盘分支机构，这一全国布局的实体书店销售网络，在当时我国也是独一无二的。所以，蒸蒸日上的新华文轩，是出版社争相合作的"香饽饽"。

基于四川出版集团与新华文轩的微妙关系，身处四川出版集团旗下的出版社，嘴上虽不说，心头却羡慕。利用新华文轩的销售网络，实现再创四川出版辉煌的梦想，可以说是那个时期四川出版人的共同心愿。当四川出版集团旗下15家出版单位并入新华文轩之时，四川出版人虽口头上调侃说"被卖了"，但其实心头还是有很大的安慰，那就是终于可以充分利用新华文轩的优势来实现出版梦想了。按照比较官方的说法，就是打通出版发行产业链，实现出版发行快速发展有望了。

但很快，进入文轩的出版人就发现，这个美好愿望只是他们的一厢情愿，实际上很难实现。

在经历了地位上"被边缘"、管控上"被束缚"、考核上"被宽容"这一系列遭遇后，最终，出版人发现，自己怀揣"梦想"而来，哪知还没来得及去追逐，梦想很快就破灭了。交出了利润丰厚的教材教辅业务，不仅没有获得更多的资金支持，而且手脚还被束缚，地位还更低，加之连年亏损，资金更紧张，有的出版社甚至连工资都发不出，出版社的生存状态不但没有得到改善，甚至更差了。

这个时候出版社所关心的，早已不是要不要在全国图书出版市场去一争高下，而是怎么求得生存的问题了。

本来，教材教辅出版业务被集中，出版社的经济支柱没有了，陷入求生存的困境之中，这已经导致出版社的极大不满。再加上"运营＋预算"的管控束缚了出版社的手脚，就更是让出版社觉得没有出头之日。至此，出版社逐渐由失落、失望到不满、怨恨。抱怨的声音越来越大。出版社到处诉苦，给人的感觉就是出版社要钱无钱，要人无人，要品牌无品牌，最终大家都把矛头指向文轩对出版社的管理体制上。这些声音不仅在四川传播，而且还飘出省界，甚至传到中宣部和国家新闻出版广电总局有关领导的耳朵里了。

2015年上半年，新闻出版广电总局图书司领导来川调研，其间召开了出版社负责人座谈会。没有想到的是，这个座谈会变成了出版社对文轩的控诉会。很多出版社的同志，当着总局图书司领导的面，毫不留情地指责文轩的做法。这个情况让出版界的人很吃惊，已经到"家丑外扬"的程度，说明问题是相当严重了。

出版社的这个态度，既有心态上的不满，又有实际上的困难。过去有教材教辅业务，使出版社的资产规模、经营规模都还看得过去，教材教辅业务被收走以后，一般图书出版业务小得可怜，出版社的对外形象一落千丈，出版社在同行面前抬不起头来。要出好书，出版社又没有能力在资金上有所投入。不仅出好书很难，更为严重的是，出版社连日子都快过不下去了。许多出版社的同志悲观地呼吁，必须尽快改革，否则，这样下去，出版社是死路一条。

我不想用"衰落"二字来形容四川出版，但无情的事实和冰冷的数据明白无误地告诉我们：四川出版确实是衰落了。

第四章
追问与反思

四川出版有那么多的资源，有那么好的基础，有那么多的人才，怎么就落后了呢？我们需要反复追问：为什么？

四川出版的历程如此复杂坎坷，这应当是后来者的宝贵精神财富。问题在于，前人走过的路，我们回望过吗？面对诸多问题，我们反思了吗？谋划美好未来，我们的思考足够吗？

　　20世纪80年代，四川出版是全国出版界的"领头羊"和"排头兵"，无论是改革发展还是所出图书的社会影响力，都领先于全国同行。曾经的"川军"和"湘军"，是我国出版界并驾齐驱的劲旅。可是到了2015年，代表湖南出版的中南传媒却早已将代表四川出版的新华文轩抛在了身后。四川出版曾与江苏出版、江西出版、浙江出版等不分伯仲，如今却是难以望其项背。就连直辖后从四川分出去的重庆的3家出版社，也都成了全国一级出版社，而四川却连一家一级出版社都没有。四川各出版社的式微，是在不经意之间发生的。有些问题，可能当事者还没有来得及去思考，就已经走在一条弯道上了。

　　四川出版的衰落，并非一朝一夕所致，而是有着深刻的历史原因。当我们站在2015年这一时点上来审视四川出版所走过的道路，可以发现，我们走了很多弯路。很多当时看不清的问题，事后来看，会看得更清楚；很多当时不好判断的问题，现在可以评判得失。总结经验容易，总结教训却不容易。但教训总还是需要去总结、去反思的。不然，我们可能会重蹈覆辙。事后的分析，对当时而言，肯定是"事后诸葛亮"，但对未来而言，或许会有所警示和启迪。前事不忘，后事之师。很多问题，其实需要我们反复追问。只有认清了我们来时的路，才能走好未来之路。是什么原因导致了四川出版的衰落呢？我认为至少有五大原因。

一、导向事故，重创四川出版

（一）四川出版的"达摩克利斯之剑"

从20世纪80年代末期开始，我国出版物市场就逐步从卖方市场转入买方市场，这对出版社是新的严峻考验。如何面向市场策划选题获取经济收益，如何处理好社会效益和经济效益的关系等问题在随时拷问着出版社。

我国建立社会主义市场经济体制之初，由于无经验可借鉴，出版管理部门也难以从制度安排、顶层设计上来规范管理出版行为。在这一转型发展时期，出版社出现了很多的不适应，致使20世纪90年代初期和中期的我国出版业，站在新中国出版史的角度看，都是"问题"多多。四川无疑是重灾区。20世纪90年代，四川出版人总是在担心头顶上的"达摩克利斯之剑"不知何时掉下来。反复出现的出版"事故"，使多家出版社轮番成为停业整顿的对象。四川出版"事故"多发，似乎成了一种"宿命"。在年龄稍长的四川出版人的印象中，好像每隔一两年，四川出版就会出一次"事故"，就会有一家出版社冒出一个大问题，发生一次"地震"。事实也的确如此。当我们翻开《四川省志·出版志（1986~2005）》的时候，被尘封的记忆渐次清晰起来。

1. 《脑筋急转弯》出版"事故"

1993年8月10日，一位甘肃读者在成都市一家书店买了四川美术出版社出版的少儿画册《脑筋急转弯》一套，在翻看时发现其中一册内有侮辱穆斯林感情的文字和图画，当即向成都市伊斯兰教协会、市民委、四川省新闻出版局等部门提出抗议，并且在清真寺内传播，引起成都穆斯林群众强烈不满。几日之内，事态迅速扩大到甘肃、云南、陕西、湖南、青海、北京等地。甘肃、陕西大量穆斯林群众上街游行示威，青海省西宁市甚至发生骚乱。境外报纸、电台纷纷报道这一事件。政府工作秩序和社会安定受到严重干扰，造成了国内外恶劣的政治影响。

《脑筋急转弯》一书系少儿连环画册，原由台湾一家出版社出版。1992年10月，有业内有关人员找到四川美术出版社副社长买书号出版该书7～12册。双方尚未签订出版合同，这位副社长就叫一位年轻编辑担任该书责任编辑，这位年轻编辑在未审看稿件的情况下，就在发稿通知单的"责任编辑"一栏签了名。然后副社长派人到总编室开具了书号，交给了协作方。在四川美术出版社出版科未开具发排单、付印单的情况下，该书1993年1月就交由山东一家印刷厂印制了。

事发后，有关部门对此高度重视，省新闻出版局免去了当时的四川美术出版社社长的职务，撤销了副社长的职务，决定对美术出版社进一步停业整顿。同时，责成四川美术出版社向穆斯林信教群众赔礼道歉，诚恳接受批评；立即收缴、销毁《脑筋急转弯》全套图书，经济损失由出版社承担；没收出版社出版《脑筋急转弯》一书的全部所得，并处以10倍的罚款。

四川美术出版社的问题在于，未经专题报批，未经规范流程，擅自出版台湾版连环画册《脑筋急转弯》，违反了有关出版管理规定。该书违反党和国家的宗教政策，严重伤害了穆斯林信教群众的感情，造成了恶劣的影响，是一本有严重错误的图书。

1993年8月，检察机关成立专案组开展查处工作，并决定对三位当事人立案侦查。

1994年3月，检察院办案组对当事人责任进行了划分：原四川美术出版社副社长的主要责任是，不正确履行职责，玩忽职守；越权签订出版协议书；越权处理书稿；明知责编没有审读书稿，却派人去办理书号。原四川美术出版社总编室主任的主要责任是，违反书号管理制度，明知书稿手续不全，就在发稿通知单上签字并发放了书号。该书责任编辑的主要责任是，不正确履行职责，违反了《出版社工作暂行条例》等制度，没有审读书稿、申报选题，连书稿在何方都不知道，就随便在发稿通知单上填写了内容并签了名。

从以上责任划分可以看出，图书出版过程本是一个系统工程，要经过许多环节并严格把关。但几位当事人在各自负责的环节上都没有正确履行自己的职责，严重违反了国家有关部门和四川美术出版社规定的"三审制"、书号管理制度及协作出书制度，致使有严重错误的图书流入市场，造成了极其恶劣的社会影响，其行为触犯了《中华人民共和国刑法》第一百八十七条之规定，构成玩忽职守罪，受到了刑事追责。

对四川美术出版社来说，该社从1993年3月因出版夹杂淫秽色情内容的裸体画册开始就被停业整顿。一波未平，一波又起。

该社尚在整顿期间又发生整顿前出版的有严重错误的连环画册《脑筋急转弯》的问题，所以停业整顿一直持续。长时间的停业整顿，出版社业务不能开展，声誉严重受损，既没有经济来源，还要被罚款，员工生活也受影响，个中滋味，也只有身处其中的人才能深刻体会。

2. 成都出版社被撤销

出版业曾被称为"高危"行业，这对于20世纪90年代的四川出版界而言的确如此。因出版一本书被撤职，甚至被判入狱的不乏其人。出版的意识形态属性，决定了做出版工作要有底线，这条底线就是党和国家的政策"红线"。一旦触碰了"红线"，不仅个人会身败名裂，出版社也要土崩瓦解。

转型时期的出版业，顶层设计和制度安排相对滞后，但政策规定却随时在出台，制度建设也在不断完善。1993年1月6日，国家有关部门下发了《关于严格控制裸体摄影画册的通知》，时隔两个多月的3月11日，四川美术出版社就因出版《人体摄影精选》等4种裸体摄影画册触碰"红线"被停业整顿，并被处以罚款。1993年10月26日，国家有关部门下发了《关于禁止"买卖书号"的通知》，随后，很多出版社的停业整顿甚至被撤销都与此有关。成都出版社就是其中之一。

关于禁止"买卖书号"的通知明确指出，一些出版社以管理费、书号费或其他名义收取费用，出让国家出版管理部门赋予的编辑、印刷、发行出版物的权力，给一些非出版单位或个人提供书号，使他们以出版社的名义出书牟利。"买卖书号"的行为，违反了国家关于出版管理的规定，背离了社会主义市场经济的发展要求和出版事业发展的规律，造成许多严重后果。一些出版单位放弃职责，使一批平庸的、粗制滥造的读物得以出版，损害了读者的利益，败坏了社会主义出版事业的形象。尤其是少数不法分子利用买到的书号，出版有严重政治错误、泄露国家机密、损害民族团结、违反外交政策、宣扬封建迷信及色情淫秽内容的图书，造成了很坏的社会影响，损害了社会主义精神文明的建设。一些人利用书号，无照经营，偷税、漏税，牟取暴利，损害了国家的利益。"买卖书号"还严重腐蚀了出版队伍，一些出版单位和个人，为捞取经济上的好处，贪污受贿，以权谋私，甚至与不法书商内外勾结，走上犯罪的道路。这是拜金主义和腐败现象在出版工作中的重要表现，是出版行业中突出的不正之风。

有关部门对禁止买卖书号做出规定：第一，出版单位和出版工作者要进一步坚持为人民服务、为社会主义服务的方针，严格执行出版纪律，遵守职业道德，维护出版秩序，在出版工作中始终把社会效益放在首位，力求经济效益同社会效益的统一，努力多出好书。第二，出版社必须对出版物的编辑、校对、印刷、发行等各个环节负全部责任，不得以任何形式直接或间接出卖书号，不得将经济指标和书号分配给编辑个人掌握。第三，对违反上述规定的出版社，将分别情况没收非法所得、罚款、追究领导和主要责任者责任、停业整顿，直至撤销社号。对情节严重构成犯罪的责任者，依法追究法律责任。

不幸的是，在这些明确标明了政策"红线"的地方，偏偏有人主动往上撞。

1996年6月19日，国家有关部门做出关于撤销成都出版社的决定。运行七年多的成都出版社就此被注销，出版社工作人员自谋生路，很多人的命运由此改变。

成都出版社存在的主要问题有几个方面：一是办社指导思想不端正，偏离了社会主义出版方向，放弃党和国家赋予出版社的神圣职责和权力，错误处理社会效益与经济效益的关系；队伍素质不高，特别是出版社领导班子和业务骨干的政策水平、业务素质等严重不适应社会主义出版工作的要求。二是违反国家政策规定，搞变相个人承包、经济指标分解到人，出版诸环节严重失控，极大地刺激了"买卖书号"行为。1995年以来，该社共出版图书200多种，其中一半以上属于"买卖书号"行为，并且一些图书为收取"管理费"（实为书号费），完全放弃了国家赋予出版社的编辑、印制、发行出版物的权力，属于严重的卖书号行为。三是部分图书内容存在不同程度的问题。在所出的图书中，有多种图书存在泄密、格调低下、愚昧迷信等问题。许多图书违反《著作权法》，造成严重侵权行为。四是内部管理混乱，或规章制度不健全，或有章不循，有令不行，有禁不止，给各种不法行为以可乘之机。有多种选题未执行国家出版管理规定，擅自出版。财务管理混乱，存在严重违反国家财务制度的问题。五是主办、主管单位疏于管理，对出版社的困难缺乏必要的扶持，对存在的问题，也没有采取及时、有力的措施。

　　成都出版社被撤销，教训十分深刻。一是出版社要健康发展，必须要有一个强有力的领导班子和一支较高素质的编辑队伍作保证。二是出版是一个系统工程，编、印、发三个环节每一个方面都不能失控。三是不顺的管理体制，必然给管理造成空当，留下隐患。四是出版社的主办单位要为社的发展提供必要的经济支持，不能让出版社承受太大的经济压力。

　　我们有的地方和部门，没有出版社时千方百计争取办出版社，而一旦有了出版社，却不重视出版社。打一个不恰当的比方："有生儿的积极性，无养儿的责任感。"

　　与成都出版社一并撤销的还有山西高校联合出版社。有关部门指出，这两家出版社被撤销，教训深刻，再次给出版界敲响了警钟。在建立社会主义市场经济体制的过程中，出版社如何始终坚持社会主义出版方向，如何处理好社会效益与经济效益的关系，如何正确使用党和国家赋予出版社的神圣权力，如何使我们的出版社始终成为社会主义精神文明建设的坚强堡垒，这是关系到社会主义出版事业能否健康发展的大问题。每个出版管理部门和管理工作者、每个出版社和出版工作者都必须从政治的高度来认识这些问题，并通过成都出版社和山西高校联合出版社这两个典型事例，认真反思当前出版工作中存在的"散""滥"现象，增强紧迫感，树立使命感，强化政治责任感，进一步加大治"散"、治"滥"的力度，完善各项措施，力争在较短的时间内，扭转出版工作中"散""滥"的不利局面。

3. 多起其他出版"事故"

20世纪80年代末期到90年代末期，四川出版还出了多起出版"事故"。

1988年1月，四川文艺出版社因违规出版小说《销魂时分》《丽人春梦》《荒野奇缘》而被停业整顿。原因是买卖书号，书稿内容存在大量色情描写。出版社停业整顿后，账上无钱，只有向兄弟出版社借钱发工资，半年后才恢复营业。

1997年4月，四川文艺出版社又因违规出版被停业整顿。原因是买卖书号，书稿内容存在严重问题。出版社被停业整顿近一年。

1989年7月，四川省社会科学院出版社因违规出版被撤销社号，出版社停办。原因还是买卖书号，书稿内容存在严重问题，并造成极其恶劣的影响。出版社先是停业整顿，后被撤销。四川省社会科学院出版社在运行五年之后被撤销，也在全国开了取缔出版社的先河，给全国的出版社上了一课——出坏书要受到严厉的处罚。

（二）事故频发的根源何在？

20世纪90年代四川出版到底怎么啦？引发这些"事故"的根源到底在哪里？尽管当时其他省市也出现过类似事件，但四川接二连三地发生"事故"，无疑是重灾区，尤其是四川美术出版社出版的《脑筋急转弯》所造成的灾难性后果，令全国出版界都记忆深刻。

因图书出版"事故"爆发的滞后性（如被查处的图书有的

是在出版两年半之后才发现其问题），我们把研究四川出版"事故"频发根源的时间起始点，放在1988年四川第一次出现"事故"的前三年，即1985年。

我们在研究这段历史的时候，有几个事件引起了我们的注意：

其一是四川人民出版社"一分为九"，由1家出版社分离为9家出版社，尽管成立时间不同（从1980年至1985年相继成立），但独立核算的起始年均是1985年。

其二是1986年3月，四川出版印刷公司成立。该公司承担了人民教育出版社的中小学教材、教学参考书的租型、印制任务，以及全省图书出版所需纸张物资的供应。也就是说，1985年之前，四川人民出版社（含文艺编辑室、美术编辑室等）有教材、教学参考书租型业务稳定的收入和利润来源。到1986年3月之后，四川人民出版社及已经独立成社的四川文艺出版社、四川美术出版社等都没有了这块收入来源，教材、教学参考书租型业务收入全部归四川出版印刷公司。由此，四川出版印刷公司成为四川出版利润最丰厚的公司，这也是1992年成立四川出版集团统筹编、印、发、供，将其列为核心企业的重要原因。

其三是1988年3月10日，四川省财政厅与四川省新闻出版局签订《关于承包上缴任务协议》，四川省财政厅对四川省新闻出版局实行利润总承包，采取包死基数、超收自留的办法。随后，四川省新闻出版局对直属出版单位实行独立核算、自负盈亏，全系统推行目标管理责任制和承包经营责任制。

在梳理四川出版这段发展历史的基础之上，结合当时我国整个图书市场的环境变化，我们认为，20世纪90年代四川出版"事故"频发的根源，主要在以下几个方面：

一是图书市场变化、经济压力加剧背景下出版社"饥不择食"埋下的隐患。

据20世纪90年代担任过四川省新闻出版局图书管理处处长的王伟同志回忆，当时图书市场环境发生了重大变化，从20世纪80年代单一的卖方市场，逐渐过渡到90年代的买方市场。在这个市场转型过程中，市场竞争加剧，而四川出版率先推行承包经营责任制，使出版社经济压力进一步加大。与此同时，主管主办单位的扶持又不到位，如成都出版社建社七年，主办单位没有给予必要的支持，一直惨淡经营。做本版图书风险大、回款慢，在巨大的经济压力面前，出版社为了生存而饥不择食，主动找民营书商合作卖书号，"吹糠见米"收现款，由此埋下了很多隐患。这是导致四川出版"事故"频发的一个重要原因。

从出过"事故"的四川美术出版社、四川文艺出版社，以及没有出过"事故"的四川教育出版社、四川少年儿童出版社、四川民族出版社、四川科学技术出版社的发展来看，它们就是一个明证。前者实力很弱，后者均有一定的经济实力。而四川辞书出版社、巴蜀书社等当时虽然实力较弱，但省财政给予一定的事业经费补助，经营压力相对较小。四川文艺出版社在1988年停业整顿期间，就因发不出工资而向四川民族出版社借钱。

据四川文艺出版社原社长金平回忆，当时出版社走市场之路，按照"事业单位企业化管理"的体制，靠自己出书挣钱养活自己，同时还要上缴利润。有社长当时曾抱怨："本来还想在事业单位好好编书，现在叫我做经营管理，还要靠自己找钱吃饭。这分明是难为我们嘛！"对许多社长个人而言，他们大多是编辑出身，在改革开放初期普遍缺乏经营管理经验，因而在经营上的压力就显得特别大。

同时，在出版导向把关上，从"文化大革命"十年对出版的禁锢到改革开放，规章制度建设没有完全跟上，难以把握好度，加上对民营书商介入出版业缺乏必要的规则引导，从而导致出版社虽说坚持把社会效益放在首位，但在实际工作中并没有落到实处，容易酿成出版"事故"。

二是出版社图书出版编审环节把控不严。

图书从卖方市场转为买方市场后，市场竞争日益激烈，对出书速度、出书时间节点、图书质量等，均提出了更高要求。尽管图书"三审三校"制度是新中国成立以来经过长期实践证明了的行之有效的管理手段，但是，为了适应变化了的图书市场，加快出书节奏，出版社在编辑审稿把关、"三审三校"流程中，存在没有严格执行或执行流于形式的情况。这是导致"事故"频发的又一重要原因。

有关部门在查处四川美术出版社《脑筋急转弯》时发现，该书稿从拿到出版社到出版社开出书号，仅用了半天时间，等于在出版社走了一个过场。"三审三校"流于形式，是导致内容存在隐患的重要原因。严格执行"三审三校"，是把好内容质量关之关键。在那个时期，不仅审稿环节把关不严，印制环节、发行环节等方面的管理也存在诸多问题。印制环节基本上只是履行个手续，合作单位要求付印单手续往哪里开就往哪里开。发行环节由民营书商掌控，图书发行更是没有任何制度约束。但总的来说，问题的根子还是在编辑审稿环节——审稿流于形式。审稿把关不严，其他环节均有失守，从而埋下了祸根。

三是出版社图书编辑人员素质能力跟不上。

从1980年到1985年，四川人民出版社"一分为九"之后，出版业迅速发展，图书品种数量大幅增加。尽管当时各出版社也在不断补充新的编辑人员，但总体而言，出版社的编辑队伍还很年轻，自身能力严重不足。比如，四川文艺出版社所出的一本"问题"图书，就是刚到出版社的一名年轻编辑负责编辑的第一本书。在没有任何培训培养的情况下，副社长就把书稿交给了她。这位编辑到出版社工作时，出版社已经没有了80年代老编辑带新编辑的"传帮带"传统。由于此时出版社经济压力大，把经济指标分解到了各编辑室甚至编辑个人头上，大家都忙于完成自己头上的经济指标，"传帮带"的传统受到了很大挑战。原来那一套行之有效的培训编辑的传统，在90年代基本上被丢光了。大学毕业生分到出版社就编书，基本上没得到老编辑指点。对于哪些题材需要注意，哪些内容可能存在陷阱，既没有专业性的培训，也没有老编辑给他们讲解，仅凭他们以前所学，在完全没有编辑经验的情况下就编书，怎么可能把得住关呢？

"三审三校"制度管用，但其前提必须是初审、复审、终审和一校、二校、三校的把关者具备相应的把关能力，特别是初审即责任编辑的把关能力。出一本好书，最大的功绩是责任编辑的，当然，出了问题也是责任编辑的主责。"若责任编辑不具备相应的能力，不说看三遍，就是看三十遍都看不出问题来。"王伟如是说。

四是出版社经济实力弱，策划能力不足。

20世纪90年代的图书市场，虽经80年代放量增长之后，增速有所放缓，但空间仍然巨大。出版社因体制机制等多种原因，存在着出版图书与市场需求不适应的问题，主要是策划的选题与读者需要相距甚远，平庸书多，在市场上表现欠佳。受出版社策划能力的制约，本版书经营风险较大，因此，若没有教材教辅业务或其他收入来源，出版社就会缩减本版书的规模与投入，由此造成出版社策划能力、生存能力更差，对书商更加依赖的恶性循环。最终，它们就会遭遇个别不法书商的"围猎"，从而埋下隐患。

一些民营书商由于捕捉市场信息灵敏高效、获取作者稿源手段灵活、营销方式多样，因而比出版社更具市场竞争力。当然，那时民营书商有很多非常之处，也是出版社不可比的，比如不承担养人的费用，没有出版社受管理的条条框框，还不照章纳税，不按程序办事，不管图书质量等。这些都使得民营书商有更高的"效率"。也因为如此，民营书商能够以比出版社更高的稿酬获得优质内容资源，以项目制的运作方式重点营销推广，当出现滞销的时候，又能够以降价促销等多种方式实现销售、降低库存。

这些方法对于当时的出版社来说，是完全无法操作的。就出版社而言，图书即使销不出去，放于库房也是国有资产。因此，当时出版社难以和民营书商同台竞争。出版社抢不到优质书稿，策划不出满足市场需求的图书，又会进一步加剧它们对民营书商的依赖。

20世纪90年代，书号没有限制，卖书号就可以直接收钱，又没有出本版书的经营风险和回款压力。这对出版社是很大的诱惑。而民营书商良莠不齐，文化品位有高有低，既有一批有文化素养、执着于文化理想的优秀书商，也有不少唯利是图、不择手段的不法书商。面对这种复杂局面，当时的出版社普遍缺乏应有的警惕，特别是在利益诱惑面前，出版社存在着侥幸、打擦边球等多种心理，主动拒绝的少，出版"事故"频发，也就是自然的事了。

四川出版在20世纪90年代"事故"频发，每次"事故"之后，都是大规模的治理整顿。这种情况，不仅使当时四川出版各相关机构受到大量批评和教育，而且对四川出版的未来发展留下了巨大心理阴影。20世纪90年代虽已远去，这些出版"事故"已经成为历史，但这些"事故"所产生的影响和后遗症，至今难消。

（三）事故频发，重创四川出版

20世纪90年代，是四川出版最暗淡的时代。在那个十年中，四川出版是每隔两三年就发生一次"事故"。如果说"敢为天下先"成就了四川出版20世纪80年代的辉煌，那么90年代的这个"敢"和"先"，对四川出版人而言，无论从思想上还是从身心上，都遭到了重创——出版社被撤销，职工"饭碗"被端掉，须自谋生路；出版社停业整顿此起彼伏，这里整顿没结束，那里整顿又开始了，甚至有责任编辑和相关责任人被开除公职，或被判刑入狱……四川出版人的锐气，在一次次"事故"中受挫。这种切肤之痛，成了四川出版人的"集体记忆"，它犹如慢性"毒药"，在消磨出版人意志的同时，也在禁锢出版人的思想。

出版"事故"的阴影，在四川出版人的心中蔓延生长。谨慎、谨慎再谨慎，成了那一代四川出版人在决策选题、处理书稿等方面的"集体自觉"。

这种"集体自觉"对四川出版的发展影响深远。一方面，工作中过度谨慎，不能"出事"成为很长一段时间四川出版的"第一要务"，稍有拿不准的书稿，能不出就不出，从而错失了很多出版精品图书的机会。比如，像市场畅销的我国著名科幻小说作家刘慈欣的《三体》，就曾准备在四川的出版社出版，但经出版社审读，认为书中有写"文化大革命"的内容，不能出版。而后重庆的出版社很快就接手推出。其实，看过《三体》的读者都知道，书中并没有对敏感问题的专门评论及描述。另一方面，这种"集体自觉"禁锢了四川出版人的创新思维，挫伤了四川出版人的出版锐气，消磨了四川出版人的出版激情，阻碍了四川出版的发展。

出版的发展，需要强大的优质内容资源支撑，基于这样"集体自觉"的把关标准，毋庸置疑地把很多优质书稿拒之门外。这对四川出版发展的影响可想而知。因此，"事故"频发带来的一代出版人的"集体自觉"，是造成四川出版落后的一大原因，也是值得四川出版人认真反思的问题。

二、体制反复，耽误四川出版

（一）组建集团的悖论

在四川出版人的心目中，出版集团的组建留下了太深的印记。四川两次组建出版集团，给四川出版业带来了深深的影响。组建出版集团，是为了推动出版业更好更快地发展。但从实际效果来看，情况比预想的复杂得多。

如果说1992年组建出版集团是因当时对文化产业发展规律认识不足，出版体制、机制设计和操作缺陷等主客观因素影响了四川出版发展的话，那么2003年出版集团的再次组建，则是四川出版人对集团化杯弓蛇影、谨慎有余的"人为"因素延误了四川出版的发展进程。总体上看，从1992年10月到1995年8月"92出版集团"建设，从2001年到2003年年底"03出版集团"筹建，"前三年"和"后三年"，再加上包袱沉重、情况复杂的"中五年"，这十年少有持续专心地围绕出版社出好书开展工作，四川出版基本处于徘徊状态。这种情况，带给四川出版的影响太深远了——消减了20世纪80年代四川出版改革先锋的闯劲和激情，泯灭了80年代四川出版留下的精神和荣光！

　　成立出版集团的目的是解放和发展出版生产力，但四川两次组建出版集团，却在一定程度上延误了四川出版的发展，这似乎成了一个悖论。是集团化改革方向错了吗？显然不是！强调集约化经营、规模化发展的集团化改革，是出版产业发展的内在要求，通过组建集团实现产业快速发展的例子，在国内外比比皆是。

　　那么，四川组建出版集团的问题究竟出在哪里？事后来看，主要还是过于看重组建集团的形式和结果，而忽视发展产业的实质和过程。事物常有两面性。组建集团，很多问题如果处理不好，就会得到与其初衷相反的效果。

　　一是高水平管理不易到位。出版集团管不好的时候，可能比管得好的时候多。相比于不组建集团，组建集团对经营管理能力提出了更高要求。组建集团，赋予了集团更加集中的人财物权，实际上是希望集中力量"办大事"，实现集约化经营，产生"1＋1＞2"的效果；但是，如果能力不够，管理不好，就可能集中力量"办蠢事"，比不组建集团带来的问题更多，情况更糟糕。实际情况是，出版集团组建后，派来做管理的往往是级别更高的官员。他们中的一些人可能既不懂出版，又不善经营，而集团的架构，却给了这些领导更大的权力。很多出版集团组建后，能否遇到有出版情怀、有管理能力的领导，成了一件撞大运的事情。运气好，事业就发展了。运气不好，事业就掉下来了。而大概率事件是，运气总不是那么好。

　　二是工作着眼点容易走偏。组建集团，往往着眼权力分配多，注重产业发展少。四川多次组建集团的着眼点，都放在了权力分配上，而没有放在产业发展上，尤其是没有放在推动出版社出好书上。从本质上说，任何一项改革都必然涉及权力再分配，改革的本意也是通过调整原来利益格局，破除阻碍发展的障碍，从而实现更好更快的发展。但是，利益调整是改革的题中应有之义，却不是改革的最终目的。不以发展为目的的改革就是事实上的折腾。四川两次组建出版集团，要么是筹备期间，要么是组建之后，花时间、花工夫最多的工作是人事安排，是权力分配，是利益如何集中，反而对出版集团究竟该怎么发展、怎么激发出版社活力等关系到集团长远发展的问题缺乏兴趣，着力不多，这样建立的集团注定走不远。换一个角度来看，如果把集团化改革的着力点放在发展上，反而更容易处理好人事问题、权力问题。事业发展了，利益更多了，平台更大了，眼界也更宽广了，原来掂量的那一点权力就无足轻重了。

三是持续性发展容易中断。持续不间断，对任何企业和产业的发展都具有十分重要的意义，但现实中，这个持续性很容易因一些不经意的失误而中断。组建出版集团，是重大出版体制改革，需要充分论证，严谨行事。很多情况下，组建集团过程中很容易出现这样或那样的失误，从而中断原来的发展进程，所产生的危害，往往比组建集团之后采取若干举措所带来的效应大得多。不经意的懈怠，会抵消所付出的诸多努力。2003年年底出版集团成立后，采取了很多措施，这些措施效果不错，也深得人心。但相对于组建集团过程的拖延，这些措施显得杯水车薪。这就好比物体被推上去很难，需要持续不断的努力，而掉下来却很容易。很多时候，费了很大力气往上推，一不留神，物体却下坠得更多。事物的规律就是这样，推上去需要持续用力，不可松懈，而掉下来常常就是一瞬间的事。

（二）十八年的轮回

从1992年四川出版集团的首次成立，到2010年四川新华发行集团与四川出版集团重组新华文轩，时间跨度整整18年。18年，就人生而言，是一段不太长但也绝不太短的岁月。我们把2010年新华文轩的业务机构和1992年首次成立的四川出版集团的业务架构进行比较研究时发现，除新增信息网络技术发展带来的数字出版业务、教育信息化业务、电子商务及与之配套的物流服务业务，四川民族出版社作为公益性出版社划归四川党建期刊集团管理外，这两者的核心业务，实质上并没有多大差别。要说有一点不同，那就是"92出版集团"是事业性质的集团，归四川省新闻出版局管理；现今的新华文轩是企业性质的集团且是出版传媒上市公司，由四川新华发行集团和四川出版集团联合控股。

然而，正是在这18年中，四川两次成立出版集团，又成立四川新华发行集团，继而又重组新华文轩。可以说，这18年，四川出版从"终点"又回到了"起点"，绕了一个圈，画了一个圆，其间轰轰烈烈，也曾获得无数点赞，但最终又回归到"原点"。成立集团的目的，是为了解放和发展出版生产力，发挥集团整体优势，进行集约化经营，做强做大做优出版主业。我们把目光聚焦在四川出版这18年的若干标志性事件时发现，这18年四川出版主要是围绕体制改革做文章。我们常说四川出版人敢为天下先，这种"敢为"也主要体现在体制改革上。应该说，四川出版人对发展的愿望是十分迫切的，当别人都没有想体制变革的时候，四川率先在体制变革上发力。这18年，四川出版是全国出版体制变革最多的一个省份。

第一次体制改革的结果，是1992年10月组建的四川出版集团，这是全国最早建立的出版集团。组建出版集团目的是政企分开，让集团发挥整体优势，集中精力做大做强出版主业，省新闻出版局负责行业行政管理。遗憾的是，四川出版集团与省新闻出版局及出版社之间的体制不顺，矛盾难以调和，尤其是出版集团与省新闻出版局的权力之争，导致出版集团运营两年多被迫停运。

第二次体制改革，是2000年3月组建四川新华书店集团。"92出版集团"停摆后，在四川省新华书店、四川省外文书店和四川省出版对外贸易公司三家公司基础上，组建了四川新华书店集团。四川新华书店集团成立后，转企、改制、股份制改造、上市，轰轰烈烈，行业瞩目，走在了全国前列，是当时全国的一面旗帜。

第三次体制改革，是2003年组建四川出版集团。在四川新华书店集团成立后不久，在2001年中共中央办公厅、国务院办公厅17号文件颁布之后，四川再次组建出版集团。尽管组建过程十分审慎，筹备方案反复修改，成立时间一拖再拖，历时近三年，最终还是于2003年12月26日挂牌成立。出版集团的成立，拉开了出版集团与发行集团在教材教辅业务上的利益争斗大战，成为四川出版"不可承受之重"。

第四次体制改革，是2010年四川新华发行集团与四川出版集团重组新华文轩。在省委省政府推动下，四川新华发行集团以总价12.55亿元收购四川出版集团旗下15家全资出版子公司，收购后的资产整体注入新华文轩。

从1992年到2010年的这18年间，四川出版的这四次重大体制改革，无论是基于内因还是外因，都堪称"大手笔""大动作"，触及利益，触动灵魂，每一位四川出版人包括省内各级新华书店的员工都有切身感受。然而，这些"大手笔""大动作"为什么没有带来四川出版的一座座新的高峰呢？这不得不让我们对这些"大手笔""大动作"给出版产业发展带来的实际作用进行反思。

四川出版的集团化改革起步早，但效果并不尽如人意。按理说，改革改得早、改得快，具有先发优势，体制上胜人一筹，发展应该更好、更快一些。今天来看，四川出版1992年的这一场改革并没有胜在体制上。表面上看，我们实行政企分开，这在当年是很先进的做法。但是，微观环境的改革，还需要宏观环境的配套。在20世纪90年代，我国的经济体制改革还在探索，计划经济体制的力量还很强大，企业的市场主体地位还没有充分确立。此外，对于怎么样建设企业集团，认识都比较肤浅。对于还处于事业性质的出版集团究竟怎么建，更是缺乏理论上的准备和实践中的经验借鉴。理论界和决策者其实都还没有想清楚出版集团这类事业性质的集团应该怎么建。在这样的背景下，推动"政企分开"这样深层次的体制改革，其结果就可想而知了。因此，从这个角度看，当年的这场改革，在理论上过于超前，在方案上过于理想，在操作上过于粗疏。

由于体制变革涉及众多方面的利益调整，这个问题如果处理不好，不但不利于改革的推进，还将影响企业的正常发展。四川出版集团的成立，获得了很高的地位，省委宣传部副部长调到出版集团任一把手，同时兼任新闻出版局党组副书记，出版集团班子成员均为新闻出版局党组成员。但是，这样的人事安排，并非一个"政企分开"的格局，反而使出版集团从成立那一天起，就与新闻出版局矛盾重重，后来这种矛盾还愈演愈烈。其结果就是下面的出版单位没有人管，放任自流。这种让各个出版社自行其是、缺乏管理、放任自流的状况，应该是随后在1993年酿成《脑筋急转弯》大祸的原因之一。正是因为改革中的利益关系没有处理好，特别是与政府部门的关系没有处理好，两年后出版集团只能黯然退场，出版单位仍然由新闻出版局直接管理，四川出版管理体制又回到原来的状态。

（三）从"终点"到"起点"引发的反思

我们深入研究四川出版改革这些"大手笔""大动作"的时候发现，这么多年四川出版的大改革，其实有两个共同点：一是追求形式上的"合"，二是紧抓根子上的"利"。

前者的"合"，无论是"92出版集团"以四川教育出版社、四川出版印刷公司、四川省印刷物资公司3家核心企业及四川人民出版社等共计19家单位组建也好，还是在"92出版集团"停摆后，以四川省新华书店、四川省外文书店、四川省出版对外贸易公司3家单位组建四川新华发行集团，以四川人民出版社、四川教育出版社等16家单位组建"03出版集团"也罢，乃至2010年四川新华发行集团与四川出版集团重组新华文轩，都是在原四川省新闻出版局直属19家单位基础上的"合"。而四川新华发行集团和"03出版集团"只不过是在"92出版集团"停摆后，分别在发行业务与出版业务方面的"合"罢了；至于两个集团重组新华文轩，则更是四川省出版产业链中出版与发行两大业务环节的"合"。因"92出版集团"本身就包含了出版与发行两块业务，因而，我们说从1992年到2010年这18年，四川出版从"终点"又回到了"起点"，这个"回归"，实质上是体制上的反复，之前的改革基本上都是围绕"体制"在做文章。"分了又合，合了又分"，"分分合合"成了四川出版这18年的主调。

至于后者的"利"，毋庸讳言，因出版业的"利"主要集中于中小学教材教辅的出版发行业务上，因而"92出版集团"的核心层是从事中小学教材教辅租型业务的单位；"03出版集团"仍沿袭了这一思路；四川新华发行集团与四川出版集团重组新华文轩，正是因为两大集团为争夺中小学教材教辅市场而势同水火，整合之后，第一件要做的事情，也是集中教材教辅业务，打通教材教辅业务的产业链。

这些"大手笔""大动作"，无论是形式上的"合"，还是根子上的"利"，本质上讲，都是主要围绕中小学教材教辅业务这一存量市场做文章，而少有精力真正谋划教育出版社与大众出版产业增量市场的发展，从出版运行机制方面去做文章。这其中的经验教训，值得我们深思。这也引起了我们对振兴出版中追求"大手笔""大动作"的审慎和警惕，促使我们对出版本质的进一步思考。

成立集团的目的是做强做大出版产业，结果却事与愿违。这18年，我们走了不少弯路。尽管人们从宏观环境、顶层设计、体制、人事等诸多方面进行了总结。教训也好，经验也罢，都在2003年四川出版集团的组建、2010年四川新华发行集团和四川出版集团重组新华文轩的过程中汲取了，但有一个不争的事实是，从1992年四川出版集团到2010年之后的新华文轩，因为体制"反复"，四川出版错失了太多的战略机遇，特别是丧失了研发地方教材的战略机遇。

从这个意义上说，1992年成立的四川出版集团的无疾而终，改写了四川出版的发展轨迹，延后了四川出版再次辉煌的时间，对四川出版的人心凝聚、人才培养、组织建设、出版影响力提升等诸多方面都产生了深远的影响。假设"92出版集团"顶层设计更科学细致一些、人事安排更得当一些，集团体制、机制更加完善一些，对发现的问题调整更加及时一些，持续发展到今天，四川出版会是个什么样子呢？

也许，那个时候四川出版就是今天新华文轩的格局，就是今天凤凰出版传媒集团、中南出版传媒集团、浙江出版联合集团、江西出版集团的格局。诚然，处于20年前的四川出版人，既没有今天人们认识出版发展规律的高度，更没有站在今天这个时间点上做事后观察的清醒。

这里有两点值得我们深思：

一是我们的体制改革，在缺乏试点经验教训总结与深入理论研究的背景下，很难从当时的环境中走出一条成功的集团化改革发展之路来。如果改革动辄就大动干戈，追求一步到位，改到人人自危，怎么发展呢？反观江苏、湖南、浙江等出版产业发展比较好的省份，恰恰是当初它们在原有体制下致力于发展出版生产力，体制变动比较温和，没有出现大的体制"折腾"，待集团化发展气候形成、出版产业基础比较雄厚之时，自然而然地组建出版集团，从而走在了全国前列。

二是体制改革过于超前未必是好事。比如"92出版集团"实行政企分开，缺乏宏观体制和政策环境的支持而被迫提前结束改革进程。又比如四川新华发行集团当年采取全员下岗的改革举措，在当时是全国一面旗帜，但至今还留有后遗症。改革晚一点也有晚一点的好处。在原有体制上心无旁骛，专心致志谋发展，夯实产业发展基础，一旦时机成熟，瓜熟蒂落地组建集团，出版产业发展的效果可能会更好。这也是江苏、湖南、浙江等省出版产业发展得比较好带给我们的启示。

四川出版的每一次改革，都要经历筹备、实施、适应的过程。多次改革，会经历多次筹备过程、实施过程、适应过程，都需要时间。尽管有的改革需要的时间长一些，有的需要的时间短一些，但都会消耗四川出版发展最宝贵的时间。如果说四川出版与全国其他省市的竞争是一场赛跑，那么，输赢就在时间上。

我们急于推进出版改革，搞"大手笔""大动作"，目的也是想要赢得发展的时间。但事物的发展，往往是欲速则不达。很多时候，如果目标方向不明确，跑步的姿势不正确，跑得越用力，反而越耽误时间。

三、教材争斗，消耗四川出版

（一）两大集团在教材教辅业务上的"火拼"

"一山难容二虎"，用这句话来形容本世纪初的四川出版集团和四川新华发行集团很是贴切。这两家大型出版发行集团，都处于规模相对稳定的四川教育出版市场，并且发展的根基都是四川省中小学教材教辅出版发行业务，因此，二者之间擦枪走火乃至鹬蚌相争，就在所难免了。

2004年年初，出版集团成立伊始，就拉开了教材教辅出版业务的保卫战，开始了与发行集团在教材教辅业务上的激烈竞争。

发行集团凭借其下游接近市场的优势，把持了教材教辅的发行征订环节。教材教辅的征订数量，由发行集团说了算。出版集团处于上游环节，只能按照发行集团提供的征订数来印制和供货。实际上，发行集团给出版集团报送的征订数就已经打了折扣，其中少报的数量，由发行集团自己找印刷厂造货补齐，这使出版集团的利润大幅减少。情况还不止于此。发行集团凭借其下游的优势，已经不满足于只做教材教辅的发行，还要向上游挺进，希望得到教材的租型权和教辅的出版权及其相应利益。

　　刚开始，发行集团打算利用掌握征订环节的强势地位，以谈判的方式迫使出版集团让步，拿出一定比例的租型利益给发行集团。所以，发行集团主动召集出版集团坐下来谈判。双方经过反复谈判，最终不能达成一致，出版集团坚持不让利。

　　对出版集团来说，教材教辅租型与出版是其核心业务，也是其生存发展的命根子。面对发行集团的"胁迫"，出版集团当然不会同意把最核心的业务资源让出去。尤其此时出版集团刚刚成立，不能什么事情都还没有做就首先丢掉一大块利益，这是谁都不会同意的。在出版集团内部，谁都不愿意当这个"李鸿章"。所以，出版集团拼命要维持原来的出版发行格局，即出版单位负责上游的教材教辅租型（出版）印供，发行单位负责下游的教材教辅征订发行。

　　多次谈判，双方始终谈不拢。这种情况下，发行集团觉得在谈判桌上不能达到目的，那就只有在市场上来解决问题了。震动全国业界的两大集团教材教辅利益大战，由此拉开。

　　发行集团打压出版集团，主要有三招：第一招，进一步压缩报给出版集团的教材教辅征订数；第二招，主动与省外原创出版单位接触，希望教材原创出版社摆脱四川出版集团的租型环节，直接向发行集团供货或由发行集团租型造货；第三招，搞好与四川省教育行政部门的关系，借助教育行政部门审定及选用教材教辅的权力，实现发行集团在教材上的租型和直供。

　　发行集团的这三招，对出版集团来说都有杀伤力，可谓"刀刀见血"。出版集团利益因此受到很大损失。

出版集团应对发行集团，也有三招：第一招，在集团内部将教材教辅发行的出口集中，改变过去发行集团一家对出版集团旗下多家出版单位谈判的不利局面。2004年9月，经有关部门批准，四川出版集团组建四川上瑞教育图书有限责任公司，专门从事教育类图书的批发业务，成为出版集团旗下各出版社教辅产品的统一出口。有了这个统一的出口，出版集团与发行集团的谈判就由过去的"一对多"变为"一对一"了，过去的被动局面得到一定程度的扭转。第二招，花大力气搞好、维护与教材原创出版单位和四川教育行政部门的关系，一方面希望教材原创出版单位维持原来租型格局，另一方面希望教育行政管理部门能够保持中立。第三招，绕开发行集团，发动全省民营书店承接出版集团教辅产品发行的落地业务。

出版集团的这几招，对发行集团来说，第三招最有杀伤力，其他的招数更多是为了自保。

总的来说，两大集团的争斗，发行集团占了上风，但在行业舆论上处于不利地位，因为这场争斗主要是由发行集团主动发起，打破了原有格局的平衡；出版集团在竞争中处于下风，但在行业舆论上得到很多同情和支持，因为出版集团更多的是被动应战。

发行集团之所以要挑起这场争斗，第一个理由是明面上的。发行集团认为原来的教材教辅利益格局本身不合理。在过去的分工格局下，出版环节负责租型（出版）印供，投入不多，费力不大却收入了更大的利益，在整个利益格局中占了多半。而发行环节负责征订发行，投入多，费力大却收入甚少。所以，过去这个利益分配格局不合理，需要改革，应该打破。第二个是不好明说的理由。发行集团占据更加有利的下游环节，掌握着市场的主动权和谈判的话语权，如果谈判中出版集团不让利，那么在市场上打拼，发行集团可以稳操胜券。曾经一段时期里，发行集团内部倡导"狼性"文化，就是要主动出击。

在争夺教材教辅利益的过程中，两个集团使出了很多招式，动用了大量资源，包括寻求领导支持、拉拢民营书商、组建新机构等，其影响不仅在省内宣传文化系统，而且在全国业界都闹得沸沸扬扬。全国同行都在观望四川出版界这出大戏。互不相让的争斗，结果只能是两败俱伤。

这场恶性竞争消耗了四川大量的出版资源，不仅导致四川出版的利润大量流失，使正常的出版业务得不到资金支持，而且出好书工作也摆不上应有的位置，出版集团领导也没有更多的精力来关心关注出好书工作。其结果是，教材教辅出版业务和一般图书的出版业务都没有得到很好的发展。出版与发行的这场"内耗"，给了教育管理机构更大的话语权，给了省外教材教辅占领四川市场份额的大好机会，民营教育服务机构也乘机夺利。多方面的挤压，大幅缩小了四川出版业的利润空间。

四川出版、发行两大集团的争斗，直到今天都还有后遗症。为什么四川作为人口大省、学生人数大省，其教育出版发行业务经营规模却比不过湖南等出版强省，甚至也比不过江西这个人口小省？这就是我们时常喜欢说的话：今天的状况有着"历史的原因"。教材出版发行的格局一旦形成就很难改变。

当年由于两家集团的激烈竞争，其他省市的一些原创教材出版社乘虚而入，通过发行集团的渠道，绕开出版集团租型环节，实现了原创出版社和发行集团的"直供"。对原创出版社来说，它们的教材教辅直供发行集团，所得利润比通过当地租型印供高得多，当然是求之不得的事。对发行集团来说，从原创出版社直接进货，其进货折扣比经过出版集团租型印供有利得多，可以获得更大的利益。省外出版社与发行集团的这个"双赢"，是以出版集团教材教辅利润的大幅减少和教材租型印供格局的改变为代价的。格局一旦改变，就很难再恢复到原来的状态了。

利益这个东西，放出去容易，收回来很难！

即使到今天，在新华文轩已经完全掌握市场主动权的情况下，要想恢复原来那种教材完全由当地出版单位租型印供的格局仍然很难。如果今天要将已经形成的省外出版社教材直供格局，改回租型格局，原创出版社的既得利益就会受到极大损害，所以，这种改变非常难。

两大集团在教材教辅业务上的争斗，消耗了出版集团的大量精力，加之存在"先天不足"的事业单位性质，出版集团本来应该做的很多工作也被耽误了。我当时作为出版集团负责业务工作的总编辑，也是这段历史的一个参与者和见证者。我一方面为教材教辅业务的争斗感到精疲力竭，对省内利益的大量流失，倍感痛心；另一方面，由于教材教辅争斗耗费了大量精力，致使出版集团应该做好的出好书业务没有做好，因此留下很大的遗憾。我由此感到，体制对人的影响太大，不是哪一个人所能左右的。

两大集团之间的竞争，有人形容是"新兴资产阶级"与"传统贵族"之间的竞争，其结果是不言而喻的。尽管这是一句调侃话，但也确实说明了一些问题。这场竞争中，发行集团利用其竞争优势，不断蚕食出版集团的利益，甚至不惜让省外第三方得利也要挤压本省出版集团。而出版集团因事业单位性质，决定其很多管理不能完全到位，内部机制僵化，不接地气。举个简单的例子，就连开除一个工作懒散的员工这样的事，出版集团都做不到。这样的市场主体，其竞争能力可想而知。

（二）教材教辅：出版业的"救命稻草"

在四川出版业，教材教辅的业务量占到很大比重，出版发行单位的利润来源也主要是教材教辅业务。同样是出版社，有教材教辅业务的单位，日子就好过；没有或少有教材教辅业务的单位，日子就不好过。所以，出版社的好坏，甚至其命运都系在教材教辅业务上了。在很长一段时间里，每个出版社都在争取教材教辅业务：有教材教辅业务的出版社，要争取更多更稳的市场份额；没有教材教辅业务的出版社，要千方百计去争取教材教辅业务。一时间，谁争取到的教材教辅业务量大，谁就是出版社的英雄，其社长就是优秀社长，在业界也说得起硬话。

当时的普遍观点是，只有把教材教辅这碗饭端稳了才有条件做本专业的一般图书出版。没有教材教辅业务的出版社步履维艰，有的甚至只能靠卖书号勉强度日。四川教育出版社、四川少年儿童出版社、四川文艺出版社、四川民族出版社等有教材教辅业务，属于日子好过的出版社；四川人民出版社、四川科学技术出版社、四川美术出版社、巴蜀书社等没有或几乎没有教材教辅业务，日子艰难。

中国出版业，可以说成也教材，败也教材。这从前面四川出版和发行两大集团在教材业务上的争斗可见一斑。

教材教辅是中小学教材与教学辅助用书的简称。这里的教材教辅，主要说的是列入教育部门认可的征订目录的品种。中国出版，没有教材活不了，有了教材活不好。这是一个怪圈。教材业务对于中国出版，真说得上是爱恨交加。教材出版是出版社的主要收入来源。20世纪90年代以后，一般图书越来越不挣钱，出版社的收入主要来自于教材出版。

问题在于，各家出版社的教材业务量并不取决于其自身的能力和水平，而是依靠带有强烈计划经济色彩的行政配置。凡是赚钱的资源都是有限的。要争取到教材出版业务，需要花费大量精力和时间。出版单位在争取教材教辅业务上，自然会展开激烈的竞争。这样，教材出版资源的行政配置就显得特别抢手，配置教材出版业务的主要机构——教育主管部门就显得特别重要。围绕在教育主管部门相关人员周围的不仅有国有出版社，更有大量的民营出版发行机构。"油水"多的地方总是很湿滑。四川省教育厅连续三任分管副厅长出问题，说明这其中的诱惑是多么的大，也说明了这种资源配置的工作是多么难做。经济学常识告诉我们，买方数量越多，相互竞争越是激烈，卖方就越是奇货可居。

出版机构之间的竞争越是激烈，配置教材资源的机构就越是受到追捧。这种情况下，出版社自然会把大量精力放到教材教辅业务的争夺上。在有限的土地上种了蔬菜，就不可能多种粮食。出版社在教材教辅业务上花费了大量精力，出好书的工作自然就心有余而力不足了。

对出版社来说，各家教材教辅业务量不等，有的多，有的少，有的还没有。这导致各家出版社贫富差距巨大。出版社效益好与不好，不取决于经营管理水平，更不取决于出好书的能力大小，而是取决于教材教辅这种"天赋"资源的多少。这种情况下，出版社就不大在加强内部管理、提高出好书的能力上下功夫了。

四川美术出版社几乎没有教材教辅业务，日子过得十分艰难。2000年11月，在四川省新闻出版局召开的一次出版社工作研讨会上，四川美术出版社社长发了一句很"经典"的牢骚："开破车的感觉与开好车的感觉是不一样的，不要让开破车的与开好车的跑得同样快。"这里所说的"破车"，就是指没有教材教辅业务的出版社。那时，只要召开社长会议，话题总是离不开教材教辅问题。很多社长对各社教材教辅业务量的不均衡，心里极其不平衡。这种教材教辅业务分配上的不均衡，导致出版社效益的巨大差距，掩盖了各家出版社实际经营管理水平上的差距。在这种情况下，主管单位对出版社的发展也很难做实质性的引导，只能做到底线管理，不出导向问题即可。

出版社靠教材教辅吃饭，大家争抢教材教辅业务，没人去想出版的本来是什么，做出版业务的本分是什么。大家想的都是一方面不要出"事故"，另一方面日子要过得下去。

四川出版业的发展历程，始终离不开在教材教辅业务上打主意。不论是以改革的名义整合资源也好，还是以改革的名义组建集团也罢，都会不约而同地在教材教辅上做文章。究其实质，这些都是利益之争。很多人的眼睛还是盯着利益的。

改革本来就是利益格局的重新调整。改革的目的是发展生产力，也就是通过调整利益格局来做大增量。所以，眼睛盯着利益并没有错，也没什么好奇怪的。问题在于，我们长期以来只盯着存量利益，而没有去研究怎么扩大增量利益。即使是教材教辅业务，也没有多少人去研究怎么扩大教材教辅业务的规模和总量。当然，更没有多少人去想怎么通过多出好书来赢得市场、争取利益。

早在1992年成立出版集团之际，集团就在教材教辅上打主意，把教材教辅出版业务从各家出版社手中拿出来，由集团集中经营。教材教辅集中的背后是利润集中，实际上是集团与出版社争利。集团有了教材租型业务，手中的利润多了，并没有以此"反哺"出版社，支持出版社出好书，而是用于投资其他产业。当年四川出版集团花上百万资金投资一家县级钢厂，结果这个投资颗粒无收、血本无归。而出版社惨淡经营，为生存而奋斗，什么能够赚钱就做什么。突然有一天，出版社发现书号还可以买卖，出版社卖书号还能够挣钱，于是就开始大肆卖书号。这为四川出版埋下了隐患，最终酿成大祸。

（三）错失中小学教材开发战略机遇

如果说2001年前四川在教育出版领域与江苏、湖南等省不分伯仲的话，那么2002年则是一个重大的分水岭。因为就在2002年这一年，国家教育部启用了新课程标准教材，推行全国中小学教材"一纲多本"，放开了人教社教材"一统天下"的限制。江苏获批出版地方版中小学新课标教材24种，湖南获批出版地方版中小学新课标教材9科10种，而作为人口大省的四川仅有两种——四川教育出版社出版的《历史》和《英语》。

就出版教材教辅而言，教材是"皮"，教辅为"毛"。皮之不存，毛将焉附。从这个意义上说，教材出版是教育出版之根本。

凤凰传媒和中南传媒两家上市公司年报显示：2016年，凤凰传媒教材教辅出版收入17.82亿元，发行收入41.65亿元；中南传媒教材教辅出版收入21.52亿元，发行收入58.63亿元，部分教材占据全国同类产品约三分之一的市场份额。而新华文轩自有教材出版收入不到2亿元，租型人教版和北师大版教材，以及围绕教材开发的教辅产品共计实现出版发行收入34.7亿元。原先与四川并驾齐驱的江苏、湖南等省，正是抓住了新课标教材开发这个机遇而走在了全国出版业的前列，也成就了中南传媒、凤凰传媒在出版传媒上市公司的前三甲地位。四川和江苏、湖南等省的差距由此拉开。

尽管文轩在省内中小学教育市场特别是教辅市场大力开

拓，但"天花板"一直悬在空中。对于省外中小学教育市场"蓝海"，文轩只能望洋兴叹。虽意欲作为，但巧妇难为无米之炊，因此只能另辟蹊径，比如以教育信息化和教育装备产品去开拓。但这样的路子难度大、收益低，与教材教辅业务相比，不可同日而语。

有人说，租型教材不是一样吗？这就好比"住自己的房与租别人的房"，不仅不一样，而且差距还很大。主要表现在：自有本版教材，版权为自己所有，可以进行多市场多业态开发。凤凰传媒、中南传媒等有自主教材，无异于就有了开拓省外教育市场的"抓手"和"敲门砖"，就有了开拓省外教辅市场之"皮"，就可以和人民教育出版社等同台竞技，也就可以攻城略地。只要拿下一个省外市场，其营业收入将会以亿元级的数量增长。若需开发数字教材等其他业态的教育产品，更是方便直接。而租型教材的局限很大，需要教材版权拥有单位的授权，自己没有自主权，你就是"毛"，只能附在别人的"皮"上。比如，文轩参股的明博公司开发"优课"数字教室，就需要人民教育出版社、北京师范大学出版社等单位的授权；文轩若不能获得授权，就不能开展经营，就只有"干瞪眼"。最重要的是，有了自主教材，不仅可以获得丰厚的出版利润，还能获得丰厚的发行利润或租型收入。

造成四川错失出版中小学教材（地方版）的战略机遇，主要有两个方面原因：

第一个原因是缺乏战略统筹。国家教育部于2000年启动了

第八次基础课程教育改革。这一轮课程改革，国家采取了先定标准，后由相关研究机构或出版社立项申请、组织编写和报批的方式。具体申报立项时间为2001年。在2001年这一重要时间节点上，四川出版界在忙着做什么呢？忙着酝酿筹建四川出版集团。据一位组织中小学教材申报和修订的资深出版人士说，当时因即将成立四川出版集团，四川省新闻出版局不再具体负责出版业务的统筹工作；而出版集团又处于酝酿筹建之中，并没有真正成立，做事"师出无名"。可以说，在新课标教材组织立项申报这一重要事项上，当时四川处于"群龙无首"的"真空"状态。这是四川错失出版地方版教材战略机遇的重要原因。从江苏5家出版社都有中小学教材出版的结果来看，教材立项申报不仅是包括教育社在内的出版社的事情，而且更是出版社主管主办单位的事情。对于重大事项而言，战略统筹至关重要。

第二个原因是当时四川教育出版社缺乏足够动力。出版地方版教材，是四川教育出版社的本职工作，无论是抢抓机遇还是组织实施，都应有"职业敏感"。但基于当时有前一轮教材的修订，且新课标教材编写投入较大（动辄数百万元），存在如果通过不了投入就"打水漂"的风险。加之出版集团成立在即，"不求有功，但求无过"，致使出版社不去思考出版社的长远发展，更不敢去做大的项目投入。幸好在四川教育出版社部分有识之士的努力下，有初中历史和小学英语两种教材申报成功，四川才总算没有"剃光头"。

总之，四川出版在教材教辅这个出版业万分重要的业务开拓领域，一方面由于各种争斗与内耗，导致四川手中的教材教辅利益大量外流，使教材教辅业务在存量上损失较大；另一方面，由于坐失良机，导致可以争取的教材开发少有作为，使教材教辅业务在增量上收获甚少。

四、观念陈旧，制约四川出版

四川出版的改革起步早，但主要是通过组建集团来调整管理体制。换言之，四川出版改革主要是在出版管理体制层面上做文章，而出版业的市场主体——出版社的管理体制和内部机制改革基本上是裹足不前。

直到2010年省上推动四川出版发行资源整合，出版社要进入上市公司新华文轩了，才匆匆进行转企改制，由事业单位转为有限责任公司。按照新华文轩分管出版的负责同志的说法，出版社虽说是企业了，但"三项制度"改革根本就不彻底，还留有很多事业单位的痕迹。因此，在新华文轩内部研究工作时，经常出现出版与发行双方不在一个话语体系的尴尬局面。在出版社刚并入新华文轩之时，一句经常用的宣传语是"从事业单位直接跨入了上市公司"。对这句话的另一个理解就是，如果没有出版发行的整合，出版社的改革也许还会延迟。

正是由于出版社的改革不到位、不彻底，导致了出版社的观念转变慢，长期带着事业体制的观念，市场化观念没有树立起来，以至于在出版并入新华文轩五六年之后、振兴出版起步之时，还需要反复强调树立市场观念。出版观念转变不到位形成了在出版、经营、管理等方面一系列的思维禁锢，把本应"并重"的问题变成了"一重一轻"，从而制约了四川出版的发展。其主要表现可概括为"六重六轻"。

（一）重导向，轻发展

20世纪90年代出版"事故"频发，因此，吸取教训、杜绝事故成为四川出版长期以来的主基调。这就使得后来的四川出版人在管理上慎之又慎，在事业发展上则可有可无。四川的出版社多以不出事、保平安为工作目标，出版的创造力受到极大抑制。

导向管理十分重要，出版导向管理是做好出版工作的前提。我们曾经有一个比喻：导向管理是"1"，事业发展是"1"后面的"0"。坚持正确的出版导向，有了好的导向管理，就有了这个"1"。在这个前提下，事业发展越好，"1"后面的"0"就越多，收获的成绩就越大。如果导向管理出了问题，"1"没有了，一切都等于"0"。

但是，长期以来，四川出版片面理解导向管理，轻视产业发展，客观上制约了四川出版的发展。

在实际工作中，导向管理与事业发展是相辅相成的，而不是对立的。导向管理好了，事业发展就顺；而事业发展好了，就能够给导向管理奠定坚实的基础。我们在出版实践中需要有更加专业的管理和思维，把导向管理融入产业发展之中。这样，出版业才能既坚持导向管理，又有创新的灵魂。

出版业有一个规律性的现象：凡是事业发展得好的出版社，往往重视导向管理，两个效益都很好；反而是经营管理水平低，效益不好，发展不足，日子过得很紧的出版社，往往最容易出导向事故。20世纪90年代四川的诸多出版"事故"，多是出在经济基础不好的出版社。因此，导向管理与事业发展，二者不可偏废。

（二）重生产，轻经营

长期以来，四川的出版社与市场严重脱节，大量出版物生产出来后不是进入市场而是进入库房，浪费惊人。出现这种现象的原因，主要是出版社没有市场经营主体的意识，缺乏为经营结果负责的机制。他们还停留在只要完成上面安排的出版任务和选题工作就算完成的阶段，不大顾及这些书做出来了有没有人购买，有没有人读，书是进入了市场还是进入库房。这也是导致出版社库存积压严重的主要原因。

出版社形成这个观念跟过去的考核机制有很大关系。对出版社的考核，国有资产的保值增值是一项主要指标，出版社出的书，卖不掉即使躺在库房也是资产，所以就没有多少压力去加强经营管理和开拓市场了。

长期以来，特别是在计划经济和事业体制下，出版社在出版生产管理上有一整套经验做法，很擅长把产品生产出来这一套工作，但是，对于怎么去适应市场，切实满足读者需要，书生产出来之后又怎么去拓展市场，把产品卖出去，出版社缺乏有效激励与约束机制，没有好的对策措施。原因在于，对经营工作，思想上不重视，制度上缺对策。在市场经济条件下，出版业的生产与经营是一个问题的两面，缺一不可。生产需要看对象，要清楚是为谁生产，产品是不是符合特定对象的需要。不看对象的生产是盲目的，产品的归宿就只能是库房。经营要以生产为前提，没有好的产品，经营就没有载体，经营工作就是空中楼阁。

（三）重级别，轻专业

出版社在干部队伍建设上，事业体制遗留下来的级别观念比较重，也就是我们常说的"官气"比较重，很少从专业角度选人用人。其实质是四川出版业向市场化方向转型还不够，出版社的各级管理者往往把自己当作有级别的官员，而不是面向市场的专业人士。

以市场方式还是用行政方式处理发展问题，是检验出版社市场化程度的一个重要标准。长期计划经济给出版业带来了很强的行政思维观念。出版社的领导不仅把自己当成是"官"，主管部门也把社长当作"官"。所以，很多时候，出版社希望依靠行政方式，靠向上面要政策要资金来获得发展。我们的主管部门也习惯于把出版社的领导看成一级官员，习惯于用行政命令来指挥出版社的工作，推动出版社的发展。在这种观念之下，有行政背景、政府资源，善于与官员打交道的人会显出更大的优势。这种观念和氛围，导致大家不看重专业能力，极大地妨碍了出版社专业能力的提升，严重制约了出版社的专业化发展。

出版业是一个专业性很强的行业。出版社的发展，取决于专业运作能力。在出版社的内部，不管是文案编辑还是策划编辑，抑或是营销管理，都需要有十分深厚的专业素养。

出版社要获得持续稳定发展，最终还是要靠自身的专业能力在市场赢得竞争。纵观全国出版行业，凡是发展得好的出版社，都是专业能力很强的出版社。没有哪一家出版社是靠行政扶持而成为出版强社的。如果我们把出版社的发展寄托在不同级别的"官员"身上，而不是依靠有专业能力的人才队伍，那么出版社的发展就绝不可能好到哪里去。淡化出版业的行政色彩，摒弃管理人员官员化的思维观念，是出版业改革的重要内容，也是出版社转企改制的目的之一。

（四）重获奖，轻市场

获奖是图书社会效益的重要体现，重视评奖和获奖本没有什么不对。问题在于，不能简单地将"国有文化企业把社会效益放在首位"理解为获奖，更不能把获奖作为出版社和编辑奋斗的主要目标，作为编辑获得个人荣誉的唯一途径。

但是，一段时间以来，出版业对两个效益的认识不够全面，以为中央强调国有文化企业要把社会效益放在首位，就是拿大奖，就可以不要经济效益了。这是把社会效益与经济效益对立起来了。对此，原国家新闻出版总署柳斌杰署长有个形象的说法：一段时间我们强调社会效益，有些出版人就以为不要经济效益了，他们迷惑了，以为产业都不提了。产业是一个载体，光有灵魂，没有身体，魂不附体能发展吗？

过度关注评奖，为了评大奖而出书，会带来很多问题。最大的问题是心中少了广大读者，对社会效益的认识有偏颇，造成所出图书可能脱离广大读者和市场。曾有人把这种现象概括为："政府是投资主体，领导是基本读者，评奖是主要目的，仓库是最终归宿。"对出版社的发展来说，我们也应该关注读者，关注市场。只有提供读者喜爱的图书，提供市场需要的图书，才能实现更大的社会效益，才能实现社会效益和经济效益的统一。

重获奖，轻市场，不仅体现在思想观念上，更反映在体制机制上。图书获奖了，出版社有荣誉，编辑人员能晋升；而图书获得市场好评，编辑人员却仍可能默默无闻。这种观念与做法，客观上带来两个方面的问题：一方面对编辑人员形成了一个重要导向，大家就会把更多的精力放在拿奖上，不关心图书的市场效果；另一方面是市场化的图书不受重视，出版社的两个效益就会越来越差。实际上，出版社发展不好，出书能力不强，最终也不能获得更多更大的奖项。

就四川出版多年的状况而言，最大的问题不是获奖图书少了，而是读者喜爱的图书少了，有市场影响力的图书少了。优秀的作品更多的是市场检验出来的。出版社把主要精力放在拿大奖上，其结果就是出版社发展之路越走越窄。

（五）重文案，轻策划

在很长一段时间里，出版社的编辑，基本上是做文案工作，少有做策划的。所以在实际工作中，文案编辑往往被等同于编辑。文案编辑是出版社的基础工作，也是专业性很强的工作。文案编辑能力往往会影响甚至决定出版社的生死。但是，文案编辑并非出版社工作的全部，还有比文案编辑更重要的，即策划编辑工作。

四川的出版社普遍文案编辑较多，策划编辑严重缺乏，为此，许多出版社社长不得不亲自去做策划编辑应该做的工作。这对出版社发展不利。造成这一状况的原因，就在于长期形成的重文案编辑、轻策划编辑的发展观念。长期以来，出版社的选人用人机制，基本上是围绕文案编辑建立的，很多出版社都没有策划编辑的一席之地。

对出版社而言，选题是生命线，是生存之本。因此，选题策划与文案编辑一样，是出版社最基本、最基础的工作。随着出版市场竞争日益激烈，出版社的工作重心已由作者交稿后的文案编辑加工，前移到作者交稿前的策划和对作者成稿的争夺，选题策划已经成为出版社核心竞争力的重要体现。有人说："有了好的选题，别人为你打工；没有好的选题，你为别人打工。"选题策划能力决定着出版社发展的主动性。好的作品往往不是编出来的，而是精心策划出来的。因而，在出版策划工作越来越重要的情况下，四川的出版社还把出版工作重心放在文案编辑上，虽不能说是本末倒置，至少也会贻误发展时机。

（六）重本地，轻外地

长期以来，四川出版社的目光都聚焦在本土作家和本地出版资源上，没有通过"走出去"去挖掘全国范围的优质出版资源。

我们面对的出版市场是全国性的，四川的出版资源再丰富也很难去对接一个全国性的出版市场。我国的文化中心在北京，北京拥有全国最集中的作者资源、媒体宣传资源和市场资源，所以北京的出版社占了全国出版社总数的42%左右，并且很多地方出版机构都在尝试跨区域发展，在北京、上海等发达地区建立分支机构，抢抓更多的优质出版资源。从出版强省的发展经验来看，它们都具有强烈的"走出去"抢占出版资源的意识。不仅走出本省，走向全国，甚至走向全球抢占出版资源。这些举措使其在抢抓资源上十分主动，也奠定了它们出版强省的地位。

而四川人根深蒂固的本土观念，使四川的出版社普遍缺乏"走出去"发展的思路和策略，发展眼光过于局限在本地，因而难以打开全国市场，形成全国影响力。眼光老是盯着四川，用局部资源去应对全国市场的竞争，不去争抢全国资源，这是四川出版非常致命的一个问题。从全国出版产业的发展来看，抓不住全国的优质出版资源，在全国出版市场就难有一席之地，最终就会连四川本土的出版资源也守不住。

目前四川出版面临着十分激烈的资源争夺战。抢不到全国出版资源，就守不住本土出版资源。从省外出版机构进驻四川的情况（见下表）可以看出，出版资源争夺越来越激烈，不仅在全国竞争激烈，就连四川自己的地盘，也有被省外出版机构吞噬的危险。

省外部分出版机构设立成都分社情况

设立时间	出版社	分支机构名称
2000年11月	中国科技出版传媒股份有限公司（原科学出版社）	成都分社
2011年4月	商务印书馆	商务印书馆（成都）有限责任公司
2012年6月	中华书局	西南编辑所
2015年11月	中国工人出版社	成都编辑中心
2015年12月	广西师范大学出版社集团	成都分社
2016年11月	当当网	文学出版集团

五、管控错位，弱化四川出版

2010年，经过发行集团与出版集团的资源大整合，多年来出版与发行的矛盾与争斗得以彻底解决，四川出版迎来了一个难得的发展机遇。但是，事物的发展，总不是一帆风顺的。在出版社进入文轩之后，文轩在思想上、物质上都缺乏必要的准备，很多思维、观念与管控，并没有做相应的调整，仍然沿袭了过去的思维与模式。结果，错位的管理给出版社带来了许多新的问题。

（一）"文化冲突"造成的"傲慢与偏见"

2010年四川出版发行资源整合时，大家更关心的是业务安排、人事安排，因为这些显性的事情人人都看得见，而且涉及整合各方的利益，所以，从高层操盘者到基层员工，大家对业务整合和人事整合都很关心、用心。而双方思想上、理念上、文化上的差异，因隐藏在背后，没有引起应有的重视，这给整合后的文轩出版发展埋下了隐患，也是整合后文轩出版长期在低位徘徊的重要原因。

1. 整合前四川"出版"与"发行"具有显著的文化差异

新华文轩以发行起家，经过事转企、集团化、股改上市等几轮脱胎换骨的改革，早已习惯了市场化的激励竞争，凡事以结果为导向，以业绩论英雄，极具市场竞争的"狼性"。其中的原因，一是文轩传统上是一家发行企业，市场运作经验更加丰富；二是文轩地处西部地区，经济条件不如东部，要发展就必须走出四川，在我国图书市场地区封锁十分严重的情况下，没有一点"狼性"根本就走不出去。

而四川的出版社，长期以来作为事业单位得到更多的政策保护。出版社匆匆改制后加入文轩，大多数人还停留在事业单位管理体制的思维惯性中，对经营结果不重视，对亏损数据不关心，常常把出版社的出版工作与经营工作对立起来，认为经营效益好一点或差一点都不重要。

"出版"与"发行"在经营观念上的巨大差异，最典型的就是考核的标准不同：文轩内部的考核是以市场表现为导向，多劳多得且考核严格，绝不留情面；而刚进入文轩的出版社习惯于不出问题就有社会效益，考核以"大家都过关"为参照，市场表现并不是主要考核标准。

2. "文化冲突"造成的"傲慢与偏见"

"出版"与"发行"的文化差异，在整合过程中并没有得到应有的重视。双方在你来我往的交锋中，思想没有得到统一，自然也就难以齐心协力地做事，"出版"与"发行"继续在各自的轨道上运行，不但没有形成发展出版的合力，反而丧失了许多发展的机遇。

在整合前，当出版集团与文轩重组的风声传到出版社后，许多出版单位的同志因不了解文轩，以及纠结于过去出版集团与文轩教材教辅的冲突，不愿意进入文轩，故而出现"妖魔化"文轩的现象，说文轩管理如何严厉苛刻，说文轩的同志又是如何不近人情，让许多不清楚文轩真实情况的出版社干部员工，特别是工作单位或岗位因重组即将发生变动的同志无形中产生了对将来进入文轩的恐惧，在内心深处对未来表现出强烈担忧。而文轩的同志在出版社的同志面前多少是带着点优越感的，因为毕竟是"发行"整合"出版"，这个结果证明"发行"就是比"出版"强。整合还没有进行，双方的隔阂就已经形成。此外，在业务整合方案的讨论、制定和宣讲过程中，文轩作为主导者，未能及时组织各种形式的交流和沟通，这给"出版"的同志造成了一个强加于人的印象，也加深了双方思想上的隔阂。

在整合过程中，高层操盘者把主要精力放在业务安排、人事安排与合规安排等方面，对文化上的整合缺乏应有的重视，这导致了出版社进入文轩之后"文化冲突"不断。

比如，由于缺乏大规模的思想动员，双方对出版发行整合目的理解完全不一致。"发行"的同志基于市场化的原则，认为出版的图书必须是高质量的产品，我们的渠道才能发挥作用，而现阶段出版社的产品质量都不行，无法进行重点推广。而"出版"的同志则认为，整合就是应该由文轩将所有出版社的库存全部无条件买断，才是真正的支持出版发展。这些争论伴随整合的整个过程，直到2016年前也没有统一思想。

此外，个别领导干部的不当言论也加深了双方的误会。有个别领导在文轩较大范围的交流会上说："'出版'是动脑筋的，而'发行'只需要知道怎么发货和搬包就行了，所以出版社的人肯定比发行只会搬包的人更金贵。""出版是脑力劳动，是智力密集型产业，发行是体力劳动，是劳动密集型产业，高低一目了然，工资不一样也很正常。"也许这些同志的意见并非刻意贬低发行，只是想说明出版发行的差异点，但是这些言论无疑加深了"出版"与"发行"心理上的隔阂和误会，造成双方相互看不起对方。"出版"的同志觉得"发行"的人不懂出版，用工业化生产方式来对待创意产业；"发行"的同志则认为"出版"的人不懂市场，不懂经营。双方各说各的"理"，均带有明显的"傲慢与偏见"。

3. "文化冲突"是影响出版与发行整合效果的大问题

"出版"与"发行"的同志，思想不在一个频道上，理念不在一个层面上，文化不在一个氛围里，双方"同床异梦"，貌合神离，心想不到一起，劲就无法使到一处，这使四川出版发行资源整合的效应大打折扣，四川出版的发展就在这样的局面中徘徊不前。

在资本市场上，不少大型并购活动都因文化整合上的失策而最终走向失败。因为，资本可以流动并通过流动创造价值，但文化是深入骨髓的东西，一旦成形很难改变。这启示我们，四川出版与发行的整合，虽然是以市场化的资本运作方式进行的，比其他纯粹的行政方式整合有很大进步，但最终要获得好的效果，还需要在思想、理念、文化的整合上狠下功夫 。唯有思想统一，才能确保向一个方向前行。这也是后来振兴出版启动之后，我们在不同场合反复做思想工作的重要原因。

当然，文化的融合最终还得在发展中去解决。事实证明，这些思想问题仅靠说服和雄辩是不能完全解决的，必须通过发展，以事实说话，用改革的成功结果回应争论才是最好的统一思想的方式。2018年，当文轩振兴出版取得辉煌成绩后，文轩内部再也听不到上面那些声音了，再也没有上面那些争论了，因为这些问题都在发展中解决了。整合初期经常听到出版的同志说"我们出版怎么怎么样，他们文轩又怎么怎么样"，现在再也听不到了。现在听到的都是"我们文轩怎么怎么样"。这个变化，说明原来的出版与发行两家在文化上已经融为一体。

（二）"发行思维"导致出版地位不高

1. "发行思维"导致对出版缺乏应有的重视

文轩传统上是一家发行企业。2010年，四川出版主体业务以资本并购的方式进入文轩，文轩主营业务由此发生了战略意义上的重大变化，也迎来了全新的发展机遇。但是，当时文轩对主营业务的这种重大变化，在管控方式上并没有做出相应调整，在内部仍然延续了过去的思维模式和体制机制。"发行思维"制约了出版社的更大发展。

出版业务并入文轩后，打通了出版发行产业链。如何理顺产业链上下游的关系，通过出版与发行的协同发展，实现企业整体价值最大化，成为文轩产业发展的重要课题。过去大家的普遍观点是，作为一条产业链上下游的两端，出版并入发行后便自然解决了产品的"出口"问题，而发行也解决了产品的"来源"问题。正是在这样的思想主导下，文轩推进出版发行一体化的彻底整合，沿用管理发行的模式管理出版业务。结果，出版业务进入文轩后的若干年里，并没有实现当初预想的"起飞"，仍然在低谷中徘徊。

为什么会出现这个结果？主要还是对出版与发行各自的运行规律认识不到位。出版与发行虽说是一个大产业的上、下游两端，但实际上二者的业态、性质和运行规律完全不同。发行作为渠道运营商，讲究"规定动作"、严格管理及高效运行，而出版作为创意产业的一环，更讲究"自选动作"、创新创意及工匠精神。对于这两类业务的管控方式应该是有所区别的，单纯用"发行"的思维和模式管"出版"，就好比"跳舞的"变成"做操的"，等于是用一个管理"模子"套不同"身板"，十分别扭，不但舞跳不好，操也做不好。

文轩的发行基因，决定其长期以来实行的是以发行为导向的发展战略。四川出版主体业务进入文轩后，这个战略思路并没有发生根本性的变化。出版社的教材教辅资源被集中到教育出版社后，大众出版业务的发展基本上处于不寄希望、无人重视的状态。结果，大众出版社全面亏损，当初投入大量人力、物力和财力并购的出版资源变成了文轩的包袱。

说到文轩对出版的不重视，从一个比较直观的情况可知一二。由于出版工作具有意识形态与产业发展的双重特性，出版社的主管主办单位一般都会以出版工作会的方式对出版方向加以引导，对主要工作进行部署。全国各大出版传媒集团大都通过每年组织出版单位召开出版工作会，对当年的出版导向工作、重点选题工作、产业发展工作等进行落实和部署。本来这是出版传媒集团的一项常规工作，但出版社进入文轩之后，从2010年到2015年，文轩一直没有召开过专门的出版工作会。这很容易给出版社传递一个信号，即文轩对出版不重视，出版社在文轩没那么重要。

出版社在失望之中，很容易看到一个奇怪的悖论。早在成立之初，新华文轩就萌生了做出版的情结，并不断在出版的有关领域投资，寻求与出版的联姻。但是到了2010年之后，当往日朝思暮想、矢志不渝追求的出版社到手了，文轩反而使出版社备受"冷落"。这仿佛上演了一部现实版《围城》。这个悖论给文轩提出了新的重大挑战。

这种状况的出现跟当年新华文轩对出版业务的认识有很大关系。过去很多人认为，出版社最有价值的资源就是教材教辅业务，把各出版社的教材教辅业务抽走加以集中之后，文轩并购出版的主要目的就实现了。至于大众出版，没有了教材教辅业务，一般出版社不可能做大，只会成为文轩的拖累和包袱。这种情况下，不重视大众出版就在情理之中了。所以，文轩对于大众出版实行"止血"策略，对大众出版社的要求基本停留在不要让包袱继续增大的层面。正是基于这样的认识使文轩没有及时调整发展战略，仍然以"发行思维"来设计未来的发展道路，由此也大大降低了资源大整合应有的意义和价值。

2. "发行思维"造成出版战略实施不力

在出版发行整合之后，文轩也从战略上确立了发展内容产业的战略目标，但是，这些目标并没有得到有效实施。事后来看，主要有三个原因：

第一个原因是新华文轩虽然明确提出了发展内容产业的战略目标，但发展思路有局限。2010年四川出版业务并入新华文轩之后，新华文轩出台了《新华文轩2010~2014战略规划》。这个五年发展规划明确提出了"利用分销渠道，发展内容产业"的发展思路，这就是："在公司建立的省内征订渠道、省内零售渠道、省外中盘分销渠道和电子商务渠道的基础上，大力发展有渠道支撑的图书出版、报刊出版等内容产业。内容生产要与公司自有渠道拓展相辅相成，走特色化发展之路，通过为公司各类渠道提供低成本、特色化的产品支持，实现共同发展。"

这个思路体现的是典型的渠道主导出版的做法，沿袭了过去的模式。2007年，新华文轩通过与华夏出版社合作介入出版领域，发展出版业务的主要模式就是渠道型出版，主要根据渠道的需求来定制出版物。渠道主导出版的做法对以发行起家的新华文轩来说是基于惯性思维，具有操作上的"合理性"。但从长远来看，这种"合理性"操作却无意中削弱了出版社的原创出版能力，不利于发挥出版社的主观能动性，使出版社不再去思考内容，不再去规划产品。因此，对这个思路，很多四川出版人是难以认同的。

第二个原因是新华文轩虽然明确了出版发展战略目标，但是没有支持目标实现的实质性举措。新华文轩五年战略规划提出了出版发展目标，即经营目标：到2014年，公司年出版图书（含原创、租型、再版等）码洋达到29亿元，年销售码洋（内部销售）达到26亿元。能力目标：在选定细分市场内，内容资源掌控能力、选题策划能力、整体市场营销能力、出版资源整合能力均名列行业前列；经营管理精细化水平提高，形成较高水平的单品种盈利能力；尝试以版权合作、产品贸易、资本合作形式形成国际化发展能力。行业地位目标：打造1～2家进入全国细分市场前列的品牌出版社，三大出版综合实力进入全国出版集团前列。

但是，这些目标仅仅写在了战略文本中，实际经营工作中并没有推进目标实现的实施步骤和保障措施。

第三个原因是新华文轩虽然明确提出了建立内容与渠道的协同机制，但二者实际上仍是"两张皮"。这种状况从战略规划中就可以明显地看出："公司内容板块与渠道板块之间的资源配置，由公司总部统一进行，并基于市场原则建立内容板块与渠道板块之间的协同机制，明确各自经营责任、利润分配和费用分担原则。公司渠道板块（零售、征订、中盘、电子商务）要为公司传统图书、报刊及数字出版物提供销售渠道支持，内容板块的产品营销和品牌营销等需求，渠道也要给予满足。渠道也可根据各自细分市场目标客户的特点，利用直接面对市场的优势，从选题方向上主导产品的研发，与内容板块联合开发相关产品及服务，挖掘并提高渠道价值。公司总部通过建立合理的库存与经营责任分担机制及考核指标，明确渠道主导产品与非渠道主导产品的权责划分。"

在实际业务经营过程中，由于渠道处于强势地位，出版与渠道并不是平等协同，也没有真正协同，出版与渠道经常互相抱怨。出版抱怨渠道没有给予他们应有的支持。渠道抱怨川版书不仅销不动，还占据了货架，影响渠道的销售业绩。出版与渠道就像一对"冤家"，让抱着美好愿望进入文轩的出版人越来越感到失望。

3. "发行思维"造成内容资源抓得不紧

如果说四川的出版社进入新华文轩之前还主要是出版观念落后制约了出版发展的话，那么文轩并购出版后仍然坚持"发行思维"也拖延了四川出版的发展进程。"发行思维"就是"渠道为王"的思维模式。

在互联网尚未广泛应用的年代，渠道能力无疑是非常重要的。当互联网蓬勃兴起并深刻改变传统商业模式的时候，就需要管理者认清出版的本质，以独到的战略眼光来进行战略研判和战略布局。出版的传播渠道不是不重要，但出版的本质是开发和经营内容资源，因为受众消费的是内容，愿意付费的也是内容。这就决定了出版必须以内容资源的聚集和经营为核心，包括对作者和作品的经营。有了这样的研判，发展出版业务才有明确的方向。

正是在这样的发展思路下，很多有战略眼光的出版集团早在十多年前就围绕聚集内容资源进行战略布局。主要有三种方式：

第一种方式是成立独立工作室或文化公司。如：2003年湖北长江出版传媒集团与"金黎组合"组建北京新世纪文化公司（长江文艺出版社北京图书中心）；2007年北京出版集团与北京时代新经典文化公司共同投资组建十月文化传媒有限公司；2008年辽宁出版集团与路金波组建辽宁万榕书业发展有限公司；2009年江苏凤凰出版集团旗下的江苏人民出版社与北京共和联动图书有限公司合资成立北京凤凰联动文化传媒有限公司等。在这一时期，新华文轩也不甘落后，于2008年8月在北京与华夏出版社共同成立华夏盛轩公司，大举进军大众出版业务。

第二种方式是通过资本手段收购国内具有较强图书选题策划能力和营销能力的民营机构。如：2012年中南传媒投资1.1亿元，收购博集天卷51%的股份，使其大众图书销售快速上升；2014年皖新传媒收购杭州蓝狮子文化创意有限公司；2015年中南文化天价收购新华先锋等。

第三种方式是在国际上抢占优质出版资源。如：2011年，江西中文天地旗下二十一世纪出版社集团与麦克米伦出版集团合资成立麦克米伦世纪咨询服务有限公司，麦克米伦世纪已成为中国儿童出版的著名品牌；2014年，江苏凤凰出版传媒公司以8000万美元收购了美国出版国际公司的儿童图书业务；2015年，浙江出版联合集团旗下浙江少年儿童出版社收购澳大利亚新前沿出版社，成为中国专业少儿出版社进行海外并购的第一次探索。

在2010年至2015年这一国内出版传媒集团纷纷跑马圈地的战略期，新华文轩却没有把自己当作一个拥有9家出版社的出版传媒集团，仍然沿袭长期以来的"发行思维"，把大部分投资都布局在渠道能力构建和产业多元化拓展上。前面叙述的新华文轩在整合出版资源之后的几大举措里，那么多的投资都没有将眼光聚焦于收购具有优质内容资源获取能力的图书策划机构上。

新华文轩在前一轮内容资源的争夺战中，无疑是不成功的。这加大了它与其他出版集团的差距，其原因还是以"发行思维"来经营内容创意产业，没有意识到内容资源在图书出版中的重要价值，自然也就没有采取资本手段去收购优质资源，致使四川出版丧失了一次赶超机会，错失发展良机。

（三）"发行管控"导致出版活力不足

出版业务并入新华文轩后，文轩推进出版发行一体化的彻底整合，继续沿用管理发行的模式来管理出版业务，其核心就是"运营＋预算"的管控模式。

这种管理模式对出版社的发展形成了一种无形的束缚。从2011年开始，文轩就对刚并入的出版社进行了大众图书产品线规划，并要求其严格执行。经过两年多的运行，其结果是出版社怨声载道，很多好书稿流失外省。直到2014年，文轩才对大众图书产品线规划进行了调整，适度放开了产品线管控，鼓励内部适度竞争。

是什么原因导致了这一结果呢？就是把出版这一创意产业，按预先制订的计划纳入管控，按部就班地有序推进。按照当初的设想，各家出版社执行各自的产品线规划，就好比各走各的"道"，有利于避免内部竞争。这种思维逻辑的根子还在于"运营管控"思想，这是"发行思维"管出版比较典型的体现，即一方面希望绝对掌控出版社出什么书，另一方面依据渠道什么图书好销的经验，来要求出版社出什么书。

其实，这里面有两个问题是没有想明白的。

一是产品线规划本身是否科学合理。规划是依据出版社已出版的图书类别来做的，先不说规划是否科学，单就说图书复杂的类别划分，就不可避免地存在交叉。如果"人为"地规定你只能出什么书，他只能出什么书，必定会束缚出版社的手脚。比如，某一科技领域专家的传记，是该由四川科学技术出版社出版，还是该由四川文艺出版社出版？四川人民出版社就不能出版了吗？一旦规定只能由某一家出版社出版，其他出版社编辑的组稿激情就没有了。原因很简单，组回稿来不能出版。从作者的角度看，因其与四川科学技术出版社的编辑熟悉，愿意把书稿交给四川科学技术出版社，但此书稿不在四川科学技术出版社的产品线规划范围内，要在四川出版只能找四川文艺出版社，可作者与四川文艺出版社的编辑又不熟悉。在这种情况下，作者或许就会找外省与自己熟悉的编辑所在出版社出版，好书稿就会因此流失。现实中也确有不少好书稿在经过文轩旗下出版社编辑之手后，流到省外出版的。

二是产品线规划不是"指令性计划"。出版作为创意产业，既要有产品线规划，又不能僵化自己的选题。一方面，出版社要通过制订产品线规划确定主攻方向，以便在自己的优势领域集中资源出好书、塑品牌；另一方面，出版社又不能把这个规划固化，因为产品线规划只能是"指导性计划"，而不是"指令性计划"。出版社的产品品牌，是一个出版社在长期的产品规划和市场打拼中发挥优势、巩固优势、扩大优势逐步形成的，是在市场竞争中凸显出来的。有了产品线规划，有了这个"指导性计划"，就有了出书方向，就能够聚焦某一个领域，就有条件形成产品品牌。有了产品品牌，就有利于聚集这个领域的优质资源。这应该是产品线规划的意义所在。我们不能以计划经济的思维来做产品线规划。也就是说，不是我们规划了这条产品线就一定能做成功，它受作者、作品、编辑能力等多方面的限制。这就好比给你1000万元却没有相应的作者、作品和编辑资源，要你出版一套"传世之作"，能行吗？同理，给你投资100万元，你恐怕也很难出版一本轰动全国的畅销书。运行了两年多的产品线规划无疾而终，也印证了这一逻辑。

第五章
振兴四川出版起航

　　振兴四川出版，是文化强省建设的必然要求，是四川出版人的共同心愿。在这个重大历史机遇的关头，既要广泛听取意见，又要保持清醒头脑；既要吸取历史教训，又要看清当前形势。回归常识，立足现实，一步一个脚印，积小胜为大胜，振兴四川出版才能走在一条坚实的发展道路上。

一、时代呼唤四川出版振兴

（一）文化强省建设需要四川出版快速崛起

改革开放以来，我国推动文化体制改革，构建现代文化产业体系，着力扩大文化产品和文化服务的有效供给，极大地满足了人们的精神文化需求，丰富了人们的社会生活和精神生活。文化产业的发展，不仅使人们认识到文化有意识形态功能，给精神文明建设增添了丰富的内涵，而且还让人们看到了特殊的产业价值，给中国社会经济发展带来创新动力。大力发展文化产业具有重要意义。党的十八大提出的建设社会主义文化强国的宏伟目标，将文化产业的发展提升到了前所未有的高度。

四川省委十一届三次全会提出了加快文化强省建设的战略部署。建设文化强省，必须让文化产业成为四川国民经济中的支柱产业。而推动文化产业的发展，需要切实推动作为文化产业核心的内容产业的发展。

发展文化产业需要文化创新，一般来说主要包括两种创新：一种是文化产业载体形式创新，一种是文化产品思想内容创新。载体形式的创新主要依靠技术进步催生出丰富多彩的文化产业新业态，比如出版产业从纸墨笔到声光电，出版形态随着技术的变化不断地改变。但是每一种具体的出版形态，也受到技术发展的局限，难以形成持久的生命力。而思想内容的创新，则是创造文化发展的新内容、新资源，具有超越时空的生命力。因此，文化产业的核心是文化内容产业。文化产品的价值主要不在于其物理形态本身，而在于它所包含的思想文化内容。优质的内容带给人们美的享受，不仅能够扩大文化产品的市场影响力，还能够拉长文化产品的产业链条，甚至能带动相关行业的发展，推动整个文化产业的繁荣。因此，从这个角度讲，文化产业就是以文化内容为核心的产业，没有内容产业的发展，文化产业就是无源之水、无本之木。

内容产业的核心，则是以文字表达的内容产业，即出版业。以文字表达的内容产业，是所有内容产业的基础。可以说，出版是文化产业最核心的部分，是文化产业的"硬核"。没有以文字表达的内容产业，其他形式的内容产业就很难发展起来。"剧本剧本，一剧之本"就是这个道理。如果出版这种以文字表达的内容产业没有发展起来，其他形式的文化产业就很难达到一个应有高度。纵观全国各省文化产业发展，可以看出一个有趣的现象，凡是其他形态的文化产业做得好的省市，往往出版产业都表现突出。反之，出版产业发展不好的省市，其他形态的文化产业往往也不好。比如，湖南、浙江的电视产业发展很好，而这两个省的出版产业发展更好；很多电视、演艺等产业发展一般化的省市，往往出版发展更差。二者之间似乎有着千丝万缕的联系。因此，对于一个地区文化产业的发展，作为内容源头的出版产业的发展意义重大。出版产业发展的意义，不仅体现在出版产业自身的规模扩展上，更体现在促进和带动整个文化产业的发展上。

在价值上，出版业是文化产业的根基。在产业上，出版是文化产业的主力军。

全国文化产业第一个"双百亿"企业，是江苏凤凰出版传媒集团。现在全国文化产业过"双百亿"的企业中，出版企业的数量仍然是最多的。一个省如果没有出版这支主力军做支撑，文化产业的发展就很难在全国走在前面。出版产业做不好，文化产业成为国民经济的支柱产业就成为一句空话。出版产业的基础地位，决定了一个带有普遍性的现象：全国的文化强省，无一不是出版强省。

四川出版的落后局面，与文化产业的主力军地位不相符，与人民群众的文化期待不相符，与四川建设文化强省的要求不相符。四川文化强省建设需要四川出版快速崛起。

（二）文化强省建设需要发挥大型企业支撑作用

建设文化强省，必须让文化产业成为四川国民经济中的支柱产业。而建设文化产业强省，必须构建中小文化企业"铺天盖地"、大型文化企业"顶天立地"的产业格局。没有中小文化企业的"铺天盖地"，就没有产业规模，文化产业在GDP的比重就难以达标，就难以形成文化产业的"高原"；没有若干大型文化企业的"顶天立地"，没有较大的文化影响力，文化产业在全国就难有地位，也就没有我们所说的文化"高峰"。

按照"抓大放小"的原则,从全省来说,一方面,实现中小企业"铺天盖地"的目标,主要靠"面"上的工作,要把工作放给下面,让各个市州动起来,各自培育自己的重点文化企业,都在"文化强市(州)"建设上有所作为,通过评比形成"赛马"格局,进而在你追我赶的氛围中形成四川文化产业的"高原"。另一方面,解决大型文化企业"顶天立地"问题,要靠"点"上的作为。也就是说,文化"高峰"建设,需要省级层面有所作为,把工作重点放在着力培育若干家具有全国影响的大型文化企业上。

从省级层面上说,推动四川文化强省建设的一项核心任务,就是要构建若干家在全国叫得响的大型文化企业。大型文化企业以强大的品牌影响力和市场竞争力,代表着一个地区文化产业发展的最高水平。一座城市、一个地区文化产业繁荣与否,与该市、该地区文化企业驰名品牌的多少直接相关,一个大的品牌企业甚至能够成就一座城市。从某种程度上说,大型文化龙头企业是决定四川文化产业发展"高度"的关键。

新华文轩作为四川省出版发行业的主力军,国内目前唯一的"A+H"双上市出版传媒企业,是四川文化产业的一面旗帜。无论是产业规模、品牌影响,还是在全国的知名度,新华文轩都是四川在全国有相当竞争力的文化产业龙头企业之一。其产业的进一步发展,对于四川文化产业强省建设具有十分重要的意义。四川文化强省建设,新华文轩责无旁贷,一定要勇于担当,争取有更大的作为。

（三）文轩产业发展需要补齐出版短板

新华文轩产业发展，要求其内部有一个合理的产业结构，有可持续发展的强大动力。但是，与其他优秀出版传媒集团比，文轩长期存在的内部产业结构不合理问题，制约着文轩的持续发展。从文轩自身的发展情况看，文轩的"拖累"越来越多，发展动力越来越弱，谋求快速发展，力不从心。

纵观全国出版业，凡是优秀的出版传媒集团，大都把出版作为战略核心业务，形成了以出版带动集团整体发展的产业格局。这些出版传媒集团的出版社具有强大的创新能力，不仅自身有较大的产业规模，而且还有较强的社会影响力，成为带动集团产业发展的排头兵。

但是，反观文轩的情况，由于历史原因，文轩一直存在着发行强、出版弱的产业格局。业界长期把文轩看作是一家发行机构，几乎不知道文轩还是一家拥有9家出版社、12个报刊的出版传媒集团。在文轩内部，除四川教育出版社之外，其他出版社都是亏损单位，不仅不是发展的有利因素，反而成了发展的沉重包袱。这种出版与发行两个轮子"一大一小""一快一慢"的产业局面，使文轩这驾马车不可能跑起来，更不可能跑得好、跑得快。

从文轩产业发展的情况看，多年来，产业发展动力结构单一，教育服务业务一家独大，长期依靠教育服务业务支撑整个文轩发展。随着出版社整合进入文轩，文轩包袱的数量不是少了，而是多了。9家出版社中有8家成了包袱。众多的报刊传媒业务，在新媒体的冲击下，连生存都很困难，就更没有能力做贡献了。这样，文轩依靠教育业务这一个"火车头"，带动数量众多的"车厢"，并且随着事业的发展，"车厢"越来越多，包袱越来越重，动力也愈发不足，跑得就越来越慢。

在推动文化强省建设过程中，文轩逐步认识到出版是制约文轩产业发展的一块短板。在文轩内部，出版社不仅不是发展的有利资源，反而成了发展的沉重包袱。这个状况，影响了文轩的战略选择和战略布局，制约了文轩品牌和产业的延伸，也降低了四川出版在全国的地位。因此，不解决出版这块短板，文轩就不可能有更大的发展。出版社不强起来，文轩就没有未来。

怎么补齐文轩出版这块短板，已经成为文轩产业发展的一个战略问题。2016年1月27日，文轩召开出版社进入文轩以来的第一次出版工作会，对出版工作进行了专项研究和部署。召开出版工作会的目的，就是补齐出版短板，既要解决出版社的发展方向问题，又要解决发展路径问题。

出版的意识形态特殊性，要求任何时候做出版工作，都要看清方向。看不清前进方向，不能很好地把握意识形态导向，就不可能做好出版工作。在把握出版方向的前提下，出版社出什么样的好书，怎么才能出好书，又是一个十分专业的、需要潜心研究的问题。

2016年年初，新华文轩首次召开出版工作会，做出了六个方面的工作部署。

一是守住出版底线，严把出版内容关。意识形态工作是党的一项极端重要的工作，坚守出版导向不出问题，是做出版的前提，也是出版工作的底线。在意识形态导向问题上，要坚决实行一票否决。

二是要坚持把社会效益放在首位，实现社会效益和经济效益相统一。强调把社会效益放在首位，不等于忽视经济效益。如不讲经济效益，出版社和报刊社就难以持续发展，最终也不会有好的社会效益。

三是强化两个效益考核，建立一套适合的奖惩机制。要建立两个层面的奖惩机制来推动出好书。一方面要在出版单位内部建立一套有效的激励和约束机制，鼓励编辑多出好书；另一方面在文轩公司层面也要建立一套鼓励出版社多出好书的机制。

四是在强化社会效益前提下，切实推动出版单位做强做优做大。"做强"，就是要有市场竞争力；"做优"，就是要有文化影响力；"做大"，就是要有产业扩张力。要使文轩出版整体做强做优做大，就要在出版单位中实施"非均衡"发展战略，支持有条件的出版单位率先做强做优做大。不管是出版社还是报刊社，只要发展好，两个效益突出，就在资源上给予倾斜。凡是出好书能力强、发展好的出版单位，一定在体制机制、人才队伍上有独到优势。这种单位最有希望做强做优做大。

五是发挥多重优势，推动出版单位走媒体融合发展之路。鼓励每个出版单位都去尝试、去涉足数字出版和新媒体。要发挥文轩整体优势，从出版单位和文轩两个层面推进媒体融合发展。

六是建立"赛马"机制，以业绩为导向造就一支高素质人才队伍。出好书要靠人才。人才要通过"业绩"来识别，要建立"靠业绩说话"的选人用人标准。出版单位要建立干部能上能下的机制，让跑得慢的下去，跑得快的上来。要通过出好书培养和锻炼人才，也要以出好书来选拔人才。只有形成风清气正、公开透明的选人用人大环境，才能造就一支高素质人才队伍。

这次出版工作会，是出版社进入文轩以来最全面、最系统的出版工作部署，解决了文轩出版人多方面的思想问题，在出版社引起了很大反响。这次会议也为文轩随后开展"振兴四川出版"的相关工作奠定了舆论和思想基础。

二、振兴四川出版的提出

（一）甘霖部长提出振兴四川出版的重大战略

2016年6月，中共四川省委常委、宣传部部长甘霖同志在与四川出版集团、四川新华发行集团班子成员的座谈会上，首次向全省新闻出版战线发出了"振兴四川出版"的号召，明确提出了四川出版"重返全国出版传媒集团第一梯队"的目标，振兴四川出版战略正式起航。

振兴四川出版，是四川省委加快推进文化强省建设的重要举措。

四川是国内较早提出建设文化强省的省份。自2002年四川省第八次党代会首次提出西部文化强省建设以来，四川不断推进文化强省建设，大力发展文化产业，努力推动四川文化繁荣兴盛。十多年来，先后经历了"西部文化强省建设""文化资源大省向文化强省跨越""建设与西部经济发展高地相适应的文化强省""加快建设文化强省"几个阶段，文化强省建设服务治蜀兴川工作取得明显成效。但是，与全国横向比较，四川文化产业虽在西部领先，但与先进地区相比还有很大的差距，甚至低于全国平均水平。2016年四川全省文化相关产业实现增加值1323.78亿元，占GDP总量4.02%，但低于全国同期平均水平0.12个百分点。如何加快四川文化产业发展进程，推动文化强省建设，成为省委省政府治蜀兴川的重要工作事项。

由于四川出版业的特殊地位，历来都得到了省委的高度重视。四川出版业的改革发展、集团化建设等顶层设计，也都是省委领导亲自过问的大事。纵观四川出版的发展历史，特别是辉煌业绩的创造，既是四川出版人不懈奋斗的结果，也跟当年的主管领导的关心与指导有很大关系。

2016年，四川省委换届，副省长甘霖同志转任省委常委、宣传部部长，四川宣传文化战线迎来了新的"掌门人"。甘霖部长来自广东发达地区，做过珠海市委书记，有着丰富的人生阅历和领导经验。早在做领导干部之前，他就潜心研究中国传统文化，与多家知名出版社建立了密切关系，对全国出版业的情况十分熟悉。在充分调研基础上，甘霖部长站在四川文化强省建设的高度，发出了"振兴四川出版"的号召。特别难得的是，他不仅提出振兴四川出版的重大战略，而且还经常深入出版社一线调研，与编辑交流，了解编辑的生存状况和工作状态。因此，他提出了很多具有针对性的工作要求，使振兴出版有了明确的目标与方向。

"振兴四川出版"的提出，意味着四川省委已经意识到四川出版的落后状况。因此，"振兴四川出版"一经提出，就在全省出版系统引起了巨大的震动，打破了四川出版多年沉闷的局面，给近年来按部就班的四川出版人以巨大的警醒，也让怀揣梦想的四川出版人燃起了心中的希望。一段时间里，四川出版人言必谈"振兴"。大家有了一个响亮的、明确的奋斗目标，有血性的四川出版人心中的斗志被激发出来，四川出版界随即掀起了一股"振兴四川出版"的热潮！

（二）启动振兴四川出版前期调研

振兴四川出版，是推动四川文化强省建设的一项重要战略举措。对文轩来说，这不仅是出版社的事情，也是整个文轩的事情；对四川出版界来说，这不仅是出版企业的事情，也是出版管理部门的事情。为了发挥各方面的积极性和创造力，在集思广益的基础上，统一思想，形成思路，各个方面开展了一系列的内外调研工作，广泛听取"振兴四川出版"的意见和建议。

在听取意见过程中，有关各方还多次召开研讨会，对振兴出版的思路、措施等进行深入研讨。在研讨中，大家深入分析了四川出版衰落的原因。这里面既有历史因素，也有现实原因；既有顶层设计不到位的问题，也有出版观念落后的问题；既有出版社内部机制改革停滞不前的问题，也有出版行业管理体制僵化的问题；既有出版资源投入不足的问题，也有出版社能力欠缺的问题，等等。如何既发挥出版社的主体作用，又发挥文轩全产业链的整体优势来推动出版振兴，也是大家思考的一个重要问题。

通过研讨，大家一致认为，要从主管部门、新华文轩和出版社三个层面来推进振兴四川出版工作：相关管理部门应该做好振兴四川出版的顶层设计；文轩要出台一系列措施支持出版单位的发展；出版单位要主动面向市场，推进机制创新，注重专业特色，提升出版能力。

通过研讨，大家能够从更高的角度和更宽的视野来看四川出版的未来发展之路，所提的很多意见，对振兴四川出版工作具有重要参考价值。

除了内部研讨，我们还以开放的心态走出去，学习借鉴出版强省的先进经验。2016年7月中下旬，新华文轩与省委宣传部、省新闻出版广电局组成调研组到江西中文天地传媒、浙江出版联合集团、皖新传媒、时代出版传媒等单位学习考察，在集团管控、目标考核、出版主业布局、多元化发展、数字出版和"走出去"等方面进行了深入学习交流。

（三）制定文轩振兴出版实施方案

经过一系列调研之后，我们开始着手研究振兴出版的系列举措并制定振兴出版的方案。7月下旬至8月下旬，新华文轩分五大专题对出版发展进行研讨，研究振兴出版的具体措施，制定了《新华文轩振兴出版实施方案（2016～2020）》。

《方案》提出了振兴四川出版的总体思路：围绕做大产业规模、增强经济实力、扩大文化影响的总体要求，坚持市场导向，推进文轩出版体制机制创新，加大对文轩出版的资源投入，改革出版管控模式，增强出版发展活力，夯实出版发展基础，壮大出版单位经济实力；实施"非均衡"发展战略，以发展势头好、经济实力强的出版社为核心，适时组建2～3家专业化出版子集团，整合文轩内外部相关资源，打造面向全国市场的出版产业发展新平台，形成行业领先的选题策划、营销推广、版权运作、衍生品开发等全产业链经营能力，以此快速壮大文轩出版实力，实现文轩出版跨越式发展。

《方案》提出了振兴四川出版的发展目标：通过五年的努力，大幅提升文轩出版的经济效益和社会效益，显著提升文轩出版的市场影响力，进入全国出版传媒集团第一阵营。发展目标又分为两个阶段性目标。第一阶段目标：夯实出版发展基础，好书不断推出，出版社整体实力逐渐增强，文化影响力不断扩大，部分出版社脱颖而出。到2018年，文轩出版力争实现本版图书销售码洋超过12亿元，销售收入超过5亿元，利润超过5000万元。振兴四川出版初见成效。第二阶段目标：在总体推进出版社发展的基础上，以发展业绩突出的出版社为核心，组建2～3家出版子集团，以出版子集团带动文轩出版的整体发展。到2020年，文轩出版力争实现本版图书销售码洋超过20亿元，销售收入超过10亿元，利润超过1亿元。文轩出版整体实力进入全国出版传媒集团前10名，文轩出版整体码洋市场占有率提升3个百分点左右，有5家以上出版社进入全国同类出版社十强，四川出版实现初步振兴。《方案》还提出了振兴出版第一阶段的七大举措和第二阶段的三大举措，制定了具体的行动计划时间表，制定了16项具体实施办法。

作为指导振兴出版工作的纲领性文件，《新华文轩振兴出版实施方案（2016～2020）》的推出，标志着新华文轩对振兴出版工作的全面部署已经完成，这对未来四年振兴出版工作发挥了重要指导作用。后来，文轩基本上就是按照方案的思路，坚持市场导向，把出版社推向市场进行"放养"；实施"反哺"机制，加大对出版社投入；实施"赛马"机制，激发出版活力；实施"非均衡"发展战略，推动四川少年儿童出版社、天地出版社快速做大；筹办首届"四川书市"（后来正式更名为"天府书展"）等，使文轩出版的面貌发生了巨大变化。在短短三个月内，就制定出这样系统的实施方案，不仅体现出文轩振兴出版工作的高效率，也反映了文轩人对振兴四川出版的迫切心情。

从几年后的情况来看，这个实施方案也有当初没有预料到的情况，那就是对振兴出版目标的设定。2015年，文轩大众出版（图书业务，不含报刊与音像电子出版）亏损2880万元，所以当初制定目标的时候，也是颇费心思。要从亏损2000多万元变为盈利1个亿，谈何容易。最后，按照"进入全国出版第一方阵"的要求，斗胆提出了"在2020年实现销售码洋超过20亿元，销售收入超过10亿元，利润超过1亿元"的宏伟目标。其实，当时大家对这个目标能否实现大多是持怀疑态度的，心想能不能实现，到时再说。但出人意料的是，2018年文轩出版利润就突破了1个亿，达到1.57亿元，五年目标三年提前实现。这也说明，一项事业的发展，只要走在正确的道路上，往往会带来意想不到的结果。

为了落实《方案》，2016年8月底，新华文轩召开振兴出版行动推进会，对振兴出版相关工作进行全面部署。会议指出，振兴出版是文轩一项具有全局性和战略意义的工作，在文轩公司层面要着力做好四个方面的工作。一是建立"赛马"机制，优化目标、强化考核，强调两个效益相统一，特别要加强对社长的考核；二是建立"反哺"机制，给跑得好的出版社给予政策上、资金上的支持，切实推动出版振兴；三是抢抓出版资源，鼓励各个出版单位走出"省门"、走出"国门"，去争夺全国甚至全球的出版资源；四是实施资本经营战略，充分发挥文轩"A＋H"双资本平台的优势，推动出版资源的整合。

公司随即成立了振兴出版工作领导小组，统筹推进振兴出版的各项工作。此后，文轩振兴出版工作驶入快车道，形成了出版社你追我赶、全体文轩人为出版发展助力的生动局面。

三、那些头脑风暴的日子

振兴四川出版经过一段时间的推进，已经上升为省委文化强省战略的一个重要内容。振兴四川出版已经成为四川出版人当前最大的政治任务。在振兴四川出版战略提出的初期，各路人马都在思考如何振兴四川出版，出现了一种难得的人人思进的局面。

与此相应，怎么振兴四川出版，各种思路、建议、方案都纷纷出笼，让人目不暇接。

（一）几种似曾相识的观点

我们这个体制，有一个很显著的优点，就是反应快。省委领导刚刚提出振兴四川出版，很快就有若干个方案出来。似乎方案出来事情就解决了。至于方案如何实施，能否实施，实施的效果如何，少有人关心。

"振兴四川出版"这么宏大的发展战略，一经提出就有多种思路和方案涌现出来，一方面反映了大家的迫切心情，都希望建言献策，为振兴四川出版添砖加瓦；另一方面，大家站在不同角度提出的许多举措，五花八门，需要甄别。这当中，既有业务发展的具体建议，也有变革体制的宏大规划；既有喊口号的空洞说教，也有贴标签的"帽子戏法"。其中，多数意见建议，都涉及出版改革的重大问题。那段时间，真可谓是头脑风暴的日子。我们在不断接受启发的同时，也看到不少似曾相识的改革方案，这特别需要我们深入思考，并保持应有的警惕。

在各路意见建议中，有几种意见让我们看到了多少年前的影子。问题还在于，一段时间里，这些意见占了上风，成为振兴四川出版的主流意见。这些意见来头大、气势强，有一种意气风发的战斗气概，很有感召力，容易让人接受。这种情况让我们特别担心会出现盲目行动，所以我们保持清醒头脑，认真听取和分析各种意见，让更多人参与到讨论中来，以不断丰富和完善振兴出版的思路。

由于意见观点比较多，有的意见大同小异，所以我们把这些意见加以归类。要说明的是，这是一些特别需要深思的观点。

第一类观点可以叫"体制派"。这类观点的中心思想，主要是建议做体制上的调整和改革。在四川出版界，"体制派"的观点是最容易得到附和的一派观点。振兴四川出版的号召一出，呼声最高的就是"体制派"。我们这个体制有一个特点，即凡是要解决大问题，总是会想到在体制上做文章。这一派的观点，其实也反映了一部分人对四川出版集团资源整体被新华文轩收购的不满。这其中既有情感上、心态上的情绪因素，也有理性的分析与道理。

"体制派"认为，把四川主要的出版社都装到新华文轩，等于是把鸡蛋放在一个篮子里，充满了风险。一旦文轩出版做不好，那么整个四川出版就上不去，振兴四川出版也就会落空。

这里面还有一个更为深层次的理由，即新华文轩传统上是做发行的，整个公司的基因是发行，与出版没有半点关系。不能说"卖猪肉"的，就懂得怎么"养猪"。从实际情况看，在公司治理结构上，文轩是按照发行的理念来安排内部管理体制的，无论是战略上还是管控上，出版社都处于边缘地带。在公司的管理理念上，文轩的管理者对出版基本不懂，无论从情感上、经验上，还是做法上，都不可能把文轩出版做好。从2010年四川主要出版社被整体并购进入文轩以来，四五年时间过去了，四川出版不仅没有很好发展，反而更加落后了，出版社的怨言更多了，出版社实力更弱了，四川出版在全国的影响更小了。

因此，"体制派"建议要从体制上入手，调整四川出版的现有体制，把出版社从文轩拿出来，单独管理，以此推动四川出版的振兴。一段时间，"体制派"的影响很大，很多人感到开启振兴四川出版，四川出版的体制又要大变样了！

第二类观点可以叫"集团派"。这类观点的中心思想就是振兴四川出版必须组建出版集团。这方面，"集团派"与"体制派"在思路上有交叉，有共同的地方。在"集团派"里面又有多种思路。具体来说，有三种思路，分别是"大集团""中集团"和"小集团"。

所谓"大集团"思路，就是把新华文轩旗下的9家出版社从文轩拿出来，单独组建出版集团。这种观点的出发点是，组建出版集团，一方面可以规避作为发行企业的文轩管不好出版的问题，有利于出版集团按照集团化、集约化、专业化的方向去振兴四川出版；另一方面振兴四川出版才有实施主体，振兴四川出版的相关政策也才有落脚点。

但是，往深处一想，我们会发现这个观点存在一个很大的问题，就是走回头路。将新华文轩旗下的出版社重新捏合起来，组建一家出版集团，这不又回到了10多年前的出版格局了么？四川出版集团的机构还在，难道把从出版集团整合出来的出版社又还回去？当年成立出版集团，并没有见着四川出版兴旺，并且还因为两大集团的争斗，导致四川大量出版资源流失，至今还有后遗症。难道现在还要回到过去出版与发行两家集团的状态？所以，"大集团"的观点很快就式微了。但是，这个观点在开始的时候，以其改革大胆彻底为特点，一度居于压倒性的地位。

所谓"中集团"的思路，就是在新华文轩内部组建出版集团。具体来说，就是在文轩内部将9家出版社组建成一家出版集团。这样做的好处，一是可以在现有体制格局下推进集团化建设，不在体制上出现大的震动；二是这个文轩内部的出版集团，与文轩有分有合，具有很强的灵活性，既可以享受在文轩内部的好处，比如发行渠道支持等，又可以有相对的独立性，避免文轩"发行思维"带来的僵化管理；三是有了这个文轩内部的出版集团，也解决了振兴四川出版的实施主体问题，解决了党委政府扶持出版的着力对象问题。

但是，往细处一想，我们发现这个观点有一个突出问题，就是叠床架屋。振兴四川出版，实施主体是明确的，就是新华文轩。党委政府扶持的对象也很清晰，就是新华文轩这个出版社的主管主办单位。在文轩下面设一个集团来管理出版社，出版社又多了一个"婆婆"。如果是这样，出版社这个"小媳妇"还有活路吗？我们不缺上级主管机构，不缺"婆婆"。从某种程度上说，四川出版走向衰落，不是因为"婆婆"少了，而是因为"婆婆"多了。振兴四川出版，主体是出版社。只有把出版社做强了，才能实现四川出版的振兴。最该着急的是出版社。如果出版社不急，其他那些相关方再急也没有用。

还有一个很有意思、也很"奇葩"的"小集团"思路。所谓"小集团"，就是在新华文轩内部根据出版社的专业特点，组建若干家出版集团。具体思路，就是将文轩所属的九家出版社进行归类，分别按照五个出版社集群组建五大出版集团，而且还给这五家出版集团分别起了一个好听的带有四川特色的名字："峨眉出版集团""金沙出版集团""熊猫出版集团""三星堆出版集团""巴蜀出版集团"。这个观点最有新意，也最让人眼花缭乱。四川一下子涌现出这么多特色鲜明的出版集团，距离振兴四川出版的目标似乎就不远了。这个观点刚出笼的时候，显得居高临下，煞有介事，特别唬人，把很多人搞得不敢说话。

按照这个观点，只要出版社结构一变，"新帽子"一戴，四川出版的面貌就可为之一新，振兴四川出版就大功告成了。这种好大喜功"贴标签"式的思维之所以能够得到不少人的认同，是因为一些人认为这样有胆识，有振兴四川出版的气派。这个观点最终没有被采纳，或者说最终被搁置一边，还是因为它实在没有多少振兴出版的内容可言，有玩文字游戏之嫌，结果成为业界一个笑话。产业发展，"贴标签"可以让人兴奋一时，但一阵风之后，时间稍长，就会露馅，最终还得靠实实在在出好书过日子。

第三类观点可以叫"教材派"。"教材派"观点的中心思想是，四川出版的衰落，主要是因为出版社原来的教材教辅被收走了，都集中到了教育出版社。各家出版社没有了教材教辅业务，难以生存，当然就没有能力出好书。因此，应该把文轩收走了的教材教辅退还给出版社，甚至还可以注入更多新的教材教辅业务，以此来解决出版社的实力问题。出版社一旦有了实力，就自然有条件出好书了。

这类观点明显带着出版社的情绪，基本上是出版社利益诉求的翻版，因为很多出版社都想回到原来那种有教材教辅的状态。过一种悠闲自在的日子哪里不好？由于这种观点得到一些领导的认可，所以着实有了一种要回到过去的架势。

这个观点有一个背景：振兴四川出版之初，各级主管部门在召开的大大小小调研会上，都鼓励出版社提要求、提条件。出版社难得有这么受重视的时候。那时，出版社提得最多的就是缺钱，无力出书，希望把教材教辅退还给出版社。出版社有了教材教辅，就有了钱，也就有条件出书了，振兴四川出版的问题就好解决了。

这个意见听起来似乎有些道理，逻辑上也说得过去。把文轩已经集中的教材教辅退回给出版社，以此壮大出版社实力，这样出版社就有实力、有条件出好书了。

这个观点其实经不起推敲。过去出版社有教材教辅业务的时候，并没有见到哪家出版社出了多少好书，更没见哪家出版社进入全国排名的前列。教材教辅业务反而把出版社养懒了。所以，四川出版问题的根子并不在有没有教材教辅业务。再说，教材教辅业务具有很强的专业性，各个出版社都去做教材教辅业务，既不能把教材教辅业务做大做强，也不利于出版社根据其特色和定位走自己的专业化发展道路。

除了以上几类观点之外，还有"资金派""人才派"等观点。

"资金派"观点认为，出版社没有钱出书，要么归还教材教辅，要么就给钱，把文轩集中教材教辅的钱返还给出版社。这个观点看上去也是有一些道理的。不给教材教辅就给钱，不然，没有钱怎么出书？问题在于，不分情况地给钱，搞大水漫灌式的注入资金，会助长出版社"躺着"吃饭的习惯，还会掩盖各家出版社经营管理水平的差别。只有把出版社"站着"挣钱的能力解决了，注资才会有实际效果。

"人才派"观点认为，振兴四川出版，最缺乏的是人才。不解决人才问题，其他条件再好都没有用。目前文轩这支出版队伍人心涣散，情绪低落，实践已经证明他们的能力不行，没有办法完成省委交给的振兴四川出版的重任。持这种观点的人认为，振兴出版要另辟蹊径，要从外部招聘优秀人才，最好能够从全球招聘人才，这样既能产生轰动效应，扩大振兴四川出版的声势和影响，又能够招聘一批四川出版缺乏的高级人才。这个观点看似高大上，实际缺乏操作性。人才都是具体的，四川出版目前这个情况，需要什么样的人才呢？当前四川出版要做的事情是培养能力，一步一步朝前走，而不是靠"神仙皇帝"。

（二）需要深思的几个问题

振兴四川出版启动时的许多观点，引发了我们的深思。尤其让我们感到恐惧的是，一不留神，我们就可能重复昨天的"故事"，再次陷入以改革名义的折腾之中。这里有几个问题值得我们深思：

1. 振兴四川出版一定要"大手笔""大改革"吗?

"大手笔""大改革",是我们一些人特别容易犯的毛病。平时连"小手笔""小改革"都少有,但只要事情一来,要振兴出版了,就杀鸡用牛刀,好像平时就不要发展,也不需要改革了一样。为了"大振兴""大发展",小打小闹不过瘾,小改革不解渴,只有大思路、大动作才能显出大气派,才有立竿见影的效果。在我们的意识里,仿佛不来一些大手笔的改革就不能彰显我们的决心,在政治上站位就不高,就是"小脚女人"。更重要的是,没有标志性的大动作,领导就不容易看见,而领导看不见,就好像你什么都没有做。

"大手笔"最大的体现,就是在体制上做文章。四川出版界有人对组建出版集团仿佛有瘾一样,似乎不组建集团就不能显出振兴四川出版的决心,振兴四川出版就少了轰轰烈烈的气派。在一些人眼中,不组建集团,就想不出什么振兴出版的招数了。

这些问题,四川出版历史上已经多次出现,所以我们在思考振兴出版过程中,需要研究过去四川出版的经验教训,尤其要关注四川前两次组建集团的得失。想当初,四川组建出版集团,哪一次不是意气风发?哪一次不是信心满满?哪一次不是为了四川出版的大发展?

回过头来,我们再次思考这个问题:振兴四川出版真的需要大手笔、大改革吗?我们说,未必。古人说:"治大国若烹小鲜。"产业发展也是这样,最忌讳在体制上翻来覆去。产业发展,最怕折腾。回顾四川出版的历程,最大的教训就是折腾太

235

多。反观一些出版业发展得比我们好的省市，它们的一条重要经验就是不折腾，徐徐向前，没有什么大动作，也没有什么大改革。与其说他们发展得比我们好，不如说我们自己折腾太多，影响了我们的进步。当然，我们历史上的每次折腾，都不是以"折腾"的名义，而是以"改革"的名义，甚至是以"创新""发展"的名义。

经济学常识告诉我们，生产关系的变革要适应生产力的发展。过去我们老是喜欢在生产力还没有什么变化的情况下就去动生产关系，在体制上做文章，这种揠苗助长的教训，值得我们深思。

因此，在振兴四川出版呈现出一种前所未有的热潮的情况下，特别需要我们冷静下来，认真总结四川出版历史上的经验教训，广泛学习省外出版产业发展的经验，充分认识四川出版产业的现状，在此基础上提出振兴四川出版的对策意见。我们认为，只有立足于现有体制、现有格局、现有人才、现有资源提出切实可行的思路和举措，才是我们振兴四川出版的现实选择。

振兴四川出版一定要遵循出版规律，避免急于求成。从出版规律上讲，图书出版是一个积累效应十分明显的行业，没有选题资源的积累，没有作者资源的储备，没有编辑人才队伍的建设，就不可能源源不断地推出好书。从四川出版的现状来看，用人机制、业绩考评、出版管控等都需要改革，可以说振兴四川出版是从上至下的系统工程。因此我们要坚持问题导向，对症下药，切实解决出版发展面临的问题，摒弃立竿见影的急躁情绪，避免运动式的"振兴出版"。

2. 振兴四川出版的着眼点、着力点在哪里？

出版工作千头万绪，振兴四川出版应该在哪个方面着力确实是制定振兴出版方案的一个重要问题。除了前面说的体制改革、集团组建之外，还有许多问题也是需要思考并厘清的。是注入资金，还是培养能力？是引进人才还是培养队伍？是做几本书冲大奖还是把市场做好？这些问题都考验着四川出版人的智慧，也将影响振兴出版的成效。

在振兴四川出版之初，很多想法都有一个突出特点，就是想"短平快"，搞突击式、运动式的振兴，以最快的措施、最大的动作来"振兴"。至于是否能够持续，是否能够走得更远，就不是此时此刻关心的事情了。这里有一个大家都习以为常的认识，即反正过一阵子领导就变了，工作重心也变了，谁还在意"振兴四川出版"是不是有成效。这个情况也确实是我们工作中的一个特点。我们的工作总是被一个又一个工作重心追着走，一个重心覆盖另一个重心，新的重心替代旧的重心。新的重心来了，就没有人去关心旧的重心是不是做好了，是不是完成了。因此，我们要特别警惕这种一阵风式的振兴出版做法。振兴四川出版是四川出版面临的重大历史机遇。抓住这个机遇，四川出版就上去了。反之，以走过场、一阵风来应付，四川出版就再也没有机会崛起了。所以，研究四川出版的深层问题，找准着力点，切实推动四川出版振兴，是四川出版人向历史负责的理性做法。

前文提到，四川出版落后确实有一个重要原因，即出版社进入文轩后基本没有得到资金上的扶持，都在过紧日子，包括四川教育出版社在内的很多出版社都有抱怨。现在好了，省上提出振兴四川出版，终于有希望过宽松日子了。此时，出版社的想法也多起来了。甚至还有出版社社长提出"出版社到了休养生息的时候了"。

做出版，特别是做大众出版，需要资金投入，这是肯定的。问题在于怎么投入，这才是真正"考手艺"的地方。出版业内有个调侃的说法，即做出版是先把"钱"变成"纸"，然后再把"纸"变成"钱"。钱变成纸很容易，纸要变成钱就太难了。在这个问题上，既要注入资金，更要培养能力。在出版社普遍还没有能力的情况下，搞大水漫灌式的注入资金，这个资金一定是"肉包子打狗"——有去无回。出版社有了能力，有了发展的基础，再注入资金，就会起到事半功倍的效果。特别是把注入资金作为对发展好的出版社的一种鼓励，有利于推动出版社更好、更快地发展，进而促进四川出版的整体发展。

关于缺人才的问题，四川出版缺乏各种优秀人才确实是一个现实问题。但是，要靠从外部引进一批人才来实现出版的振兴，也不现实。引进优秀人才，姑且不说能力行不行，水土服不服，单就出版的特殊性来说，做出版不是工业化生产，不是找几个优秀的设计师把产品设计好就生产加工卖出去坐等收钱。对出版业来说，出版一本书就是生产一个独立的产品，千千万万的图书需要大大小小的编辑人才来独立策划完成，没有哪个优秀人才能把出版社所有的图书生产都包揽下来。所以，振兴出版需要的是一支队伍，一批人才，引进几个优秀人才解决不了四川出版的问题。我们只有依靠现有人才队伍，着力培养这支队伍，锻炼这支队伍，让这支队伍到市场中去锤炼，去成长，振兴出版才有希望。

很多同志有个观念，即四川出版扩大影响力，要靠拿大奖。这个观点既对也不对。如果能够评上国家三大奖，对四川出版来说当然是好事，会给四川出版增光添彩。但是，如果我们把出版工作的着力点放在拼大奖上，就走偏了路子。首先，大奖是可遇不可求的，特别是国家级大奖，评审越来越严格，既要有社会效益，也要有经济效益，还要有文化影响力、市场影响力，不是我们比照评审标准做书就可以得奖的。其次，出版大奖需要大量好书做支撑，也就是"高峰"与"高原"的关系。没有"高原"就没有"高峰"，即使有所谓的"高峰"，没有"高原"的支撑也高不到哪里去。四川出版没有一大批好书做支撑，就难以产生出国家级大奖作品。从最近几届国家图书大奖的获奖情况不难发现，获奖大户都是出好书能力很强的出版强省，少有靠撞运气获大奖的出版弱省。所以，在振兴四川出版这条路上，我们还是要把基础打牢，把市场做好，只要市场接受的好书多了，获大奖的机会自然就多了。在这种时候我们再去冲大奖，就是水到渠成的事情。

四川出版发展的历史教训及省外出版产业发展的成功经验表明，振兴四川出版不能只在表面下功夫，而是必须沉下去，找准振兴出版的着眼点、着力点。振兴四川出版核心是要抓住三个要害，也是最容易被人忽视的三个核心要素：书、社、人。出版没有多少高深的理论，做出版就是出书、出好书；要把书做好，可不是一件简单的事，能够把书做好的，背后一定有一家能力很强的出版社；

做出版就是做创意，强社的背后一定有一批能人，没有人才队伍做支撑，出版社也走不远。所以，振兴四川出版，我们要树立"书-社-人"思维，从最基础的工作入手，着力在这三个方面下功夫。

3. 振兴四川出版怎么处理好存量和增量的关系？

前面提到的"体制派""集团派""教材派"等观点，涉及一个共同的问题，就是怎么处理好存量与增量的关系。这些观点不管是在体制上做文章组建大型集团，还是在教材教辅业务上做文章，重心都是围绕存量，始终都在存量这个圈圈里打转。

振兴出版，既要看到存量，更要着眼增量。从存量入手，着眼增量，目标是把蛋糕做大。要通过激活存量来做大增量。因此，既要从存量上做文章，更要在增量上下功夫。

一方面是在存量上搞活，主要是增强出版社的内在活力。

首先要调动出版社的积极性，解决出版社的发展动力问题。我们要在确立出版社发展主体地位的基础上，建立完善出版社内部的激励约束机制。四川出版落后，根子在于我们出版社缺乏活力，编辑干好干坏一个样。编辑能不能出好书、出没出好书，一定要与其收入、晋级等方面挂钩。

其次，要扩大出版社的参照系，不能关起门来做事。振兴四川出版，既不能关起门来谈发展，更不能关起门来说强弱。如果出版单位都局限于四川这个范围说发展，参照系很低，视野狭小，那么，我们会一直自我感觉不错，最后就都走不出去，发展不起来。我们的出版社只有以开放的姿态，把自己置于更大范围去比较，去竞争，去赢，去胜利，出版社才会展示出越来越强大的活力和创造力。存量是已经有的资源，在存量上做文章，就是要充分用好已有的资源，把存量盘活，从而获得更多的增量。

另一方面，在增量上着眼。着眼于增量，就是要树立起"做大蛋糕"的观念。做大蛋糕这个道理很简单，但在企业管理中，并不是人人都懂的。

一是要求所有出版社都要谋求增量，都要为做大蛋糕做贡献。"一花独放不是春，百花齐放春满园。"不管我们这个出版社的条件是好是坏，规模是大是小，都要确保在现有基础上有所发展，有所进步，这样才能积小成大、积少成多。只有我们所有的出版社都发展了，进步了，四川出版这个总蛋糕才会增大。我们不能沉醉在"比差"的氛围中，老是抱怨我比别人的条件更差，所以我应该得到更多的支持。我们要建立起一种"比好"的机制和氛围，要看谁的进步大，看谁的增长快。不管什么单位，当"维持会长"很容易，增长和进步都不容易。从来没有随随便便的成功。要建立起一套机制，鼓励进步，奖励增长。做大四川出版这个总蛋糕，每个单位都必须做大自己这份蛋糕。仅仅依靠少数几个所谓有条件的单位谋发展，是难以做大四川出版总量的。

二是要求每时每刻都要有所进步。"参天大树不是一天长成的。"在实际工作中，我们常常缺乏耐心，总是急于求成。平时不着急，事情来了就想马上见效。因此，对一点小小的进步，得到一点小小的增量，我们往往视而不见，觉得很平常，不稀罕。结果是见不得小树，就看不到大树。因此要建立一种机制，一个月一小评，一季度一中评，半年一大评，不断评定获得的增量和取得的进步，目的就是珍视每时每刻的每一点进步。战国思想家荀子说过："不积跬步，无以至千里；不积小流，无以成江海。"没有每天每月的进步，哪有一年的进步？没有每年的进步，哪有振兴四川出版的最终胜利？只有日积月累，积小胜为大胜，才能赢得最后的胜利！那种想依靠某一个奇招或妙招，一下子解决问题，毕其功于一役的想法，只能是书斋里的幻想。振兴四川出版，需要所有四川出版人、所有出版社共同努力，一步一步脚踏实地朝前走，经过长途跋涉才能最终到达成功的彼岸。

（三）回到常识才是正道

振兴四川出版是一个系统工程，需要潜心研究，在研究中不断实践，在实践中不断总结，不断丰富和完善振兴四川出版的理念、思路和方案。在研究与思考过程中，始终要尊重规律，尊重常识。其实，很多问题并不是那么复杂，只要能够尊重常识，路就不会走偏。但在实际生活中，往往是懂得常识不难，而坚守常识不易。

1. 以问题为导向

看清问题是解决问题的前提，这是一个常识。病人到医院看病，医生首先要解决的是患者得了什么病，所以，最重要的事情就是查出得的什么病，做的很多检查，都是为了把问题查清楚。问题找到了，对症下药就好办了。振兴四川出版，是针对四川出版严重衰落提出的战略举措。怎么推进出版振兴，一定要根据四川出版面临的问题来制定方案，提出措施。因此，振兴出版工作的前提，就是了解情况，找准问题。如果我们连问题都没有看清楚就急于开药方，出台这样那样的措施，结果完全就是南辕北辙，就是一个笑话。所以，振兴四川出版有一个很重要的工作，就是要研究四川出版面临的问题。认识问题，并非易事。因为问题有浅层次的问题，有深层次的问题，有现实的问题，有历史的问题，很多问题盘根错节。但是，不管怎样，只有把问题搞清楚了，才能对症下药。

2. 从实际出发

认清自己，是解决问题的基础。理想都是脑子里面的东西，我们面对的是现实。所以，做任何事情，都要从实际出发。同样一个问题，穷人解决的方式与富人解决的方式，往往是不一样的。这里，我们需要认清我们是"穷人"还是"富人"。只有把我们的立足点在哪里、面临的基础条件是什么搞清楚了才有方位感，才能明确我们的出发点。实事求是是一个常识。小学生课本里的"郑人买履""刻舟求剑"这些古代寓言故事，其实都是说的不死守教条，要实事求是这个道理。不实事求是，不从实际出发，就难以解决我们的问题。好比打仗，不认清自己的实力，不看到自己所处的位置，这个仗怎么打呢？面对同样的问题，处于不同的条件，解决问题的方式完全是不一样的。别人管用的方法，不见得适合你。所以，学习借鉴是必要的，但是，照搬照抄永远走不出一条成功的路子来。因此，认清我们现在的方位和现有的条件十分重要。脱离现有条件来谈振兴四川出版，比如，搞一个全球招聘来解决四川出版的人才队伍问题，根本就是纸上谈兵。也正是从这个常识出发，我们说，振兴四川出版，一定要以现有的体制、现有的人才、现有的资源等条件为基础来思考我们的对策。我们不能问题都还没有解决，就先改变现有的条件，不然，老问题都还没有解决，新问题又来了，搅在多重问题和矛盾里面，我们就会忘了振兴四川出版的初心。

3. 在比较中看高下

解决问题，不能脱离一定的环境条件。认清周围环境，是解决问题的重要条件。振兴四川出版，也要放在一定的环境条件下来把握。振兴是一个相对概念，就如同"文化强省"是放在全国各个省市的比较中来说强不强，没有绝对的强与不强。振兴四川出版，一定要有参照系。是不是振兴了，要放在全国各省的同行中去比较、鉴别和判断。振兴四川出版，一定要研究竞争对手，一定要对标优秀出版集团的发展。如果我们在发展，但别人发展更快，你就不是进步了，而是落后了。所以，一定要在比较中来说振兴。有比较就有高下之分，有高下之分就有竞争，有竞争就有对手。振兴四川出版的过程，就是不断超越竞争对手的过程。振兴四川出版是动态的，不是静态的。不能用一成不变的标准去看振兴，而只能在动态的较量中不断升位，并保持位居前列的态势才是振兴。过去我们老是关起门来说话，喜欢"自嗨"，以"门内老大"自居，这种自我陶醉可以说是四川出版落后的重要原因。强不强，不是自己说，也不是领导说，而是由数据说话、同行说话，是在比较中分出高下。

第六章

这么想，也这么做

振兴四川出版，需要想好了再做。想得到，才做得到。想得清楚，才做得明白。但理论总是灰色的，实践却是丰富多彩的。在前进的道路上，有令人陶醉的优美风景，也有意想不到的急流险滩。只有在尊重常识的基础上，我们才能朝着既定的目标，不断校正方向，不断开辟新的路径。

一、认清振兴四川出版的出发点与落脚点

想法来源于认识，思路决定着出路。形成振兴出版的思路，不能靠拍脑袋，而是需要深入了解四川出版面临的内外部环境，在此基础上才能提出有针对性的、切实可行的思路与举措。因此，振兴四川出版刚起步时，虽然工作千头万绪，但我们还是把研究学习工作摆在了首要位置，深入调查研究四川出版的现状，对标行业先进集团，借鉴他们的成功经验，在此基础上逐步形成振兴四川出版的思路。

（一）深刻认识四川出版的现状

省委领导发出振兴四川出版的号召后不久，四川出版界在极短时间内就提出了大量的思路、方案。表面上看，很多思路、方案很新颖、有见地，但大多数最终没有被采纳，一个重要原因就是它们对四川出版的了解太简单太肤浅，有的甚至根本就不了解四川出版的情况，没有对症下药。对新华文轩来说，作为振兴四川出版的实施主体，别人可以出点子博眼球，但我们自己必须头脑清醒。否则，头脑一发热就会酿成大祸。所以，在振兴四川出版之初，我们对四川出版的现状和问题进行了梳理，尽量从客观的角度看四川出版：既要看到存在的问题，也要看到已有的基础；既要看到自己的

不足，也要看到我们的优势。只有这样，我们的思路与举措才能有的放矢，切中要害，才能达到事半功倍的效果。

振兴四川出版，需要我们深刻认识四川出版的现状。

1. 四川出版有体制优势，但存在发挥不够的问题

2010年，新华文轩以重金收购四川出版集团旗下15家出版机构百分之百的股权，9家出版社刚刚完成"事转企"改制就直接跨入上市公司。这个情况对渴望发展的四川出版人来说无疑是一大喜讯，都认为进入了体制先进的上市公司，就能实现跨越式的发展。当时，国内很多省份的出版传媒企业都在积极争取上市，条件好的独立申请上市，条件一般的借一个壳也要拼命挤上市。因为企业上市前后的差异确实巨大，不但发展资金无忧，而且员工收入也高，还能去整合社会上更多的优质资源。尤其是在当时，我国出版业上市的只有新华文轩、新华传媒、出版传媒、时代出版、皖新传媒等少数几家企业，大多数传媒集团都还在门外苦苦等待。四川出版在这个时机进入上市公司，借助上市公司的体制优势，完全有扭转落后局面、实现弯道超车的可能。当时省委同意四川出版发行资源整合，也是希望将发行的体制优势与出版进行嫁接，通过整合资源彻底打通四川出版发行产业链，以发行带出版，实现出版发行的共同发展。出版发行资源整合，这在当时是四川出版体制改革的重要成果。

但是，四川出版进入新华文轩以后，打通出版产业链并没有带来出版的大发展，文轩的体制优势也没有转化为出版的发展优势。一个重要的原因，是文轩对出版重视不够，支持不足，仍然沿袭了发行企业的思维模式，资源没有向出版倾斜，管理方式也不利于出版的发展。在出版进入以后如何发展的问题上，文轩既没有将其当作最优先的事项，也没有想出更多的办法。从外面看，文轩还是带着鲜明的发行企业特征，并不是一个已打通出版发行产业链的综合性出版传媒企业。

从另一个角度，这个情况让我们看到了振兴四川出版的努力方向和着力点。这个情况说明，文轩出版发展不好，主要不是体制问题，而恰恰是没有发挥好现有的体制优势，没有发挥文轩作为上市公司反哺出版、支持出版、管理出版的作用。

2. 四川出版有资源，但存在开发不足的问题

四川具有丰厚的历史文化资源和科技出版资源。巴蜀文化源通流畅，悠久深厚。巫山人、资阳人、宝墩文化、三星堆文明、金沙遗址、十二桥遗址等，铸就了古蜀文明的灿烂辉煌。巴蜀自古具有产生文化巨人的氛围，名人巨匠灿若星辰。从古代的司马相如、扬雄、陈子昂、李白、苏轼、杨慎、李调元，到近现代的郭沫若、巴金等，巴蜀大地造就了众多在各个时代独步全国的杰出人物。司马相如是汉赋的奠基者，扬雄在文学、哲学和语言学上取得巨大成就，陈子昂是振六朝颓靡、开古文新风的奠基者，李白是中国文学史上最著名的浪漫主义诗人，苏轼是我国古代文人多才多艺的典型代表，杨慎"记诵之博，著述之富，有明一代，数称第一"，李调元是清代百科知识编纂集大成的人物，郭沫若开一代新诗之风，又是杰出的剧作家和"马克思主义史学五老"之一，而巴金，则是中国现当

代文学巨人，是中国新文学的奠基人之一。

"自古诗人例到蜀。"在古代，很多外省籍的诗人、画家纷纷入蜀，在这里留下了丰硕的创作成果。如王勃、杜甫、吴道子、白居易、刘禹锡、李商隐、黄庭坚、陆游等，他们的游踪在今天的四川仍然随处可见。杜甫和陆游更是受到蜀中历代祀奉，他们留在中华大地上的主要纪念地并不在他们的家乡，而是在他们的第二故乡——四川。

除了历史文化资源外，四川的少数民族文化在全国也独具特色。四川是全国最大的彝族聚居区、第二大涉藏省区和唯一的羌族聚居区。泸沽湖摩梭人走婚风俗、康定跑马山转山会、凉山彝族火把节等独具魅力，民族风情浓郁。藏羌彝民族走廊是国家重点开发的文化项目，具有丰富的文化内涵。

四川的红色文化同样具有特色。为了中国人民的解放事业，中国共产党领导全国人民开展艰苦卓绝的革命斗争，在四川留下了强渡大渡河、飞夺泸定桥、爬雪山、过草地等震撼人心的革命故事。

四川的科技资源也举世瞩目。四川是国家"两弹一星"工程的重要基地，绵阳建有国家科学城，以四川大学华西医院为代表的西医、中医等医学资源也独具特色，成都在微电子等高科技领域也具有国际影响力。

面对丰厚的文化和科技资源，四川出版界还没有进行深入的挖掘和开发，没有形成有影响力的出版成果。

3. 四川出版有人才，但存在利用不好的问题

现在有一个倾向，即评价某个地方、某个单位的工作，分析

存在的不足时，最后都要讲到人才问题，什么人才缺乏、人才老化、人才流失等统统成为工作没干好的理由，这几乎成了放之四海而皆准的道理。当初省委提出振兴四川出版时，大家最忧心的是人才，最没有信心的也是人才，有的还建议要到全国、全世界去引进人才来振兴出版。

其实，人才与非人才是一个相对概念。一个人在这个单位是人才，在另一个单位可能就不是人才；一个人在这个环境不是人才，在另一个环境可能就是人才。人才在很大程度上是特定环境造就出来的，也就是通常所说的"时势造英雄"。改革开放以前，我国有几个在国际上有影响力的人才？到了今天，可以说我国各行各业都有具有世界影响力的人才。没有改革开放，就没有今天我国人才辈出的局面。

以这个观点来看，四川出版落后，表面上看是因为缺乏人才，深层次看是人才的培养和使用存在问题。没有给四川出版人创造一个干事创业的环境，没有给他们提供一个展示才华的平台，因而他们就成不了人才。所以，四川出版今天面临的，不是人才有无的问题，而是人才培养和利用的问题。

还要看到，四川出版有多年的积累，有一支有情怀有使命感的出版队伍，他们经历了四川出版曲折坎坷的发展历程，迫切盼望振兴四川出版。这支队伍是四川出版振兴的希望所在。如果我们不立足于现有人才队伍，不依靠现有出版人才，我们就无所依靠。所以，解决四川出版的人才问题，关键是用好现有人才，通过"赛马"机制，为人才搭建展示才华和能力的舞台，让以前没有机会成才的人成为人才。任何人才，都是在实践中锻炼成长起来的。有机会，有舞台，就会有人才。人才就在我们身边。人才都是具体的，都是相对于岗位而言的，没有抽象的人才。四川出版历史上人才济济，相信在振兴四川出版的过程中，也一定会涌现出一大批出版人才。我们要做的，不是去抱怨四川出版没有人才，而是立足现实，思考如何发挥现有人才的作用，通过机制建设，选好人才、用好人才、培养好人才，不断壮大人才队伍，以此夯实振兴四川出版的基础。

4. 四川出版有市场，但存在渠道不畅的问题

自20世纪80年代以后，四川出版逐渐走下坡路，整体实力比较弱，这是不争的事实，但也不能说川版图书就完全没有市场。这有两个方面的问题：一是四川出版好书不多，使川版图书总体市场反响不大，销售规模较小；二是四川出版渠道不畅，制约了川版图书应有的市场效果。

在渠道为王的时代，如果有渠道的强力支持，四川出版也许能获得更好的结果，走出一片天地来。尤其是在人们收入水平提高和全民阅读推广深入的情况下，四川出版应有更大的规模和影响。从这个角度说，四川出版的产品销售好不好，既取决于图书的质量和品质，也取决于营销发行的支持力度。长期以来，由于四川出版与发行两大集团的对立和争斗，四川出版的图书没有得到渠道方面的应有支持。不仅如此，在出版发行整合之前，新华发行的很多做法，进一步强化了与四川出版的竞争。新华发行不但强势介入出版业务，与省外出版社成立合资公司大量造货，并

通过全国中盘网络向全国销售，除此而外，还通过中央采购平台引进全国各地的优秀出版物进入四川市场，与四川出版的图书在本土市场直接形成竞争关系。所以，四川出版长期以来是一个没有市场根基的地方出版，与浙江等省发行集团对本省出版图书的支持相比，有着天壤之别。

虽然四川出版整体并入新华文轩，但渠道不畅的状况并没有得到根本改变。一方面，在文轩内部，出版与渠道是相互独立的经营主体，各算各的账，如果没有总部的强力主导，渠道不会主动舍弃自己的利益去服务出版。另一方面，出版社自身的发行渠道也多次调整，与面向全国的文轩中盘也存在理不清道不明的关系，四川出版的"出口"一直就没有真正畅通过。

所以，四川出版要上去，不仅出版社为了"出好书"要下深水，而且在"卖好书"上，渠道方面也要下功夫。振兴四川出版，必须让出版与渠道"两个轮子"一起转。在图书供不应求的时代，别人来求你，渠道无关紧要；在供大于求的时代，渠道的作用就特别重要。你有多少家客户，你铺货到了多少个门店，你搞了多少营销活动，这些数字往往决定了出版社的生死。所以说，振兴四川出版，不但要对出版社"出好书"提出更高要求，对渠道"卖好书"也要提出更高要求。

5. 四川出版有发展基础，但存在动力不足的问题

改革开放以来，四川出版一路走来，虽然经历了许多挫折，出了不少"事故"，但还是积累了较好的发展基础。出版作为国家特许经营行业，出版资质是一种重要出版资源。四川有16家出

版社，数量处于全国各省前列。从总资产、营收、利润等经济指标来看，四川出版在全国也能够排上位。2015年，承载四川出版主体的新华文轩总资产为107.43亿元，排名全国出版传媒集团第4；营业收入为57.32亿元，排名第8；净利润为6.15亿元，排名第6。新华文轩还是国内首家H股上市公司，融资能力强大。这表明四川出版的经济基础较好。此外，四川出版多年积累的经验教训，也是进一步前行的宝贵财富。

但是近年来四川出版发展动力一直不足。首先是四川出版没有明确的发展目标。近年来，四川出版逐渐走下坡路，大家思想意识已经麻痹，认为这个现状是正常的、无可厚非的，缺乏在全国同行中去比一比、拼一拼的劲头。四川出版究竟向何处发展、目标是什么，大家心中没数。没有奋斗的目标，就没有发展的动力。这种状况直到2016年6月振兴四川出版战略提出时，大家才如梦初醒，终于找到了方向。其次，四川出版没有解决好发展出版的动力机制问题。文轩对出版社实现亏损考核，进行严格运营管控，在一定程度上打击了出版社的积极性。文轩的本意并不是压制出版社，让出版社坐吃山空，而是要让出版社丢掉教材教辅的保护去大众出版市场打拼，但由于配套政策没有跟上，给出版社形成了错误的导向，大家也就没有干好出版的积极性了。出版社内部也存在机制不活的问题，很多出版社内部"三项制度"改革不到位，干好干坏一个样，大家没有积极性，也没有压力和动力把出版工作做好。

（二）学习借鉴省外出版业发展的成功经验

出版发展是有规律可循的。也许每个省的资源状况、发展基础、人才结构各不相同，发展比较好的省份也各有各的路子，但通过多了解、多学习、多研究，我们从中也可以学习借鉴出版强省在发展出版方面共同的经验。

首先，各出版强省无一例外地把出版主业摆在最重要的位置，从战略上给予高度重视。

例如，浙江出版联合集团以"坚持做强出版主业，坚守文化责任之道，坚定创新发展之路"为企业发展理念，提出在"十三五"期间要"做强传统出版，做大新兴出版，加快融合发展，推进多元发展"。在做强出版主业的思想指导下，浙江出版联合集团虽然没有上市，但在全国出版界赫赫有名，旗下8家出版社，有4家是一级出版社，2015年码洋市场占有率为2.22%，全国出版传媒集团排名第9。到2015年年底，浙江出版联合集团实现了"规模三个百亿、利润上十亿"的经营目标，合并主营业务收入超过100亿元，资产总额超过170亿元，净资产超过100亿元，利润总额超过10亿元，主要经济指标年均增长都在10%以上，出版主业对主营业务收入的贡献率超过70%，对净利润的贡献率超过80%。

江西中文天地出版传媒集团股份有限公司在"十二五"期间制定的集团发展战略就紧紧围绕主业展开：教材教辅保温饱，市场图书保发展，数字出版保未来，精品力作保品牌。在经济稍欠发达、人口较少的江西省，中文天地的发展令行业瞩目，其2015年市场码洋占有率为2.03%，全国出版传媒集团排名第10，而当年新华文轩排名为第26。出版业是一个收益相对不高的行业，特别是出版上市公司在资本市场上受到的诱惑那么多，如果没有发展出版主业的定力，就很难做到出版主业的持续稳定发展。

其次，构建规范的母子公司管控体系，最大程度地调动出版单位的积极性与创造力。

例如，浙江出版联合集团通过不断建立健全内部经营机制，完善母子公司管控模式。一是在管人上，对出版社实施人员能进能出、职务能高能低、收入能增能减的用人机制，并确保执行到位。二是在管收入上，对于经营单位实际用人超出计划的，基薪可以增加，但绩效薪酬需要靠自己挣。三是在管财务上，建立以财务为核心的全面预算管理制度，将企业的决策目标及其资源配置以预算的方式加以量化，使下属单位各层级和员工的工作能够围绕集团总目标运行。四是在管生产上，注重内容质量管理和库存管理。浙江出版联合集团认为，将过多的决策权集中到集团总部是不对的，只有出版社强、书店强，集团才能强，因此在"十三五"期间他们进一步简政放权。

江西中文天地主张放权给出版社。在内容管控方面，总部管出版导向，管选题审核，抓重点选题，其他由各出版社自主安排；强化出版社品牌，图书版权页不署集团名字，只打各出版社社名；壮大出版社经济实力，设立奖金池，根据出版社大小配置，增加注册资金，以项目形式予以资助奖励；对于出版社投资

1000万元以上的项目采取预算制，1000万元以下的项目采取备案制等。

对一家经济体量不大的普通出版社来说，发展得好不好跟管理密切相关，就那点资产、那点收入、那几十百来号人，最经不住折腾。从出版强省的经验来看，至少有两点需要重视：一是管控要规范，集团该做什么、出版社能做什么，制度上要分清楚，如果强制搞一体化战略，连最基本的法人治理结构都不要了，这种体制下出版社只能整天战战兢兢过日子，哪有心思去谋发展？二是一定要遵循创意产业的发展规律，始终把发挥人的主观能动性、创造力作为管理工作的出发点和落脚点，这样出版才有生机与活力。

再次，采取多种方式抢占出版资源，不断提高市场竞争的门槛。

对出版业来说，出版资源的重要性毋庸置疑。为此，出版强省在抢占出版资源方面不遗余力，成效明显。浙江出版联合集团紧紧围绕出版主业开展资本运作，通过对外合作和并购，不断扩大浙江出版的资源版图。2012年，北京浙教教育科技有限公司成立，立足对外合作出版，扩大和深化与新东方、当当网、创世卓越等文化机构的合作，在教育、少儿、文学板块扩大品种规模，提高市场覆盖率，提升浙教社的品牌影响力。2015年8月，集团旗下浙江少年儿童出版社收购澳大利亚新前沿出版社，是中国专业少儿社进行海外并购的第一次探索。

江西中文天地则主要通过分社裂变、国际合作、与民营机构的合作来抢占出版资源。中文天地旗下二十一世纪出版社集团在推进集团化建设的基础上，利用出版社的品牌影响力在北京、上海、厦门设立分社，聚合出版资源，实现异地发展。江西人民出版社设立了九江分社，江西教育出版社设立了宜春学院分社，江西科学技术出版社设立了南昌工程学院分社等10家高校分社。在实行分社裂变的同时，中文天地旗下出版社还积极开展国际合作及与优质民营策划机构合作，圈占国内外优质出版资源。2011年，二十一世纪出版社集团就与麦克米伦出版集团合资成立麦克米伦世纪咨询服务有限公司。四年后，合资公司共出版麦克米伦图书300余种，销售额接近1亿元，麦克米伦世纪已成为中国儿童出版的著名品牌。2015年，中文天地传媒下属8家社中，有7家出版社都与民营策划机构有不同程度的合作出版。2015年，中文天地监控市场销售码洋中，有27%是来自合作出版。

从我国出版发展态势来看，民营策划机构由于灵活的体制、高度市场化的运作机制而聚集了大量优质选题资源，但它们没有出版权和出版品牌。对国有出版机构来说，与民营策划机构合作是抢占优质出版资源的重要途径。此外，随着我国国际地位的进一步提升，国际交流与合作更加密切，对国际出版资源的引进也是一个重要方向。

出版强省在抢占出版资源方面动作不断，不但为出版发展做了资源储备，更重要的是提高了竞争门槛，将竞争对手远远甩在了后面。

最后，为出版发展创造良好的内外部环境，形成出版发展的合力。

浙江出版联合集团在其"十二五"发展战略中明确提出了"发行带动出版"的战略，并制定了相应的扶持措施，包括：为鼓励基层书店加大对本版图书的销售力度，集团每年拿出50万元对基层实体书店进行奖励；出版物流费用不仅降低至1%，而且物流部门每月为出版社提供详细的周转数据分析，为出版社的产品策划提供数据支撑。通过"发行带动出版"战略的实施，浙江出版联合集团的本版图书在自有发行渠道的销售规模已从几千万元提升至2亿元。在外部环境方面，浙江省人民政府为促进出版业持续、稳定、健康发展，出台了《浙江省精神文化产品生产和推广专项资金分配管理办法》，由省财政厅安排预算，用于支持优秀文化产品生产和推广及新闻出版事业稳步发展；浙江省每年由出版工作者协会组织评选优秀出版物编辑奖，表彰出版物和优秀编校人员；另外，浙江出版联合集团作为浙江省重点国有文化企业，每年按国有资产收益的15%上缴公共财政。在上缴的公共财政中，政府又通过多种途径返还上缴资金的80%给相应企业，剩余20%作为财政资金池，用于支持企业申报的重大产业项目。

江西中文天地建立了较为有效的激励机制。出版社薪酬总额由"基薪＋绩效"构成，但获得国家级大奖的奖金不计入薪酬总额，薪酬总额可以用来支付员工福利等。各社完成年度目标任务后的超额利润，集团拿出6%予以奖励，其中班子成员奖金占40%。中文天地所属8家出版社社长虽然完成指标压力大，但由于激励措施得力，他们基本上每年都完成增长指标，社长们的年收入增长也较快，实现了发展的良性循环。

二、确立"书－社－人"的振兴出版理念

这些年来，出版界的发展理论层出不穷，振兴四川出版的思路也多种多样。不管什么理论、什么思路，最终都要以能够出好书来衡量。以好书赢得读者，好书赢得市场，好书赢得效益，好书赢得发展。离开出好书这条正道，其他都是歧路甚至邪路。如果出版社连最基础的工作即"出书"都没有做好，一年到头没有一批拿得出手的好书，怎么谈更远大的理想？要持续不断地出好书，一定要有很强的出版社做支撑；出版社强，其背后必定有一支高水平的出版人才队伍。所以，我们必须抓住"书、社、人"这三个要害，坚持走"出好书－建强社－出人才"的出版振兴之路。

（一）振兴出版的标志在于"出好书"

振兴出版，工作千头万绪，我们的目标与方向在哪里？我们认为振兴四川出版的标志在于出好书。没有一大批好书推出，从哪个角度都说不上出版振兴了。过去四川出版落后，就是四川出版的好书少了、出好书的能力弱了，出版的图书社会影响力小了，通过出书所获得的社会效益和经济效益也低了。没有好的两个效益，出版产业的发展就难以为继，不仅出版产业自身发展不好，对于社会经济发展的智力支持作用也小，整个出版产业作为

文化产业的核心价值就难以体现出来。

所以，振兴四川出版的着力点和努力方向都是出好书。振兴四川出版的成效，也要以出好书来衡量。振兴四川出版的标志，就是出好书。不能出好书，出版改革就走错了方向；不能出好书，振兴四川出版就走偏了路子。

那么，什么是"好书"？"好书"应该有客观的标准。按照我们的理解，好书至少有三个方面的标准：

一是社会认可，即获得各种政府及社会奖励，得到政府采纳和支持，包括资金支持或政策支持等。尽管出书的目的不是为了获奖，但获奖本身就是一种社会认可。

二是专业认可，即具有文化传承或创新价值，在专业领域反响较好，专家评价较高，获得各种专业性的奖励、推荐和采纳等。

三是市场认可，即具有较大的发行量，读者评价较高，有较好的市场表现，是畅销书或常销书。畅销书是读者用自己的钞票为这本书投票。书不好，谁愿意掏钱？在市场经济条件下，畅销书是两个效益相统一的最好体现，最能考验出版人的能力。

不管哪个方面，只要出版的图书符合这三个"认可"中的一个，就可以定义为好书。不出书不叫出版社，不出好书不叫好出版社。从好书的这几个标准着眼，就为振兴四川出版找到了着力的方向。

对一个省来说，靠少数几本好书或者靠一时出好书，支撑不了出版强省的地位。振兴四川出版，不仅需要一大批好书，还需要持续不断地推出好书。这对一家出版社来说，也是一样。一家出版社，出一本好书并不难，难的是持续不断地出好书，出大量的好书。

过去我们的问题在于，一家出版社有一本或几本好书，大家就以为这家出版社不错，其实这家出版社在业内可能一点影响力都没有。这就是说，一家出版社不能靠几本书过日子，四川出版更不能靠几本书来振兴。所以，衡量振兴四川出版的成效，需要看出版社出好书的情况，需要用数据来说话。

在市场经济条件下，有多少好书，好书的效益如何，都要通过一定的指标，用相应的数据来反映。数据可以反映你的行业地位，反映出好书的成效。所以说，出好书是振兴四川出版的标志。而出好书的数据，则是振兴四川出版的"考分"，也是发展好不好的"证据"。

四川的好书多了，在全国有很大影响了，在一定意义上就可以说四川出版振兴了。2015年，四川销售上10万册的图书只有2种，以目前全国各省的情况看，如果什么时候四川销售上10万册的图书超过100种，就可以说四川出版进入"振兴"的境界了。你有100多种销售上10万册的图书，表明你其他数量级的图书也多了，这就说明了你的人才队伍、运作能力、营销能力等，都达到了一个高度，这样就必然走在了全国各省的前列。

（二）"出好书"的基础在于做强出版社

1. "出好书"的主体是出版社

出好书的工作是由出版社来做的。振兴四川出版要实现出好书目标，必须做实做强出版社，而不能绕开出版社来出好书。所有支持振兴四川出版的工作，都必须落脚到出版社。

振兴四川出版为什么要突出出版社的主体地位呢？主要是因为出版社在出版价值链中居于核心地位。

从理论上讲，在现代社会精细化的分工下，个人也可以做出版工作，写、编、印、发等都可以凭一己之力或者借助社会化出版分工体系来完成。但是，要将出版作为商业来运作，还需要进行产业化的印刷制作与营销推广，这是个体出版人很难做到的。另一方面，能不能绕开出版社，以集团化的方式来组织出版呢？这又受到出版商品特性的制约。我们知道，表面上看出版业生产的都是具有共性特征的图书，但从图书内容来看，几乎每一本图书都是一个独立的商品，每一本图书都需要一个个独立的个体来创作完成，选题策划、编辑加工、印装设计、市场营销、读者分享等环节都是个性化的。在这种行业特性下，如果采取集团化、工业化的运作模式，就会消灭出版的个性和多元的文化价值，最终读者也不会满意，会用脚投票而远离出版业。

在这方面，国内外都有深刻的教训。20世纪，加拿大禾林出版公司曾以工业化流水线的方式生产言情小说，在全球推广销售。起初，读者感觉还很新鲜，后来对千篇一律的故事情节和似曾相识的叙事手法感到厌倦，最终造成大量的库存积压。在国内也有类似的案例，过去一直处于行业领先地位的上海世纪出版集团，曾经按出版环节的分工推进出版集团化改革，把旗下所有出版社的发行职能分离出来，集中到集团的发行中心。集团旗下的出版社没有了发行职能，自然就会与市场脱节，出版社事实上就变成了一个编辑部。上海世纪出版集团的这个改革，从近十年来的发展成效，以及该集团又把发行职能调回出版社的"反复"来看，应该不能说是卓有成效的。

所以，在出版价值链中，出版社居于最核心的地位，既能够把分散的作者组织起来进行个性化创作，又能够按照图书产品的特点进行工业化的包装营销，还能深入市场与读者建立深度的联系。这些都是集团难以做实做好的。

过去，我们发展出版，多在体制上做文章，搞轰轰烈烈的大改革，把集团化整合作为我们发展出版的主要着力点，采用一体化集团管控模式，不断上收各种权力，没有在出版社的发展上用力，结果严重制约了出版社的经营积极性。出版业集团化是20世纪末到21世纪初我国出版体制改革的一个重要方向，各省基本实行"出版管发行"单集团或"出版＋发行"双集团的模式。四川的集团化道路与全国迥异，先是出版、发行分别成立集团，后又以发行为核心向上游出版延伸，进行出版发行资源整合，形成小出版大发行的基本格局。四川主要的出版社进入新华文轩后，在一体化的集团化管控模式下，其独立自主性受到很大限制，资产处理、投资决策、产品线规划、发行政策等受到总部的严格控制，一定程度上抑制了出版社的内在活力。

发行企业怎么管出版？这是我们面临的新课题。前面已经提到，在出版发行的全产业链条中，发行是渠道运营商，讲究严格管理和高效运行；而出版是创意产业，需要创新创意和工匠精神。对这两类不同的业务，我们必然需要采用不同的管控方式。按照发行的思维与模式来管理出版和按照出版的思维与模式来管理发行，都是行不通的。

正是基于这些认识，我们一向主张，振兴四川出版的责任主体一定是出版社。集团有集团的职责职能，集团一定不能替代出版社去做出版社应该做的事情，而荒废自己应该做的事情。毛主席有一个伟大发明，就是"支部建在连上"。打仗的基本组织是连队，连队不强就很难打胜仗。同样道理，在出版业，出书的基本组织是出版社，出版社不强，集团也不可能强。因此，振兴四川出版中，资源投入的重心在出版社。新华文轩作为出版社的主管主办单位，一定不能越俎代庖，包办出版社的工作。在振兴四川出版过程中，要区别并落实好出版社的"主体责任"和文轩的"主管责任"。

在出版低迷时期，大家很容易形成一个观念，即出版社干不好选题策划工作，那就由文轩或集团来代替他们干吧。在讨论选题工作时，就有同志讲集团层面应该大张旗鼓地组织选题论证会，对此，我们坚决反对。选题论证是出版社的一项基本工作或基础工作。如果集团代替出版社到一线去搞选题论证，不仅不利于出版社出好书，而且会耽误出版社的选题论证工作，最终会制约出版社的能力提升和业务发展。对此，我们要有清醒的认识。

还有，前些年我们也曾好心地为了帮助出版社提高发行能力而将出版社发行业务集中，由新华文轩的专门机构负责市场营销。这也是违背出版规律的。出版社的编辑出版功能与营销发行功能，是推动出版社发展的"两个轮子"，缺一不可。把出版社的发行业务拿掉，就割断了出版社与市场、读者的联系，出版社就只能盲目出书。纵观全世界，没有哪家伟大的出版社是没有发行功能的出版社。肢解出版社基本功能，结果只会影响出版社的业务发展，损害出版生产力。因此，出好书以及通过出好书提升两个效益，责任主体一定是出版社。文轩作为出版社的主管主办单位，应把主要精力放在为出版社配置好人财物等生产要素，对出版社的工作给予指导，为出版社的发展创造有利条件等方面，而不是把出版社撇在一边，自己挽起袖子干出版业务。

2. 出版强省需要有众多出版强社来支撑

实现振兴四川出版"出好书"目标的关键，在于做实做强出版社。所以，怎么做实做强出版社，是出版改革的核心，是出版产业发展的关键，也是振兴四川出版的着力点。凡是围绕做实做强出版社的改革，往往都有正向效应；凡是偏离这个中心推进的改革，大都是失败的，都是损害出版生产力的。

实现四川出版振兴，不仅要把着力点放在出版社，不断增强出版社的能力，而且要谋求更多的出版社向着出版强社迈进。只有建设一大批出版强社，才能支撑起四川出版强省的地位。

我们来看一个由出版强社支撑出版强省的例子。据《出版人》杂志报道，来自中部省份湖南的出版湘军，能够倚仗的资源非常有限，但他们从2011年跻身全国出版第一方阵以来，不但从未掉队过，而且地位越发牢固，出版湘军和电视湘军一起支撑起了湖南文化强省的地位。2018年开卷监控数据显示，中南传媒零售渠道动销品种有30487种，对比其他出版集团算是比较少的，但是中南传媒累计销量大于5万册的产品为641种，超过1万册低于5万册的图书产品为2618种。中南传媒旗下的9家图书出版社中有5家是国家一级出版社，而且每个出版社都有自己的品牌和资源。中南传媒在上市发展过程中一直推行强社战略，没有因为上市就让出版社空心化，而是利用中南传媒上市带来的品牌效应和资本优势，让出版社有强大实力去参与市场竞争，更多地得到优质资源和读者认可。湖南的经验值得学习。

3. 出版社出好书的关键在于抓选题

选题是出版工作的"牛鼻子"。出版社如何才能"出好书"？关键的一条就是抓选题。有的出版社领导把主要精力放在营销上，说自己都快成为"发行部主任"了，其实这是走错了路子。营销是出版社的重要工作，但一定不是根本性的工作。没有好的选题，不能出好书，出版社就走不出来，就没有真正的营销。在产品与销售的关系问题上，曾经长期争论是"好酒不怕巷子深"还是"好酒也怕巷子深"。其实，问题的关键不在于"巷子"深不深，而在于"酒"好不好。判断出版社的优劣，从来都在于书好不好，而不在营销能力强不强。这不是说营销不重要，而是要明确什么才是出版社的根本性工作。只有在产品好的前提下，营销才是真正重要的。在激烈的市场竞争中，出版社往往会出现这样那样的问题，有的是管理问题，有的是营销问题，但问题的根子都在选题上，在产品上。出版社如果没有占住选题这个制高点，不能推出好的图书，问题就会越来越多，怎么按都按不住。解决出版社发展问题，要善于抓住选题这个主要矛盾，主要矛盾解决了，其他问题都迎刃而解。

今天我们已经进入图书品种严重过剩的时代，我国出版业一年出书五六十万个品种已经成为行业的大问题，不但没有相匹配的图书卖场面积来展示，读者要找自己想读的书也是大海捞针。出版社出书的品种越来越多，单品效益也越来越低，这种粗放的出版增长模式已经走不下去。在这个背景下，振兴四川出版面临着新的困难和问题，需要走一条高质量出版发展之路。出版社选题工作，要从过去的"造货"思维转变到"选题"思维上来，做好每个选题，把每部作品朝着精品的目标去打造。这个要求，对长期习惯于靠增加品种数量追求发展的出版社来说是新的考验。

4. 出版社抓选题的关键在于抢占资源

出版社不创造内容，而是组织内容、聚集内容、筛选内容、经营内容。优质的出版选题并不是出版社编辑在办公室拍脑袋想出来的。做好选题工作需要有强大的资源组织能力，强烈的抢占出版资源意识，不仅要走出本省，走向全国，甚至要走向全球抢占优质内容资源。

一方面，要抓好本土内容资源。四川有丰富的历史文化资源，也有现代科技资源，这些都是我们要着力去挖掘的资源。这些年来，四川的出版资源流失严重，许多优秀的本土作家不在四川出书，还有很多外地出版社在成都设立分社，抢占四川出版资源，所以，我们首先要守住家门口的出版资源，这也是四川出版业为四川经济文化建设服务的重要体现。

另一方面，要抢抓全国优质作者资源。在各种出版资源中，最重要的是作者资源。当今出版的竞争，实质上是争夺内容资源的竞争，而优秀的作者则是优质内容资源的核心。要将四川出版打造成读者心中的精神高地，关键在于聚集一批名作者，抢抓优质出版资源。我们要突破四川的藩篱，走出去抢占全国的作者资源。抢占不到全国优质出版资源，就守不住四川的出版资源。我们既要扎根四川，又要走出四川，在更大范围、更高层次上聚合优质资源。

（三）做强出版社的根本在于人才队伍建设

出版社要出好书，必须有一支人才队伍。如果说出一本畅销书可以靠"撞大运"，那么，出一大批畅销书就只能靠能力的提升。能力的背后是一支高水平队伍。不论是做选题还是做发行，不论是做产品还是做市场，你的书要能出彩，不是某一个环节的水平比别人高就行，而是要在所有方面都比别人强才行。出版竞争是综合能力的竞争，是人才队伍的竞争。

人才队伍建设既简单又复杂。四川出版落后，从根本上说是人才队伍建设落后。过去的很多曲折，大都有人的问题。因此，振兴四川出版，需要高度重视人才队伍建设，并把人才队伍建设的重心放在出版社。由于人才问题政策性比较强，涉及面比较广，单靠出版社并不能解决好自身的人才队伍建设问题。因此，推动振兴四川出版，加强人才队伍建设，要从两个层面做好工作。

首先，从出版社层面来说，出版社是人才队伍建设的主体。

出版社的内部建设，主要是人才队伍建设。人才队伍建设的关键在"用"好人，重心在专业人才队伍建设上。出版社围绕出好书谋求发展，既需要有懂出版善经营的领军人才，又需要各个方面的出版专业人才。从现实上说，出版社只能解决"用"好出版社内部的专业人才的工作，而无力解决"选"好领军人才的问题。领军人才，特别是社长总编，是上一个层面需要解决的问题。所以，出版社要着力做好内部的专业人才队伍建设，培养一批优秀的编辑人才、优秀的营销人才和优秀的管理人才。培养人才，不能就事论事，而要放在事业发展的实践中去历练，去成长。"用"好人才的关键，是以业绩为导向，切实做到多劳多得，能者上，庸者下。

衡量人才的标准只能是业绩。业绩是脚踏实地干出来的，是最好、最客观的衡量人才的标准。所以我们主张"将军是打出来的""冠军是赛出来的"理念，特别倡导在追逐业绩的过程中评价人才、用好人才。人才不是在课堂上培养出来的，而是在实践中赛出来的。伯乐相马，那是一个美丽的传说，一般人做不了伯乐。再说，用伯乐相马的方式来发现人才，标准不清，导向不明，神神秘秘，也容易产生腐败。所以，以业绩为标准去发现人才、选拔人才，公平公正，导向明确，最有利于出版社形成一种你追我赶干事创业的良好氛围。

出版社人才队伍建设，要注重起用年轻人，选拔年轻人。但在实际工作中，有些人老是觉得年轻人不够成熟，还需要历练，还需要"再看看"。只要坚持从实践中选拔人才，从业绩中判断人才，就走在了人才队伍建设的正确道路上。华西村吴仁宝有句话说得好："大材小用，基本没用；小材大用，基本可用。"说的就是人才要从实践中来的道理。

其次，从出版社以外的更高层面来说，出版社的上级部门和单位要全力支持出版社做好人才队伍建设。

做好这项工作的关键，是选拔好出版社的领军人才，如社长和总编辑。这不是出版社自身能够解决的问题，而是出版社的主管主办单位要做的重要工作。就目前的出版管理体制来说，这是文轩、集团和省委宣传部等出版社之上的机构要做的重要事项。"社长，是出版社的第一竞争力。"社长这个出版社的"当家人"，关乎这家出版社的兴衰存亡。从这个角度说，出版社发展的好坏，命运其实是掌握在这些上级部门和单位手里的。

选拔任用好社长总编，标准仍然是业绩，主要看这家出版社在他们的手里，是发展好了还是状况更差了。不管什么单位，推动发展都是不容易的。判断出版社优劣需要相互比较。重点看增长率、看增量，发展好不好，高下自然就分别出来了。

除了选拔好社长总编，配备好班子成员之外，上级主管部门在支持出版社做好人才队伍建设上，还有很多工作可做，包括建立健全出版社的激励约束机制、出好书奖励机制、与业绩挂钩的收入分配机制等。这些与人才队伍建设相关的工作，往往不是出版社自身能够解决的，需要上级有关部门给予支持。

三、多重措施推进四川出版振兴

随着"出好书、建强社、出人才"的振兴出版思路逐渐清晰，我们坚持问题导向，从解决出版社面临的主要问题入手，踏上了振兴四川出版之路。

（一）解决思想问题：转变发展观念，增强市场意识

2016年振兴四川出版起步之时，我们了解到文轩出版的状况后感到十分揪心，曾经的出版大省不但没有了当年的荣光，还显得封闭保守，缺乏发展出版的一股士气。面对严峻的现实，我们认为，振兴四川出版要先解决思想认识问题，转变发展观念。只有思想通了，观念变了，出版社才有积极性，才有创造力。可以说，观念更新、思想解放是振兴四川出版的前提。

文轩旗下出版社的转企改制是在2010年四川出版发行资源整合之前仓促完成的。从事业单位到有限责任公司，出版社名称变了，内部机制其实并没有太多改变，内部管理还基本沿袭事业体制，出版社大多还游走在市场的边缘，市场化程度很低。2010年，四川出版发行资源整合后，社会效益与经济效益关系问题是出版社和公司总部很难统一思想的问题。有的出版社认为只要社会效益好，经济效益差一点没有关系。有的认为出版社做社会效益就理应亏损，公司总部不应该要求太严格，

甚至还有社领导说："虽然我们的书没有赚钱也没有获奖，但有很好的社会效益。"出版社以社会效益为挡箭牌，不愿意走向市场，极大地阻碍了文轩出版的发展。为此，要给文轩出版注入市场化的基因，把出版社推向市场，放到市场中去历练。

对出版社的发展来说，计划经济和市场经济的观念迥然不同。计划经济的思维是把出版社当作自己的孩子，呵护有加，进行"圈养"，一旦进入市场竞争就会败下阵来。市场经济的观念是将出版社推向市场，能力要在市场竞争中形成，要野生"放养"。虽然野生"放养"要经历很多磨难，但一旦适应了生存环境就会开辟一片广阔的天地。从这个意义上说，当初新华文轩把教材教辅业务集中，把出版社推向市场，这个思路和做法不仅是正确的，而且具有长远意义。

我们过去的做法是，出版社不行了，不是到市场上去想办法、找出路，往往是紧拽上级领导，向上面要资金要资源，希望得到补贴和政策支持来渡过难关。长此以往，出版社也就形成了找"市场"不如找"市长"，做好产品不如跑好关系的习惯，严重抑制了出版社市场竞争能力的提升。

要扭转长期形成的发展观念并不容易。为此，我们从两个方面入手推动出版社转变发展观念，增强市场意识：

一方面，以多种方式反复强调，让大家绷紧市场这根弦。2016年1月27日，新华文轩召开第一次出版工作会，我们就旗帜鲜明地提出："出版单位一定要通过多出好书来追求经济效益。"反对单纯为了评奖而出书的出版倾向。在2016年8月召开的振兴四川出版座谈会上，我们强调："出版社要主动面向市场，不断提升出版能力。"刚开始，出版社对这些说法还不以为然，认为我们早就是企业了，还是上市公司，哪里还存在走向市场的观念问题？其实，我们虽然两条腿迈进市场的门槛了，可脑子里想的还是计划经济那一套，想的是如何把教材教辅要回来，想的是如何向上面多要补贴。所以，在振兴出版的开始阶段，这样反复强调，不但让出版社认识到了自身存在的问题，也对出版社的观念转变起到了重要作用。

另一方面，改变出版管理和考核的指挥棒，通过看数据、比业绩，推动出版社积极面向市场寻求发展。为了推动出版社走向市场参与竞争，新华文轩改变对出版社的管理和考核方式，让出版社拿市场业绩来说话，拿自己出的好书来说话，唤醒出版社的市场意识，逼迫出版社走向市场，通过出好书、卖好书，自己挣钱来养活自己，增强内部活力。这个过程虽然对没有教材教辅业务的出版社来说非常艰难，但走出了这一步就意味着出版社打开了一扇新的大门，对出版社的健康发展意义重大。

对出版社实行野生"放养"，出版社的市场压力大增，能力差异也逐渐显现出来。一些原来不那么引人注目的出版社脱颖而出。比如四川少年儿童出版社过去长期依赖教材教辅过好日子，现在没有了教材教辅仍然跑得非常好，在全国出版社的排名不断上升，如今冲进了全国TOP20。也有个别原来大家都看好的出版社出人预料地掉下队来。总体来说，出版社树立了市场意识，发展的积极性被激发起来了。

（二）解决地位问题：突出主业，战略关注

新华文轩以渠道起家，长期以来，渠道在整个公司的业务体系中居于主导地位。出版机构多、规模小、实力弱，大众出版业务经济效益不好，处于边缘地位，在一定程度上还被当作文轩的包袱对待。在整个文轩的产业链中，出版是一块明显的短板。此外，作为上市公司，利润持续增长的压力也迫使文轩在主业之外投入资源开展多元化业务，主业的资源投入又受到挤压。在这种局面下，出版受到关注的机会就更少了。

振兴四川出版，必须将出版主业作为发展的重中之重。面对出版被边缘化的现实情况，我们在战略上推进"双回归"，一是产业布局向主业回归，二是出版向产业链的中心回归。

产业布局向主业回归，即"坚守主业、突出主业"。前些年，随着出版传媒集团纷纷上市，不少集团运用资本手段向主业以外的领域拓展。新华文轩也在影视、艺术、教育、地产等领域进行了布局。随着中宣部和国家新闻出版广电总局强调国有出版企业要"坚守主业、突出主业"以来，各大出版集团，特别是上市出版传媒集团都开始调整多元化发展战略，向主业回归。前几年多元化产业发展较快的个别出版集团，还成为"主营业务土壤贫瘠，多元化产业杂草丛生"的反面教材。在这样的背景下，我们认识到，作为国有文化企业，主业才是我们的根基，多元化业务只能起到补充的作用。2016年，我们就对公司战略进行调整，提出了"精耕出版传媒主业，推动产业转型发展"的总体战略思

路，把主要精力集中到发展出版发行主业上。作为上市公司，新华文轩拥有强大的资本平台，这个优势很容易影响到公司的发展方向，把实业公司演变为一家投资性集团。为此，我们提出，资本经营不能脱离主业发展，"资本"要为"主业"服务。

在这一战略思路的指引下，新华文轩先后退出了职业教育、幼儿教育等学校教育领域，将影视公司转让，退出了艺术品经营市场，原来布局的多元化业务基本关停。与此同时，我们利用资本手段为出版聚集优质资源。2018年12月，新华文轩与全国老龄工作委员会达成战略合作意向，设立"北京文轩银时文化传播有限公司"，以提前布局老龄化趋势下的老年内容产业。此次合作利用股东方资源、发挥经营团队优势、与名人名家合作等多种方式聚集优质内容资源。这是新华文轩在创新内容孵化方式上做的有益尝试。2019年7月，新华文轩旗下的天地出版社与中国音频行业的领军者喜马拉雅签署投资合作协议，合资组建天喜中大文化发展有限公司，共同打造内容出版与有声产品研发平台。这个合作为天地出版社的图书出版主业建立了稳定的、可持续的优质内容资源的获取渠道与机制，锁定了有声阅读领域的可持续内容资源和海量用户资源，迈出了传统出版转型升级及融合发展的一大步。

出版向文轩产业链的中心回归，则是将出版作为文轩产业链的核心板块之一。2010年，四川9家出版社进入文轩后，四川出版的表现有所进步，但整体状况并不乐观。其中一个主要原因是，新华文轩一直沿袭发行企业的架构体系，采取出版发行一体化的管理模式。在这种模式下，出版依附于渠道生存，主要按照渠道的需要做定制型业务，没有多大的自主权，更没有多大的想象空间。为了改变这种出版依附渠道发展的局面，我们将出版作为战略核心板块，排在了文轩四大战略核心业务之首，制定了五年战略发展规划，并从资源配置、政策扶持诸多方面做出了制度性安排，全力将出版打造成文轩产业发展的新引擎。

出版的战略安排调整之后，文轩出版在文轩公司的地位得到快速提升，整个文轩全力支持出版的发展。与此同时，文轩大力推进"产业链协同发展"战略，发挥文轩全产业链的整体优势支持出版发展。

通过"双回归"举措，新华文轩发行强、出版弱的产业格局得到改变，逐步形成了"出版+发行"双轮驱动的产业格局，文轩作为综合性出版传媒集团的形象逐渐清晰并在行业内得到确立。

（三）解决标准问题：不看规模看增量，关注评奖更关注销量

评价出版社发展的标准是什么？一般人都会想到是销售收入，是利润，还有图书获得了什么大奖，等等。如果把一家出版社放在一个大的市场中进行比较，这也没有什么问题。但是，对于一家持续经营的出版社来说，特别是对只在某一个时间段担任出版社的社长来说，这个评价标准还不够客观和具体。为此，我们对原来出版业务的评价标准进行了校正，主要看两条：

一是出版社自己跟自己比、自己跟同行比，看有没有进步。

我们不能只看体量大小，也不能只看资源多少，体量和资源都是历史形成的，是过去各个时期的社长和员工奋斗成果的积淀，跟现在担任社长职务的你没有多少关系。现在的关键是要看在你的社长任上，出版社有没有进步，事业在你手中有没有发展。这样才能看出一个社长及其团队的能力，也才能看出发展差距。出版社自己跟自己比，自己跟同行比，一方面要看在原来的基础上有没有增长，增长了多少，也就是进步了多少；另一方面还要看进步的速度，是你的进步速度快，还是别人的进步速度快。如果你的进步慢于别人，也不能说明你的能力有多高。看发展速度就能很好地检验一个社长及团队的能力。这个评价出版社发展的标准，我们主要通过"赛马"机制来体现。

二是出版社的工作要拿数据来说话。出版社发展好不好，要拿书来说话。再进一步说，书"出"得好不好，要拿书"卖"得好不好来说话；书"卖"得好不好，就要拿数据来说话。在振兴出版工作中，我们就以"出好书"这个朴素的标准作为指挥棒，作为试金石。以前我们判断"好书"的标准是只注重获奖，不看销量。结果，奖没获多少，书也卖不出去，两个效益都不突出。出版社既要追求社会效益，也要追求经济效益。在坚持正确出版导向的前提下，"经济效益是体现社会效益的具体指标"。有大量读者认可和购买，是两个效益相统一的最好体现。读者的认可，最终会体现在市场销售数据上。

在"出版做得好不好关键看经营数据"的指挥棒下，文轩出版的畅销书数量实现飞速增长。2015年文轩出版销售2万册以上的图书为21个品种，其中仅2个品种销售超过10万册。2016年，超过10万册的品种增加了10种；2017年，销售10万册以上的品种有34种；到2018年，销售10万册的图书有36种；2019年，销售2万册以上的图书达到292个品种，销售10万册以上的图书达到65种。

在推动出版社关注市场销量的同时，我们也高度重视双效俱佳的出版成果的评选，制定了"文轩好书"评选办法，每年评选"文轩好书"并给予重奖。2016年，我们开展了首届文轩好书评选，在当年出版的4000余种图书中评选出16本优秀作品，既有《入党——40个人的信仰选择》《红船》《李鸣生航天七部曲》《唱响四川——百姓喜爱的歌曲（CD）》等主题出版物，又有《中国海疆史研究》《十三经恒解（笺解本）》等权威学术图书，也有累计销售突破4000万元码洋、市场表现喜人的《米小圈上学记（三年级）》等优秀畅销书。这些"文轩好书"是2016年文轩旗下11家出版单位出版成果的重要体现，具有较高的思想、文化、艺术价值和良好的市场销售业绩。自此以后，文轩每年都坚持以"有社会效益，更有经济效益"这个标准来评选文轩好书。

（四）解决动力问题：推行"赛马"机制，激发出版活力

如何调动出版社的积极性，是振兴四川出版最需要思考的问题。我们通过建立"赛马"机制来激发出版社活力，并给在比赛中"跑得好"的出版社给予更多支持，以增添发展动力。在实施"赛马"机制的基础上，我们配套实施"反哺"机制，给出版社增资，注入各种资源，以此增大出版社的实力，让其跑得更好。

在实际操作中，给出版社的这种"反哺"投入，不是雨露均沾、人人有份。我们有个原则，就是主要针对在"赛马"中表现突出的、发展势头好的出版社给予更多的资源投入。我们信奉"冠军是赛出来的"，不是评出来的。出版社是不是优秀，不是由人主观确定，而是看数据，靠业绩说话。市场上表现优秀，说明你是有生命力的，给这样的出版社投入资源也才是有效的。这就是建立"赛马"机制的目的。

出版社进入文轩之前匆匆推进的转企改制，改变了文轩旗下出版社的体制，但出版社内部经营机制仍然比较僵化，事业单位遗留下来的痕迹很重。通过强力推行出版"赛马"机制，用赛场上的较量，把出版社的潜力激发出来，把出版社的真正实力检验出来。通过"赛马"，我们就能看出哪些是跑得快的"千里马"，哪些是原地踏步的"拉磨驴"。对于跑得快的，就要配好鞍、吃好料，给予更多资源，让其跑得更快。对于跑得不快的，也要分析到底是骑手不行还是马本身有问题。要是骑手不行，那就要给骑手补补课，或者换一个骑手；如果是马本身有问题，就要检查分析对症下药，提升马的能力。

为了让"赛马"机制落地，文轩一方面引入市场化的评价方式，定期开展经营分析，进行业绩排名。在每季度召开的出版经营工作会上，将各社经营指标悉数列出，说数据、看排位，通过不同层面的比较，在文轩旗下各出版社之间形成你追我赶的良好局面。在出版社内部，现在跟过去比，看增长了多少；在文轩内部，出版社之间比发展速度，看谁跑得好、跑得快；在全国业界，出版社与本行业的出版社进行比较，看谁的位次晋升快、更靠前。通过比较，就能看出与先进集团、先进出版社的差距，激发大家发力赶超。这种市场化的评价方式，一来让大家习惯用市场销售的数据来分析问题、找到解决问题的办法，二来也通过经营数据让各出版社感受到自身发展的优劣。

另一方面，文轩根据"赛马"的结果来对社长实行"一年一考核""三年一聘用"，依据对社长和出版社的考核结果，开展出版社的绩效奖励、资源投入、干部晋升等工作，强化社长在振兴出版中的责任意识。"赛马"机制的推行，使社长们的收入发生了巨大的变化。原来大家都在一个起跑线上，收入都差不多，几年之后，跑得好的出版社收入成倍增长，成为其他社长追赶的目标。

为了及时反映文轩出版的经营情况和工作动态，展示出版社"赛马"的成效，文轩还定期编发《振兴出版快报》。《快报》通过把出版社的经营数据亮出来，让大家互相比较，寻找差距，互相学习，对鼓励先进、鞭策后进，起到了很好效果。用数据说话有个明显的好处，即数据拿出来，不需要再传达贯彻发布什么领导指示，大家自己都知道去解决各自的问题，去争取下个赛季更好的比赛名次。

从本质上说，"赛马"机制是一种公平、公正、公开的竞争机制。"你能翻多大跟头，就给你搭多大舞台"。这种机制给每个人、每个单位相同的竞争机会，把静态变为动态，把"相马"变为"赛马"，充分挖掘参赛者的潜质。"赛马"机制的推行，在文轩出版内部营造了一个有竞争、有比较的氛围，出版活力得到极大释放。出版社的观念也悄然发生了深刻的变化，过去大家都去找领导求认可，现在出版社都去忙选题，追作家；都去跑市场，抓销售；都去找项目，谈合作；都去找媒体，做宣传……过去那种"等靠要"、找领导求认可的局面得到彻底改观。现在大家都在拼市场，因为出版社发展得好不好，不是靠领导评价了，而是靠业绩、靠数据来证明。在这个过程中，出版社的出版能力在你追我赶中实现了快速提升。

（五）解决实力问题：反哺出版，为出版社注入发展资金

2010年四川出版集团的出版机构整体并入文轩之后，对出版社的教材教辅业务进行了整合，8家出版社通过征订渠道销售的教材教辅业务，全部剥离进入四川教育出版社，不再在教材教辅市场争饭吃。这个改革的初衷是把长期习惯于靠政策吃饭的出版社推向市场，专心经营一般图书的出版发行，把大众出版业务做大做强。这个思路与举措对文轩出版的整体发展是有积极意义的，但从运行几年的实际效果来看事与愿违。多数出版社在整合之前，由于有教材教辅业务的支撑，一般图书即使做得不怎么样，经营也过得去，吃饭没问题。但整合之后，这些出版社原来的利润来源彻底断了，新的盈利点短期内又难以找到，生存都成了问题，哪里还有心思发展大众出版业务？因此，进入文轩的最初几年，出版社都在生存的边缘挣扎，争相出"快书"，挣"快钱"，一些好的选题不敢去争，一些优质的项目不敢去投，自缚

手脚，自暴自弃，出版产品质量越来越低，出版能力越来越弱，逐渐进入恶性循环。

我们说，出版社的发展，既要"取"也要"予"。集中教材教辅，有利于通过专业化运作把教育类出版业务做强做大，需要"取"。振兴四川出版，要做强做大大众类出版业务，我们必须"予"。这个"予"，就是"反哺出版"。

我们明确了三个问题：一是必须克服文轩需不需要做大众出版业务的犹豫，对文轩大众出版给予应有的关注和支持。二是要明确做大众出版，是需要有资本投入的，需要有一定的条件做支撑。文轩必须对出版社的发展给予必要的资金支持。三是对大众出版见效慢、周期长的特点要有足够的思想准备，出版能力的提升，是一个逐渐的过程，需要耐心，需要积小胜为大胜。

对出版能力的提升与基础条件的支持，谁在前谁在后，也是一个困扰操作的问题。这是一个"鸡生蛋"还是"蛋生鸡"的问题。我们认为要辩证看待这个问题，在操作过程中，要把二者结合起来，既要看出版社的能力提升，又要给出版社注入资金。只说能力提升，不提供资金，能力提升不到哪里去；只说给资金，不看能力提升，资金很快就会消耗掉。

所以，如何给出版社注资，让投入的资金真正见到成效，我们提出了三个条件：首先，要看出版社是否有一个积极向上的发展态势，是否有进入市场参与竞争的能力，是否有一定的造血功能；其次，出版社在发展过程中是不是缺少必要的资金，是不是因为资金不足制约了出版社的发展而需要投入资金；再次，出版社是否有项目储备和发展的空间，需要更大的资金来推动发展。具备这三个条件，就应该根据出版社的实际需要进行资金投入。反之，如果出版社仅仅是因为生存困难，自身的造血机能根本没有起色，那么，输血越多，造血的机能就会越弱。这种情况下，输血只会起到与其初衷相反的效果。所以，这就不是输血的问题，而是解决出版社机体的问题，说明出版社的班子不能胜任工作，需要做出调整。

在这样的认识下，我们着力解决对出版社资源投入不足的问题，实施"反哺出版"，为出版注入发展急需的资金，增强出版社的经济实力。2016年10月，我们率先为四川文艺出版社注资4000万元；2017年3月，分别为巴蜀书社和天地出版社注资4000万元和12863万元；2017年9月，为四川少年儿童出版社注资1亿元；同年11月，分别为四川美术出版社、四川人民出版社和四川辞书出版社注资1200万元、2400万元、1800万元；2018年3月和2019年12月，又分别为四川科学技术出版社和天地出版社注资900万元和1亿元，先后增资总金额超过4.7亿元，成为四川出版甚至全国出版界绝无仅有的"大手笔"。在给出版社注资的时候，我们坚持用"赛马"的结果来确定标准，跑得快、跑得好的会得到更多的资金支持。天地出版社、四川少年儿童出版社作为文轩出版的领头羊，得到了更多的资金支持，有力地推动了出版社的快速发展。

随着出版的发展，经济实力逐渐增强，出版社不但解决了原来随时"断粮"的问题，还有了更大的底气去争夺优质出版资源，布局产品线，锻炼营销能力，培养人才队伍，在推出一大批好书的同时，出版能力得到了很大的提升，走上了一条蒸蒸日上的道路。

（六）解决资源问题：用好内外两个资源，提升内容聚集能力

当今的出版竞争，很大程度上是获取出版内容资源的竞争，特别是获取高端、优质出版内容资源的竞争。谁占据了优质的出版内容资源，谁就掌握了发展的主动权。

振兴四川出版以来，我们特别强调出版社要增强抢抓优质出版资源的意识，要学习农民不仅"吃着碗里的"，"看着锅里的"，还要"想着地里的"，对出版发展要有长远的规划和考虑。在推动出版社主动走出去抢抓出版资源的同时，文轩还充分利用其上市公司的品牌优势、资本优势，为出版社抢抓出版资源提供平台、创造条件。

为了抢抓四川本土优质出版资源，新华文轩通过开展与各行业顶尖学术机构的跨界合作，深入挖掘，着力提升专业出版能力，探索地方出版传媒企业深度服务本地科教文化事业的新模式。

2018年4月，新华文轩与四川大学华西医院建立战略合作关系。双方商定，充分利用和发挥新华文轩全类别、全媒介、全渠道的出版发行能力与华西医院优质医学出版资源，共建"华西医学出版中心"，解读中国医学领域的"华西现象"，共同推出《健康中国·华西医学大系》等高品质医学出版物，打造"华西医学"著名品牌，进一步提升华西医院与四川出版在全国乃至国际上的品牌美誉度和社会影响力。新华文轩还出资1000万元设立"华西医学"出版专项基金，资助相关出版项目。文轩与华西医院的战略合作，为四川科学技术出版社搭建了与国内顶尖医学资源联系的桥梁，有力地推动了四川医学专业出版的发展进程。随后，四川科学技术出版社推出了《华西医院辟谣小分队》等深受广大读者好评的医学科普读物，取得了良好的社会效益和经济效益。

此外，天地出版社、四川人民出版社、巴蜀书社等也在本土资源的开发上下功夫，推出精品力作。天地出版社聚焦四川阿坝、甘孜、凉山三州地区独特的资源，推出以《悬崖村》为代表的一大批主题出版物，获得多项大奖，提升了四川出版的形象。巴蜀书社着力在巴蜀文化资源开发上做文章，深入实施"四川历史文化名人出版工程""巴蜀文化传承创新出版工程"等，取得了良好的社会效益。

在抓好省内出版资源的同时，文轩还推动出版社积极走出四川，面向全国抢抓出版资源。"振兴"是一个相对概念，振兴四川出版，就是要让四川的出版社在全国出版业名列前茅，绝不是"关起门来当老大"。如果我们局限于四川范围，不参与全国市场的竞争，就不可能实现出版振兴的目标，赢得业界的尊重。为了提升文轩争夺全国出版资源的能力，我们整合内部资源，搭建新的发展平台，赋予新的发展责任。

2017年1月，文轩将原天地出版社、华夏盛轩、中盘事业部整合成为新的天地出版社，将优质的选题策划资源与渠道资源聚集在一起，将天地出版社的总部搬迁到北京，建立新的全国性出版平台，搭建抢占全国出版资源的"桥头堡"，探索振兴四川出版的全新路径。整合后的新天地出版社，聚集一批知名作家，与国内外优秀出版机构开展广泛合作，资源组织能力显著增强，先后推出《红船》《成为：米歇尔·奥巴马自传》等一大批优秀作品，出版规模、市场销售和经营业绩均实现高速增长，成为振兴四川出版的重要支柱。

此外，2017年5月12日，四川少年儿童出版社成立深圳策划中心，与成都编辑中心、北京编辑中心共同形成了四川少儿出版"多点布局、多地互动、多方策应"的格局，为进一步抢占全国少儿出版资源搭建了全新的平台。

在抢抓出版资源的过程中，文轩还鼓励和支持出版社抢抓作者资源。一方面通过加大出版投入、设立工作室等抢抓名家资源。文轩给各出版社注资，就是要增强出版社在抢抓资源时的实力和底气。我们还尝试在北京成立名人工作室，探索利用工作室模式聚集名家资源的全新路径。另一方面，文轩利用网络开辟新的出版空间。2018年，国内网络文学创作者已达1755万，其中签约作者61万；新增签约作品24万部，各类网络文学作品累计达2442万部，较2017年新增795万部，同比增长48.3%；全国重点网络文学企业主营业务收入总计为159.3亿元，同比增长23.3%。网络读物市场的高速发展，要求我们跟上时代的节奏。文轩旗下的四川数字出版传媒有限公司，利用其"苍穹悦读"数字出版平台，与四川省网络作家协会达成战略合作关系，锁定原创网络文学作品6000多部，签约作者达2300多名。

抢抓作者资源，最终要落脚在重视经营作者，用心维系作者。

过去我们出版社与作者，基本上是简单的出书关系。你交书稿，我做出版，简单快捷，一出了之。书出之后，出版社与作者就形同路人，再无关系。多年来，我们出版社的生存状态，离不开一个"忙"字。一边花大力气忙着找"新作者"，一边又对合作过的"老作者"视而不见。这种"猴子掰苞谷"捡一个丢一个的做法，使出版社总是游走在低水平忙碌的路上。出版社与作者"一锤子买卖"的状态如果不改变，出版社抢抓作者资源的措施，就会事倍功半。因此，我们抢抓作者资源，必须用心经营好作者。需要明确，出版社的所谓"内容优势"，是建立在"作者优势"基础上的。没有作者优势，就不会有内容优势。可以说，作者是出版社的"衣食父母"。随着出版市场竞争日趋激烈，经营作者，将成为出版社越来越重要的工作。

经营作者，既要用心，还要用情。对待作者，绝对不能有书稿就找你，没有书稿不理你。需要明白，一个作者今天没有书稿，明天可能有书稿；今天是年轻作者，明天可能是知名作者；作者自己没有书稿，身边人可能有书稿。不仅如此，作者都是写书人、文化人，这些人也一定可以成为出版社优秀的"策划人""组稿人"。关键在于，他是不是心系你这家出版社。因此，出版社要高度重视建立自己的作者朋友圈，不仅在出书的时候要以专业能力打动作者，出书之后，也要通过建立一套密切联系作者的机制和方式，保持与作者的联系与情谊。做到出版社每出版一本书，就增加一个"作者朋友"。出版社的作者队伍，就是由历年在出版社出过书的一个一个的作者组成的。这些作者，是出版社的宝贵财富。如果不去组织他们、联络他们，出版社就难有自己的"作者队伍"。出版社应该通过多种方式黏住作者，比如设立"年度作者""荣誉作者""畅销作者""最佳作者"等等，充分尊重作者，让作者感到有荣誉；通过报告动态、参与活动、寄送贺卡、赠送好书等等，经常联络作者，让作者感到有温暖。出版社内必须形成尊重作者的文化氛围。出版社对作者，要做到"一日为作者，终身是朋友"，以此不断扩大作者"朋友圈"。出版社的作者"朋友圈"大了，内容资源也就丰富了。

（七）解决路径问题：通过"非均衡"发展，实现出版整体跃进

2010年新华文轩并购四川出版集团9家出版社之后，对教材教辅业务进行了集中，除四川教育出版社外其他出版社不再从事教材教辅出版业务。失去了教材教辅这一经济支柱的8家大众出版社，出版规模小、经济实力弱，基本没有盈利能力。在文轩对出版社实行统一管控之下，当时各出版社的业务规模差不多，收入水平也差不多，出版社之间也没有什么矛盾，可以说是一种"均衡"的发展状态。但是，这种低水平的"均衡"，并不是我们想要的。我们想要的是高水平的"均衡"，就是出版社家家都很厉害，都很强大。文轩出版的"九张牌"，不仅要平均高分，还要家家得高分。

振兴出版的目标，不是振兴某一家或者某几家出版社，而是要实现四川出版整体的发展、全面的振兴。如何实现四川出版的整体发展？解决这个问题，需要有策略上的考虑，不能采取简单化、一刀切的振兴模式，不能要求所有出版社同步发展、同步振兴。实现从低水平均衡到高水平均衡的发展，必须尊重事物发展的规律。由于自身资源禀赋、能力、特质等的差异，一个群体内的各个成员不可能实现同步发展，一定是有好有坏、有快有慢。就像林子里的树木，尽管沐浴同一片阳光，也有高低之分、粗细之别。

文轩的各家出版社，就跟林子里的树木差不多，尽管都在文轩旗下，但是其发展历史、资源禀赋、人才储备、出版能力有很大差异。尤其是在振兴四川出版过程中，各出版社的理念和感悟都不相同，因此，要实现同步发展是不可能的。在发展过程中，它们一定会有快有慢。所以，我们尊重事物发展规律，实施"非均衡"发展战略，推动各家出版社在"非均衡"状态下向前发展，以此让那些能力强的出版社率先发展，在振兴四川出版过程中脱颖而出，成为四川出版的头雁，成为振兴四川出版的标杆。

基于此，新华文轩对发展快的出版单位给予更多支持，赋予更多资源，支持其做大做强；对发展比较慢的出版社，要给予特殊的关注，帮助查找问题，切实解决问题。让发展好的出版社，率先做大做强，朝着"大而强"的方向迈进。让另一些出版社在自己专业领域深耕细作，朝着"小而美"的方向发展。通过在出版社之间形成一个发展的"压力场"，以发展快的带动发展慢的，规模大的带动规模小的，最终形成大中小相适应的出版格局，实现"大则有实力有影响，小则有特色有声誉"的目标。

振兴四川出版，只有走一条"非均衡"发展的路子，通过"均衡－非均衡－均衡"发展的动态过程，才能最终实现四川出版的全面振兴。

从2016年开始，我们在文轩出版内部推进"非均衡"发展战略，从做大和做专两个方面发力。在解决"做大"的问题上，我们并不先入为主，主观臆断谁行、谁不行，而是通过"赛马"机制，在发展中看谁强谁弱，看谁跑得快跑得好。在此基础上，对领先发展的出版社进行资源倾斜，通过增资、注入资源、成立子集团等方式，推动其进一步做优、做强、做大，在全国市场中与高手过招，提升自己的市场竞争力，并以此发挥"头羊效应"，带动文轩出版的整体发展。

在发展过程中，华夏盛轩公司展现出了较强的出版能力。于是，在2017年年初，我们整合内部资源，将天地出版社与华夏盛轩公司合并，并将中盘事业部纳入天地出版社进行管理。实际上，这是给华夏盛轩注入出版社壳资源，增加发行渠道资源，以此构建起文轩在北京面向全国的出版平台，鼓励其参与全国一流出版社的竞争，进而带动文轩出版的整体发展。

在支持部分有条件的出版社做大的同时，我们引导部分出版社做专做优，走专业化发展道路。一家出版社如果没有自己特色的产品线，就没有坚实的生存与发展基础。我们要求文轩9家出版社都要有自己的核心产品线、王牌产品线，要采取实用、有效的战术打法，在各自擅长的领域精耕细作。

四年来，"非均衡"发展战略取得了明显成效。一些出版社在"赛马"机制下脱颖而出，成为文轩出版的"领头羊"。其他出版社紧跟其后，都有长足的进步。

2019年，四川少年儿童出版社在全国出版社市场排名上升到第20位，天地出版社在全国出版社市场排名上升到第46位，两家出版社销售码洋占文轩出版总销售码洋的63.4%以上，成为领涨文轩出版的核心力量。多家出版社年销售码洋突破亿元大关，文轩出版的整体实力得到快速提升。除四川少年儿童出版社与天地出版社以外的其他出版社也逐渐形成了自己的出版特色。四川人民出版社的个人理财、四川文艺出版社的诗歌小说、四川科学技术出版社的科普科幻、四川美术出版社的卡通动漫等细分类别的行业排名居全国前列。四川辞书出版社、巴蜀书社坚持自身发展优势，聚焦专业出版，成效明显。

（八）解决协同问题：发挥全产业链优势，"两个轮子"一起转

新华文轩是做发行起家的，发行能力一直在全国业界保持着强势地位。文轩网2019年销售码洋超过28个亿，为全国第三大图书电商，国有第一大图书电商；文轩的实体书店有近200家门店遍布全川，销售实力也名列全国前茅，是省外出版社争相联络的对象；文轩商超在全国有800多家网点，具有较强的辐射能力。此外，还有文轩中盘这支遍布全国的发行力量。但是，这些十分重要的发行力量和资源，在很长一段时间里却与文轩的出版社没有多大关系。尽管大家同在一个公司旗下，却各在各的体系，各做各的事情，文轩出版和发行处于相互隔离的状态。对于文轩本版书的发行，各渠道站在自己的立场认为那是出版社的事情，并不特别上心。文轩旗下的出版社也没有感受到进入文轩后在图书发行上得到的特殊支持与好处。

出现这些问题的原因在于，文轩并购四川9家出版社后，并没有对自己的出版社在渠道支持上有单独的制度安排，内部各渠道与各出版社仍然各自为战、各行其是，结果就是一盘散沙，出版社进不进入文轩都一样。而文轩渠道从自身利益出发，更愿意引进全国优质出版产品。由于四川出版长期比较弱小，产品与全国优秀出版物比较，确实销路要差很多，所以，文轩渠道不愿意带着四川出版社一起做营销。

振兴四川出版，必须改变这种状况，让发行对出版给予更多支持，切实发挥文轩得天独厚的渠道优势，形成文轩内部的协同效应，凸显文轩全产业链的整体优势。四川出版的产品销售好不好，既取决于图书的质量和品质，也取决于发行工作。振兴四川出版必须要让出版与渠道"两个轮子"一起转，一是"两个轮子"大小要协调，一个大，一个小，不但跑不快，而且会跑散架；二是"两个轮子"要同步转，一个快，一个慢，也会跑偏，甚至原地打转。出版与渠道，各有各的想法，各有各的利益追求很正常，但都要在统一指挥下协同发展。这个协同效应实现了，不仅振兴四川出版能够见成效，也将大大提升文轩产业的整体实力。

　　为了推动"两个轮子"一起转、同步转，我们首先花大力气提升出版能力，将出版这个原来跟在渠道后面跑的"轮子"开动起来。在提升出版能力的同时，我们发挥文轩作为发行商、渠道商的经营优势和品牌优势，在全国打通关节、疏通渠道，加大川版书营销力度。一方面我们建立出版与实体门店、电商、物流的协同机制，推动渠道支持出版发展。文轩各渠道将振兴出版作为分内的工作，积极响应，自觉加压，使川版书在文轩自有渠道销售连年大幅攀升。另一方面我们加快实体书店阅读终端建设和文轩网的销售能力提升，将振兴出版与振兴实体书店相结合，增加川版图书上市与读者见面的机会，增强川版图书营销的有效性，不断扩大川版图书的市场占有率和品牌影响力。

　　为了扩大川版图书的影响力，我们还通过出版与渠道协同作战，举办大型川版图书展销活动和综合性全国书展，形成声势、扩大销售、树立形象。

　　2018年9月10日至10月28日，文轩举行了"振兴四川出版、振兴实体书店"重点成果展销活动。四川所有出版社与文轩零售连锁事业部、文轩云图、文轩网等通力合作，使展销活动成效显著。此次"双振"展销活动，汇集了全省16家图书出版社2016年以来出版的优秀图书、畅销图书1.3万余种。文轩旗下9家出版社开展讲座、签售、访谈、社长编辑荐书等34场形式多样的阅读分享活动，遍布6个城区，其中9场重点活动的网络直播浏览量超300万人次。为期一个半月的"双振"展销，16家图书出版社共销售图书62万册，码洋1800万元，同比增长220%。

2019年11月29日至12月2日，在省委宣传部的大力支持下，新华文轩发挥全产业链的整体优势，成功举办了"2019首届天府书展"。我们邀请了全国29家出版集团和近300家单体出版社参展，展出图书品种达到11万种，除了成都世纪城国际会展中心主展场外，还在全省各市（州）区的书店、图书馆、学校等相关场所设立了200余个分展场，共为四川读者和成都市民带来500余场精彩的阅读活动，共接待读者110余万人次，其中主展场11.5万人次，分展场超过100万人次，实现销售图书共计2992万元码洋，其中主展场405万元码洋，分展场667万元码洋，文轩在线1920万元码洋。此外，主展场文创产品销售额近百万元。2019首届天府书展，真正办成了"出版行业盛会"和"全民阅读嘉年华"。书展期间，四川省委书记、省长、省委宣传部部长、省委秘书长、成都市委书记等省市领导悉数到场出席活动并指导工作，有力地提升了四川出版在党委和政府心目中的形象，创下了四川出版的多项纪录。书展期间，文轩还以"分享共赢，聚势谋远"为主题，举办了"新华文轩2019合作伙伴大会暨战略合作签约仪式"。中国出版传媒股份有限公司、黄河出版传媒集团、新疆维吾尔自治区新华书店、中国老年大学协会、北京师范大学出版集团、山东新华书店集团有限公司、青岛新华书店有限责任公司、上海钟书实业有限公司、人天书店有限公司等全国出版发行业界共计300余人参加大会，为川版图书走向全国市场搭建了更加广阔的发展平台。

自2016年以来，新华文轩三大发行渠道的川版书销售呈现高速增长态势，有力地支持了出版的快速发展。2019年，文轩中盘的本版书实销码洋达2.8亿元，现金回款达1.59亿元。实践证明，两个轮子比一个轮子跑得更快，也跑得更稳。

（九）解决队伍问题：坚持人才强社，提升持续发展能力

人才问题一直是制约四川出版发展的短板。振兴出版起步之时，出版社抱怨最多的一是无钱，二是无人。人才问题，可以说是事物发展的一个永恒话题，任何时候都缺人才，任何时候都需要人才。直到今天，振兴出版虽已取得显著成效，但我们仍然感到人才缺乏。所以，在振兴出版的进程中，我们花了更多精力、采取了一系列举措来解决人才问题，并逐渐形成了文轩的"出版人才观"。

1. 人才建设的重心在基层

出书的主体是出版社。出版社人才队伍不强，就出不了好书，出不了业绩，所以，出版人才建设的重心在出版社。针对出版社人才队伍青黄不接、干部队伍成长缓慢、职业荣誉感缺乏等现实问题，文轩积极推进"人才强社"战略，把出版社的人才队伍建设放在文轩人力资源工作的首要位置，采取了一系列切实有效的举措，有力地推动了出版人才队伍的成长。

一是建立导师制。为加快新编辑的迅速成长，文轩自2018年起推动旗下9家图书出版社全面实行导师制，通过实施这一制度，把"传帮带"的优良传统发扬光大，帮助新编辑迅速成长。

二是建立首席编辑制。为发挥出版社领军人才的作用，文轩

在出版社设立首席编辑岗位，不断提升优秀人才的职业荣誉感，为青年编辑人才成长树立标杆和榜样。

三是加强青年编辑技能培训。自2016年以来，为促进交流，开阔业务眼界，我们邀请国内外专家开展"文轩大讲堂"系列讲座，并从2017年开始每年文轩举办青年编校大赛，同时开展了编校专业知识培训。通过编校大赛和编校专业知识培训，发现人才、历练人才，提升出版社整体编校能力和水平。

四是加大年轻干部的选拔力度。在出版社干部选拔方面，文轩以业绩为导向，不论资排辈，唯才是举，任人唯能，重视出版社干部的梯队建设，构建年龄结构合理的出版社班子队伍。

五是实施出版项目负责制。鼓励各出版社让有项目、有想法、有思路的年轻人去担当项目负责人，充分发挥项目负责制团队精干、反应快速的特点，用这种灵活的机制，推动出版好书、历练人才。

六是设立名编辑工作室或建立分社。各出版社结合实际，为业务能力强、出书效果好的编辑专门成立工作室，为其配置更多优势资源，尽可能为想干事、能干事、干成事的出版人搭建更加广阔的平台。

七是实施"青年学子进文轩工程"。由文轩出资，每年引进50～80名"211大学"或"985大学"毕业的研究生到文轩。出版社只管用人、培养人，这些青年学子进入文轩两年内的薪酬开支，由文轩总部支付，两年以后根据培养和考核的情况，再把工资关系转入相应出版社。

八是鼓励各出版社走出去，与行业中的领先出版社建立人才交流培训机制，通过学习先进，参与项目运作，提升自己的出版能力。

2. 人才建设的标准在业绩

我们的干部员工是不是人才，要用业绩来证明。文轩出版人才考核评价最重要的标准就是看业绩。总部为出版社铺好路，建立考核评价标准，营造公平竞争的环境，让想干事的人有机会，能干事的人有舞台，干成事的人有奖励。出版社的任务就是把本领体现在振兴出版上，把目标锁定在出好书上，把力量展示在单品效益提升上，创造一流的业绩。在人才的认定与评价上，我们不看学历、资历、职称，而是看能力、实力、业绩。年终对业绩好、跑得快的单位和个人兑现奖励。2018年文轩有两家发展好的出版社社长拿到的年终奖，超过了文轩总经理。

3. 人才建设的关键在机制

加强出版社的人才队伍建设，关键是要建立一套行之有效的选人用人机制。如何选拔人才是一门很深的学问，历史和现实中都有大量因人才选用不当而造成企业损失、事业衰败的例子。在人才选拔上，我们信奉"将军是打出来的"理念，发挥"赛马"机制的作用，在比赛中选拔人才、重用人才。通过比赛来选人用人有很多好处：一是大家认可，公信力高；二是导向清晰，有利于形成竞相干事、出好书的风气；三是领导不累，扯皮很少。

在培养和选拔优秀人才过程中，我们特别注重出版职业的特殊要求。我们希望文轩的出版人身上要有两股"气"，一股是"书卷气"，一股是"江湖气"。一方面，出版人要以"书卷气"立本，没有"书卷气"，缺少内涵，别人看不起，难以与作者沟通交流。这要求编辑不断加强自我修养，培养一专多能的综合素质，形成能够与作者交流对话的文化底气。另一方面，作为出版人还要有那么一点"江湖气"。这里所说的"江湖气"，不是称兄道弟、两肋插刀，而是指善于与人打交道，不能成为书呆子。优秀的出版人是开放的，善于广交朋友，这就要求我们走出书斋，以虚心、诚恳的态度，与作者交朋友，赢得作者的信赖，让更多作家进入自己的"朋友圈"，争取到一个又一个有分量的选题，编出一本又一本精品图书。

建立公平的"赛马"机制，对于用好人才、留住人才有重要意义。在振兴出版的过程中，人才的重要性人人都知道，但怎么重视人才，怎么留住人才，却不是人人都清楚的。这个问题如果处理得不好，就会让自己企业成为别人的人才培养基地，这是国有文化企业人才建设中最需要警惕的问题。所以，我们不仅要善于培养人才，还要善于用好人才、留住人才。如何留住人才？过去常说，用"感情留人""待遇留人""事业留人"，这些话听起来不错，实际上很不靠谱。感情只能管一时，三两个朋友，短时间帮你是可以的，但维持不了多久。待遇是一个相对的东西，如果待遇不公，也留不住人才。事业留人，如果没有一个好的公平的环境，干得好的人不如关系处得好的人，这样也留不住人才。所以，留住人、用好人，从根本上说要靠"机制留人"。有了好的机制，不但能留住人才，还能吸引人才。所以，振兴四川出版以来，我们在人才机制上下了很大功夫，除了用"赛马"机制选拔人才外，我们推行业绩导向的考核机制和说话算数的奖惩机制，让能干的人、干得好的人才得到让别人羡慕的回报，自己也走上人生事业的巅峰，大大激发了全体出版人干事兴业的激情。比如四川少年儿童出版社在社长常青的带领下，自振兴四川出版以来，一骑绝尘，站上了四川出版的最高领奖台，也冲进了全国TOP20。在外人看来，常青社长的个人形象也发生了很大变化。这就是我们说的人才要靠业绩来支撑，靠数据来"美容"。业绩是出版人才最好的"美容剂"。

4. 人才建设的方向在高端

未来振兴出版要培养什么样的人才？我们认为，要重点培养创意型人才。对于图书出版这个创意产业来说，从内容的生产到图书的设计与营销，都需要人的创意。出版创意的核心，源于人才的创新性思维，有创新才会有创意。创新性人才是高层次人才，需要采取新的人才建设思路。

为此，我们在抓好技能型、操作型人才建设的同时，着力加强高端人才建设，培养一支具有创造性思维、理论与实践相结合的复合型高层次人才队伍，努力把文轩建设成人才引领、创新驱动的出版传媒集团。一方面，加强与著名高校合作培养高端人才。2016年，文轩与四川大学建立了人才战略合作关系，共同创建了国家级"双创"示范基地。2017年，文轩与电子科技大学携手合作，共同创建了国家级新闻出版业科技与标准跨领域综合重点实验室，探索四川新闻出版融合发展之路。2018年，文轩与四川大学、电子科技大学签署联合培养博士后协议，通过产学研结合，组建卓越的导师团队，投入充足的科研经费，建设高端的学术智库，推出创新的科研成果，共同培养高层次人才，为出版的发展提供智力支持。另一方面，文轩还积极申报建设博士后科研工作站，于2018年先后建成了省级"博士后创新实践基地"和国家级"博士后科研工作站"。2019年5月，举行了首批博士后入站仪式。

第七章
振兴四川出版的
阶段性成效

　　四年来，文轩人克服一个又一个困难，迎来了文轩出版高速发展的黄金期。四年来，文轩出版一年一大进步，实现一个又一个突破，振兴四川出版取得了显著成效。文轩出版，已经以一个崭新的形象出现在人们的面前。四年的时间虽然短暂，但可以说，文轩出版创造了新的历史。

一、业绩亮眼：五年目标三年实现

2016年，新华文轩制定的振兴出版规划，明确提出了用五年时间使大众出版实现销售码洋20亿元、销售收入10亿元、利润1亿元的发展目标。在2015年文轩的出版社普遍亏损、文轩大众出版亏损总额达2880多万元的情况下，特别是在文轩内部普遍认为"大众出版不可能赚钱"的情况下，当时提出一个亿的利润目标，很多人认为简直是天方夜谭，遥不可及。离开了教材教辅，大众出版真的能走出来吗？从四川出版的发展历史看，即使在最辉煌的20世纪80年代，四川出版也没有这方面的先例。但是，我们反问自己，别人能做到的事，难道自己就做不到？别的省能达到的境界，难道四川就不能达到？大家心中憋着一股劲，虽然半信半疑，仍然希望闯出一片新天地来。正是在这样一个氛围中，振兴出版起步了。随着振兴出版各项举措的全力推进，文轩出版迅速走出低谷。

（一）三年三大步，文轩出版驶入快车道

1. 2016年，文轩出版实现首次大反弹

首先是各种好书、畅销书不断增多。2016年，文轩共出版大众图书4539种，其中新书3032种，新书品种同比增长60%；推出

了以《入党》《红船》《米小圈上学记》等为代表的一批"文轩好书"。2016年，文轩出版在图书零售市场监控销量10万册以上的图书有12种，比上年增加10种，文轩出版影响力明显提升。《入党》《社会主义核心价值观：理论与实践》被中宣部、国家新闻出版广电总局列入重点主题出版物。《琅琊榜》等一批图书获得了国家级奖项。《巴蜀文化通史》《青藏高原考古》等近50种图书入选国家重点项目，较2015年增长超过25%。

　　其次是各项经营指标实现大幅增长。一是生产销售增长迅猛。文轩出版2016年生产码洋9.78亿元，比上年增长56%；净发货码洋8.49亿元，比上年增长31%。二是收入利润大幅增长。文轩出版2016年营业收入3亿元，与上年相比增长81.9%；2016年文轩出版总体实现扭亏为盈，在2015年亏损2880万元的情况下，实现盈利561万元。由亏转盈，这是一个历史性的跨越。三是版权输出有较大进步。文轩出版2016年共实现版权输出136项，比2015年大增60%，其中输出非华语国家111项，输出华语地区25项，新增俄语、印地语、马来语等5个输出语种。

　　第三是在全国出版市场排名进入前20位。文轩出版2016年市场监控码洋为2.98亿元，市场占有率0.84%，总体排名第19位，较2015年上升7个位次，是全国35家出版集团中排名上升最快的集团。各出版社市场排名都有所提升，四川少年儿童出版社上升66位，位于第85位；天地出版社和四川文艺出版社分别上升143位和58位，排名进入前200位。

　　通过2016年的经营数据可以看出，在振兴出版的起步之年，文轩出版展现出强劲的发展势头，呈现出多个发展亮点：一是出版生产规模接近10个亿，显现出大众出版长期受到压抑的大反弹；二是大众出版利润已经由全面亏损转为总体盈利，不仅显露出胜利的曙光，还增添了发展的信心；三是市场排名大步跃升，排名的背后就是实实在在的经营成效。

2016年文轩出版规模和销售业绩均取得快速增长，为近五年来增长最快年度，文轩旗下4家出版单位销售规模突破或接近亿元大关。这充分说明，在一个良好的发展氛围下，通过切实有效的手段，出版能够在一个较短的时期实现快速发展。

2. 2017年，文轩出版继续保持高速发展

首先是在出好书方面，畅销书品种数量大增。2017年，文轩共出版大众图书5300种，其中新书3430种，新书品种数同比增长13%。在新书品种增长放缓的情况下，畅销书品种却大幅增加。2017年度销售10万册以上的图书34种，比2016年增加22种，同比增长183%。其中，销售超过30万册的图书就有16种。2017年，文轩出版影响力大增：文轩共有12个项目获得国家出版基金资助，创造了文轩入选国家出版基金项目年度数量之最；8个项目获得第四届中国出版政府奖，创造了新华文轩在同一届中国出版政府奖中获奖数目的历史最高纪录，获奖项目总数比第三届增长60%。

其次是在出版经营方面，文轩出版继续保持高速发展态势。一是出版规模高速增长。2017年文轩大众出版生产规模达到18.96亿元码洋，同比增长94%。二是销售和利润高速增长。2017年，文轩大众出版营收达6.0亿元，同比增长99.8%；文轩

大众出版净利润6639万元，同比增长1083.0%。如果说2016年文轩出版实现了总体扭亏，那么，2017年文轩出版则实现了全面扭亏，每家出版社都实现了盈利。文轩出版由过去每家大众出版社都亏损转为每家出版社都实现了盈利的历史性跨越。三是出版"走出去"工作排名进入全国前10。2017年，新华文轩首次进入"中国图书对外推广计划"2016年度综合排名前10名，这是近年来取得的最好成绩；文轩出版签订版权输出合同176项，同比增长29.4%。

最后是在全国市场排名方面稳步跃升。开卷数据显示，2017年文轩出版在全国出版集团总体市场排名第15，比2016年上升4个位次，比2015年上升11个位次，排名增速在全国35家出版集团中连续两年位居第一。两家出版社进入全国百强出版社，其中四川少年儿童出版社排名第47位，首次进入前50位，天地出版社排名第82位。

2017年是振兴四川出版的第二个年头，在强力推行"赛马"机制、反哺出版、强化渠道支持等各项举措的有力推动下，文轩出版在2016年良好开局的基础上继续高歌猛进，发生了三个显著变化：一是在新书品种仅同比增长13%的情况下，销售规模同比增长85%，反映了文轩出版的效率显著提高，精品出版的成效已经显现。二是出版成为产业发展的新引擎。长期以来，在新华文轩的产业结构中，除教材教辅作为利润主要贡献者外，其他产业板块能够实现整体盈利的并不多，实体书店、电子商务还处于亏损状态，2017年文轩大众出版业务板块实现盈利超过6000万元，成为产业发展的新引擎。三是新的出版格局开始形成。在"非均衡"发展战略的推动下，2017年，四川少年儿童出版社和天地出版社异军突起，四川少年儿童出版社销售码洋突破6亿元，天地出版社销售码洋突破3.8亿元，两家出版社占文轩出版总销售码洋的68%以上，成为领涨文轩出版的核心力量。四川人民出版社、四川文艺出版社销售码洋突破亿元大关，成为第二梯队。其他出版社在各自专业方向也取得了长足进步。

2017年也是文轩出版信心大增的一年。如果说2016年是振兴出版第一年，大家对靓丽的经营业绩还抱有是不是"撞大运"的怀疑的话，那么连续两年的高速增长就反映出文轩出版已经形成了可持续的发展态势。文轩出版取得的明显进步，个别社出现的飞跃式发展，极大地增强了文轩做好出版的信心。文轩出版的士气空前高涨，这与两年前形成了鲜明对比。大家开始觉得，四川出版人是能够做出版的，是能够做好出版的，是能够到全国出版大市场去一争高下的。文轩出版的快速发展，更加坚定了我们不忘出版初心、做强出版主业的信念，更加坚定了我们回归全国出版第一阵营的信心。

3. 2018年，文轩实现振兴出版的五年目标

首先是五年目标三年实现。2018年文轩旗下9家出版社的大众图书出版实现生产总码洋23.50亿元，同比增长24%；总体销售码洋21.60亿元，同比增长37.26%；大众出版净利润1.57亿元，同比增长136.4%。2016年制定振兴四川出版实施方案时，确定了到

2020年实现销售码洋20亿元、利润1亿元的目标。这个目标，到2018年已经全部实现。这是振兴出版的标志性事件，五年目标仅用三年就实现了。

其次是文轩畅销图书品种数大幅增长。2018年，文轩出版图书6043种，其中新书3985种，同比增长16%。共有43个品种进入全国畅销榜TOP500，比2017年增加了11种。2018年监控销量2万册以上的图书品种为193个，比2017年增加74个，增长62%。其中监控销量超过50万册的品种4个，监控销量30万～50万册的品种24个，10万～30万册、5万～10万册、2万～5万册销量级的品种数均超过2017年。2018年，文轩出版实现图书版权输出272项，比2017年增长60%。

第三是全国市场排名继续提升。2018年文轩出版市场监控总码洋为9.07亿元，市场占有率为1.71%，在全国35家出版集团中总体市场排名第13，比2017年上升2个位次，排名增速在全国35家出版集团中连续三年排名第一。

2018年年初，为了改变上品种、上规模的传统粗放出版方式，我们提出了"精准出版、精细出版、精品出版"的"三精"出版理念，推动出版的高质量发展。在这一理念的指引下，文轩出版发生了新的变化。一是在高速度增长的同时实现了高质量发展。2018年文轩出版生产规模同比增长24%，销售收入同比增长40.6%，利润同比增长136.4%，实现了销售涨幅大于生产涨幅，利润涨幅大于销售涨幅的高质量发展。二是文轩出版单品效益显著提升，"三精"出版的成效初现。

2015～2018年，文轩出版单品平均销量分别为995册、1583册、2179册、3044册，2018年新书单品销量同比增长40%，是新品品种增长率的两倍。2018年文轩出版效率为1.93，比2017年度增加0.38，位列全国出版集团第4位，仅次于中国国际出版集团、陕西传媒和中南传媒。在开卷监控动销品种增长率下降的情况下，文轩出版实现了销售码洋、出版效率和新品单品销量的大幅上升，表明文轩走上了"三精"出版的高质量发展之路。

（二）四年振兴出版，创造四川出版的奇迹

当历史的车轮进入21世纪第三个十年之时，振兴四川出版已经历了四个年头。如果说四年来文轩出版每年都有进步，那么四年后，也就是2019年与当初相比是一个什么状况？我们通过各项数据来看四年来文轩大众出版所发生的巨大变化。

1. 四年来，文轩出版生产能力与销售规模大幅提升

2015年，文轩大众出版总体入库码洋为6.19亿元，品种数为3030种。2016年，总体入库码洋为9.78亿元，品种数为4539种。2017年，总体入库码洋变成了18.96亿元，比上年翻了接近一番，而品种数为5300种。2018年，总体入库码洋为23.50亿元，入库总品种数为6043种。2019年，文轩大众出版总体入库码洋达到29.50亿元，入库总品种数为6063种。四年来，文轩出版生产规模从6亿多元增长到29亿多元，增长近4倍，这不论对出版社的选题策划、编辑加工能力，还是对生产印制、市场营销能力都是一

个巨大的考验。虽然我们不能简单地以生产论英雄，但是产能的提升为川版图书进军全国市场、提升四川出版的影响力打下了基础，也是一个不争的事实。此外，我们还要看到，四年中，文轩出版的品种数从3030个增长到6063个，远低于生产码洋的增长率，反映了我们对低效图书生产的控制能力大幅提高。

2015～2019年文轩大众出版入库码洋情况表（单位：种、万元）

项目	2015年		2016年		2017年		2018年		2019年	
	品种数	入库码洋	品种数	入库码洋	品种数	入库码洋	品种数	入库码洋	品种数	入库码洋
新品	1892	36062	3032	62631	3430	85704	3985	128591	3724	137396
老品	1138	25844	1507	35215	1870	103846	2058	106427	2339	157598
合计	3030	61906	4539	97846	5300	189551	6043	235018	6063	294994

从文轩旗下9家出版社大众图书入库码洋的统计情况看，除个别社的特殊情况外，四年来各出版社都处于稳步上升态势。可以说，在出版社层面，文轩较好地解决了生产问题。发展出版业，如果没有把图书生产出来，是不可能取得效益的。特别需要说明的是，2019年四川少年儿童出版社入库码洋达到11.96亿元，已经是一个中型出版集团的规模了，反映出该社四年来的巨大进步。此外，天地出版社等的出版能力也在快速提升。

2015～2018年文轩各出版社入库码洋情况表（单位：万元）

出版社	2015年	2016年	2017年	2018年	2019年
四川教育出版社	—	668	438	1109	3801
四川文艺出版社	4073	9808	12641	16258	24325
四川辞书出版社	2274	3847	6089	6750	9797
四川科学技术出版社	3324	3518	7451	14124	19402
四川少年儿童出版社	15704	34958	69355	87035	119556
四川人民出版社	7595	9262	22193	24548	31291
四川美术出版社	6108	6012	10213	11806	13126
四川天地出版社	20662	24488	51524	61149	65445
巴蜀书社	2166	5284	9645	12239	8251
合　计	61906	97846	189551	235018	294994

注1：按2019年入库码洋增长率降序排列。

注2：四川教育出版社入库码洋统计范围为大众图书产品，不含征订教育产品。

四年来，在生产规模持续扩大的同时，文轩大众出版的销售收入也在快速攀升，一年一个新台阶。2015年，文轩大众出版总销售码洋为2.48亿元。2016年，文轩大众出版总销售码洋为8.49亿元，呈现爆发式增长；2017年，总体销售码洋跃升为15.74亿元，同比增幅接近一倍；2018年总体销售码洋为21.60亿元，站上了一个新的台阶；2019年文轩9家出版社总体销售码洋达到27.04亿元。四年时间销售规模从2015年的2.48亿元增长到27亿元，充分体现了文轩出版的市场爆发力，也印证了我们反复讲的一个道理，即只要你出的是"好书"，读者就愿意掏钱为你"投票"。

销售规模的大幅增长，背后饱含着文轩出版人四年来的辛勤汗水。"空中飞人"和"高铁达人"一年到头奔走在与作者"约会"的路上。编辑们没有节假日，每天要去面对似乎永无止境的书稿和文字，出版、印制、物流等后台工作的同志为了抢上市时间终日忙碌，还有营销人员为了卖得更多永远都在做客户的工作……正是这一支敢打硬仗、善打胜仗的出版队伍，支撑起了文轩大众出版高速增长的销售规模。

从各出版社的情况来看，四年来，销售码洋也是一年一个台阶快速攀升。四川少年儿童出版社销售码洋从2016年的3.1亿元攀升到2019年的10.93亿元，天地出版社销售码洋从2016年的2.2亿元攀升到2019年的5.98亿元，四川人民出版社从2016年的6800多万元攀升到2019年的2.97亿元，对总体销售规模起到了重要的支撑作用。四川文艺出版社、四川科学技术出版社、四川美术出版社和巴蜀书社在2019年都突破亿元大关，成为第二梯队。四川教育出版社也在2019年启动振兴教育出版的进程，奋起直追，2019年销售码洋同比增长率达到199%。

2015~2019年文轩各出版社销售码洋情况表（单位：万元）

出版社	2015年	2016年	2017年	2018年	2019年
四川少年儿童出版社	14244	31081	60765	80985	109298
四川天地出版社	21087	22064	38455	56003	59833
四川人民出版社	7616	6838	16295	22800	29673
四川文艺出版社	4235	8579	12513	15147	22822
四川科学技术出版社	3517	3233	7849	13159	18400

续表

出版社	2015年	2016年	2017年	2018年	2019年
四川美术出版社	6393	5035	8943	11036	12831
四川辞书出版社	2314	3335	4969	5753	7750
巴蜀书社	5167	4156	7185	10395	7413
四川教育出版社		544	446	794	2380
合　计	64574	84865	157422	216072	270400

注1：以2019年销售码洋降序排列。
注2：天地出版社2015～2016年数据包含华夏盛轩。
注3：四川教育出版社销售码洋统计范围为大众图书，不含征订教育产品。

2. 四年来，文轩出版经营利润实现历史性跨越

四年来，文轩出版在生产规模和销售规模高速增长的同时，营业收入和利润也实现了同步高速增长，出版经营效益显著提升，不但彻底改写了文轩大众出版不赚钱的历史，还成为文轩利润贡献的"大户"、产业发展的新引擎。憋屈了多年的文轩出版人终于扬眉吐气。

2015年，文轩出版整体亏损2880多万元；2016年是振兴出版起步之年，当年就实现扭亏为盈，盈利561万元；2017年利润迅猛增长，突破6000万元，达到6639万元；2018年，出版利润翻番，首次突破一个亿，达到1.57亿元，五年目标三年完成；2019年，在前一年高基数的基础上又增长了9.7%，出版利润达到1.72亿元。四年来，文轩出版从亏损2880万元到实现盈利1.72亿元，利润增长总额达到两个亿。需要说明的是，这些利润是在高

度市场化的大众出版领域创造的，是在没有教材教辅业务的情况下实现的。这是文轩出版历史上从未有过的情况，也是四川出版历史上从未有过的辉煌，可以说创造了四川出版的奇迹！

各家出版社的盈利能力都取得了长足的进步，四川少年儿童出版社、天地出版社两家出版社的进步尤为明显。四川少年儿童出版社从2015年亏损155万元猛增到2019年盈利9742万元，天地出版社从2015年亏损292万元大增到2019年的盈利5163万元，两家出版社盈利将近1.5亿元，这也反映出我们在振兴出版规划中制定的"非均衡"发展战略取得了显著的成效。在两家"领头羊"的带领下，四川人民出版社、四川美术出版社、四川文艺出版社、四川科学技术出版社、四川辞书出版社也连续几年实现稳定的盈利，彻底走出了亏损考核的阴影，走在了充满自信的发展大路上。由于定位的不同，巴蜀书社主要承担重大文化传承出版工程，业务距离市场较远，因此，文轩没有特别强调其盈利指标。四年来，巴蜀书社在重大出版项目的实施上硕果累累，交出了一份具有自身鲜明特色的振兴出版答卷。

2015～2019年文轩各出版社销售收入及利润情况表（单位：万元）

出版社	2015年		2016年		2017年		2018年		2019年	
	销售收入	利润	销售收入	利润	销售收入	利润	销售收入	利润	销售收入	利润
少儿社	5593	−155	9887	711	19122	1803	30765	7439	38808	9742
天地社	2783	−292	5221	39	16726	2802	26211	6052	28523	5163
文艺社	556	−926	3610	177	5207	512	4869	575	4468	572

续表

出版社	2015年		2016年		2017年		2018年		2019年	
	销售收入	利润	销售收入	利润	销售收入	利润	销售收入	利润	销售收入	利润
人民社	3730	−146	3414	−178	6661	363	7979	593	8004	642
科技社	1098	−294	1380	42	2683	99	3735	199	4799	298
美术社	2531	6.59	3533	186	5152	525	5463	475	5599	540
辞书社	822	−105	1540	1.05	2108	308	2122	206	3111	257
巴蜀社	848	−970	1487	−417	2419	227	3339	157	3107	9.7
合　计	17962	−2881	30072	561.11	60078	6639	84483	15696	96418	17224

注：该表不含四川教育出版社数据。

　　振兴四川出版四年来，如果说面对出版规模和销售规模的成倍增长，我们还有所准备，那么文轩出版经营利润的飙升则出乎意料，给全体文轩人带来了巨大惊喜。历史和现实都表明，在出版业，尤其是大众出版领域，上规模容易，出效益太难。把"钱"变成"纸"很容易，把"纸"变成"钱"太难。实际上，在振兴出版的初始阶段，文轩出版不断刷新生产数据，就受到很多人的质疑，认为文轩又在摆一个新"摊子"，又在造一堆新库存。前面提到过，文轩历史上做大众出版就有过造出一堆库存的深刻教训。但是，四年后的今天，文轩出版人用实实在在的业绩和数据证明，在振兴出版的大潮中，文轩出版的业绩不但经得起历史的检验，还为未来发展打下了坚实的基础。

二、读者认可：四川出版形象大为改观

（一）文轩出版图书得到了读者的广泛认可

出版利润过亿的背后是文轩出版经营管理水平的不断提升，是文轩好书的不断增多，是认同和喜爱文轩出版的读者队伍的不断扩大。四年来，文轩出版贯彻"出好书－建强社－出人才"的发展理念，各出版社将"出好书"作为立社之本，集中主要资源和精力"出好书"，拿"好书"作为市场的敲门砖，以"好书"作为业绩的奠基石，改变了过去文轩出版无书可出、有书难卖的局面，文轩出版的畅销图书不断涌现，出版面貌焕然一新。四年来，文轩在主题出版、少儿出版、文艺出版、科幻出版、财经出版、古籍出版等细分市场推出了一大批优秀原创精品图书，大大改变了四川出版在全国读者心目中的形象。大批优秀川版图书走向全国，走进书店，走近读者，走上领奖台，为四川出版重新赢得了尊严。

天地出版社双效突出的优质好书不断涌现，重点主题出版物《红船》成为全国学习贯彻十九大精神，开展"不忘初心、牢记使命"主题教育和"发扬红船精神，走在时代前列"教育活动的重要读本；《草原上的小木屋》成为每年重印的畅销书、品牌书；《中国文学史》荣获第六届中华优秀出版物图书提名奖；《中国藏地考古》荣获第四届中国出版政府奖图书奖提名奖；《高腔》入围"2018中国好书"；《我的1997》荣获"2017年度

315

大众最喜爱的50本图书"。

四川人民出版社推出了一系列有影响的主题出版物，如《入党》《向党旗宣誓》《红军长征在四川图志》《中国的品格》《社会主义核心价值观：理论与方法》《上甘岭——攻不破的东方壁垒》《中国海疆史研究》等。其中，《中国的品格》等图书荣获第十八届输出版优秀图书奖；《上甘岭——攻不破的东方壁垒》等图书荣获四川省第十五届精神文明建设"五个一工程"优秀作品奖。在国家新闻出版广电总局迎接党的十九大重点出版物出版工作推进会上，四川人民出版社作为地方出版社的唯一代表做了汇报发言。

四川科学技术出版社推出以《太空日记——景海鹏、陈冬太空全纪实》《惊天动地的"两弹"元勋》《蛟龙逐梦》《中国梦·科学梦》等为代表的系列科技题材主旋律佳作，受到社会各界的好评。《太空日记》获得总局"大众喜爱的50种图书"等22个重要奖项，并入选"经典中国国际出版工程"；《惊天动地的"两弹"元勋》荣获科技部"2018年全国优秀科普作品奖"等4个重要奖项。《流浪地球》《梦之海》《天父地母》《机器之门》《基里尼亚加》等科幻精品，受到广大读者的青睐，连续三年入选国家新闻出版广电总局"大众喜爱的50种图书"，连续两年获得科技部"年度优秀科普作品奖"，三年内两次获得"京东文学奖·年度科幻图书奖"，连续四年在中国科幻最具影响力的两个大奖——"银河奖"和"星云奖"的评选中斩获多个奖项。

四川少年儿童出版社除了超级畅销书"米小圈"系列外，采用连环画和小说形式打造的《王坪往事》《丫丫历险记》和战争题材读物《南京1937》，引导孩子乐意读、读得懂、记得住，深得孩子们喜欢。其中，《王坪往事》获得第四届中国出版政府奖提名奖，《南京1937》《丫丫历险记》入选"向全国青少年推荐百种优秀出版物"，并获得国家出版基金资助。四川少年儿童出版社将《DK儿童百科全书（精致版）》引进国内后，进行本土化改造，上市两年多累计销售超30万册，单本书销售码洋超过2000万元，成为国内最畅销的百科图书之一。2019年出版的《漫话国宝》系列丛书，上市半年销售即超过30万册。

四川美术出版社出版的《人体解剖与素描》荣获第四届中国出版政府奖装帧设计奖，《中国近现代版画·神州版画博物院藏品集3》荣获第四届中国出版政府奖印刷复制奖提名奖，《雪域精工：藏族手工艺全集》荣获第四届中国出版政府奖图书奖提名奖。数量众多的奖项，使四川美术出版社在业界的影响力大幅提升。

巴蜀书社在振兴四川出版过程中，完成了历时20多年的国家重大出版工程《中华大典·医药卫生典》3个分典和《中华大典·经济典》7个分典的编辑出版工作，出版了《蒙文通全集》《十三经恒解（笺解本）》等优秀古籍图书，完成了《中国西南少数民族村落的保护与发展》《四川民歌采风录》《宋代史论分类全编》《〈经律异相〉校注》《清代川边（康藏）史料辑注》等一批精品古籍整理图书项目。

此外，四川辞书出版社推出了被誉为"共和国《康熙字典》"

的《汉语大字典》（第二版缩印本）《实用甲骨文字典》，四川文艺出版社推出了《马识途全集》《乡村志》，四川教育出版社推出了《生态文明论》等精品图书，受到社会各界的广泛赞誉。

文轩出版荣获的各类大奖，既是对文轩"好书"的国家表彰，也是对文轩牢记文化使命、履行社会责任的充分肯定。

四年前，我们提出，振兴出版的标志之一就是畅销书的数量，如果四川出版每年市场销量10万册以上的畅销书超过100种，就基本可以说四川出版振兴了。为了实现这个目标，各出版社努力打造畅销图书，可以说，现在距离这个目标是越来越近了。经过四年的努力，文轩出版2019年销售2万册以上的图书292种，比2015年增加271种，其中2万～5万册的图书162种，比2015年增加157种；5万～10万册的图书65种，比2015年增加51种；10万册以上的图书65种，比2015年增加63种。从2017年开始，文轩出版还产生了销量达30万册、50万册，乃至100万册的超级畅销书。2019年文轩出版销量50万册以上的图书有24种，超过100万册的图书有8种，极大地提振了四川出版在全国市场的声势。2019年文轩出版共有36个品种进入全国畅销榜TOP500。在这些畅销书中，《汉声中国童话》累计销量突破70万册，《汪汪队立大功儿童安全救援故事书》累计销量突破300万册，《富爸爸穷爸爸》累计销量突破120万册。

在文轩出版的畅销书中，"米小圈"系列无疑是最杰出的代表。从2017年6月以来，四川少年儿童出版社打造的川版第一畅销书"米小圈"系列持续火爆，该品牌一直稳居开卷全国少儿图书畅销排行榜TOP10，2019年一年共销售2918万册，销售码洋达6.99亿元，同比增长超过20%。《米小圈上学记》繁体中文版权已被台湾地区购买，作品改编的同名广播剧在互联网平台的点击收听量超过30亿次，在全国小读者中产生了巨大影响。截至2019年年底，"米小圈"已经107次登上开卷少儿图书畅销周榜TOP10，成为名副其实的超级畅销书。在2019年世界读书日前夕，央视新闻专题报道了我国少儿出版发展状况，四川少年儿童出版社《米小圈上学记》作为原创儿童文学的唯一代表被央视重点报道和高度评价。在超级畅销书带动下，四川少年儿童出版社图书整体市场表现良好，全年销售码洋上千万的产品达12个系列。四川少年儿童出版社以"出好书"带动"建强社"，取得了显著成效。我国地方少儿出版的格局历来都是东强西弱，特别是"华东六少"，再加上实力不俗的中部"两湖少"，基本上占据了全国少儿市场的半壁江山。振兴四川出版以来，四川少年儿童出版社的崛起，被少儿出版界专业人士认为是改变我国少儿出版格局的重要事件。

文轩出版开卷监控近五年销售量级分布情况表（种）

年　度	2万～5万	5万～10万	10万～30万	30万～50万	50万以上	合　计
2015年	5	14	2			21
2016年	27	13	12			52
2017年	72	13	18	10	6	119
2018年	107	22	36	24	4	193
2019年	162	65	36	5	24	292

（二）文轩出版获得了良好的社会效益

在市场反响和经营业绩不断攀升的同时，文轩出版在社会效益方面也喜获丰收。四年来，新华文轩把出版的社会效益放在首位，坚持两手抓，一手抓社会效益，忠实履行自身的文化责任，一手抓经济效益，为出版发展、文化传承打下坚实的经济基础。我们认为，出版业经济效益与社会效益相统一的最好体现，就是统一在"好书"上。没有书，谈不上效益，没有"好书"，也不会有好的效益。只有既叫好又叫座的好书才能产生真正的社会效益。因此，我们紧紧抓住"出好书"这个振兴出版的"牛鼻子"，不但使文轩出版的经济效益飞速增长，社会效益也得到了显著提升。

四年来，文轩出版图书获得各类奖项无数，既有国家级的荣誉，也有市场的褒奖，既有行业的肯定，也有社会的赞誉。2017年5月，第四届中国出版政府奖获奖名单公布，新华文轩有8个项目入选，创造了文轩出版入选中国出版政府奖数目的历史最高纪录，入选总数比第三届增长60%。此外，文轩出版还获得了很多在全国有影响力的重要奖项。天地出版社的《山神》《高腔》获得2018/2019年度中国好书；四川文艺出版社的《琅琊榜》《瞻对》、天地出版社的《中国文学史》获第六届中华优秀出版物（图书）奖项；《探秘川剧变脸》等4种图书荣获第七届中华优秀出版物奖；四川美术出版社的《中国历代绘画大师长卷经典·王希孟千里江山图》获第七届中华印制大奖银奖；四川人民出版社的《中国的品格》等图书荣获第十八届输出版优秀图书奖。

四年来，文轩出版共有43个项目入选国家出版基金资助项目，40个项目入选"十三五"国家重点出版规划项目，12个项目入选国家古籍整理出版专项经费资助项目。此外，文轩重大文化出版项目也取得了重要成果，仅2019年一年就完成了《宋代艺话全编》（全4册）、《张祥龄集》和《吐鲁番文献合集·契约卷》等国家级出版项目。2019年还历史性地完成了国家重大出版工程《中华大典·医药卫生典》和《中华大典·经济典》共计超过1亿字的编辑出版工作，为这项从1990年启动至今历时近30年的国家重大出版工程交上了圆满的四川答卷。

四年来，新华文轩创新工作模式，大力开拓国际市场，出版"走出去"工作取得重大突破，连续两届获得"国家文化出口重点企业"称号。文轩旗下出版社版权输出数量从2015年的85项增长到2019年的418项，增长近4倍。2019年文轩出版还完成实体图书输出约10万册，旗下6家出版社已连续两年入选"中国图书海外馆藏影响力100强"。在2017～2018年度"中国图书对外推广计划"排名中，新华文轩整体排名从2016年全国第10位上升至第9位，其中，以版权输出数量来计（不含港澳台地区），2018年文轩跃升至全国出版集团第4位，地方出版集团第2位，首次进入第一方阵。随着"走出去"工作成效的不断显现，文轩出版的国际影响力得到了有效提升，文轩出版的海外声音越来越响亮。

2015～2019年各出版社版权输出统计表（单位：项）

出版社	2015年	2016年	2017年	2018年	2019年
四川天地出版社	12	16	27	94	132
四川少年儿童出版社	40	43	48	78	88
四川人民出版社	11	32	35	45	56
四川美术出版社	1	3	14	21	49
四川文艺出版社	10	15	23	27	42
四川辞书出版社	10	15	14	21	26
四川科学技术出版社	1	12	15	19	23
巴蜀书社	0	0	0	2	2
四川教育出版社	0	0	0	0	0
合　计	85	136	176	307	418

注1：数据包含我国港澳台输出数量。

注2：按2019年输出数量降序排列。

三、地位提升：四川出版一路向前

（一）文轩出版在全国的地位发生重大变化

2010年四川9家出版社整体并入文轩之后，文轩出版的市场占有率排名一直在全国35家出版集团中的第25～29位之间徘徊，2015年排名全国第26位，为倒数第10位，处于中国主流出版市场的边缘地带，在行业内默默无闻，基本被市场和读者遗忘。

四年来，在振兴四川出版的带动下，文轩出版市场排名快速提升。据开卷数据，2019年文轩出版全国市场码洋占有率为

2.09%，在全国36家出版集团总体市场排名中位居第7，比2015年上升了19个位次，排名增速在全国36家出版传媒集团中连续四年位居前列。同时，这也是开卷监控数据发布20年来文轩出版所获得的最高位次。2019年，文轩出版效率为2.16，排名全国第1，为近年来最高。从出版效率这一指标来看，2019年新华文轩是全国仅有的出版效率超过2.0的集团。

全国部分出版集团2014～2019年市场竞争走势（位次）

出版集团	2014年	2015年	2016年	2017年	2018年	2019年	走势
中国出版集团	1	1	1	1	1	1	稳定
吉林出版集团	2	2	2	2	5	2	稳定
凤凰出版传媒集团有限公司	4	3	3	3	3	3	稳定
中南出版传媒集团股份有限公司	5	5	4	4	4	4	稳定
中文天地出版传媒股份有限公司	11	10	7	7	7	5	上升
中国工信出版传媒集团有限责任公司	3	4	5	5	6	6	下降
新华文轩出版传媒股份有限公司	29	26	19	15	13	7	上升
浙江出版联合集团	9	9	8	8	9	8	稳定
长江出版传媒股份有限公司	6	6	6	6	8	9	下降
中国国际出版集团	8	8	10	11	2	10	波动
中国教育出版传媒集团有限公司	14	14	14	14	14	11	稳定

续表

出版集团	2014年	2015年	2016年	2017年	2018年	2019年	走势
上海世纪出版股份有限公司	7	7	9	9	10	12	下降
陕西新华出版传媒集团有限责任公司	12	13	13	12	12	13	稳定
时代出版传媒股份有限公司	13	12	11	10	11	14	波动
天津出版传媒集团有限公司	19	17	17	17	16	15	上升
山东出版传媒股份有限公司	16	15	15	16	17	16	稳定
北京出版集团	10	11	12	13	15	17	下降
黑龙江出版集团有限公司	26	24	18	19	19	18	上升
南方出版传媒股份有限公司	22	22	20	20	22	19	上升
辽宁出版集团	15	16	16	18	18	20	下降

注1：数据来自开卷Smart数据查询分析系统。

注2：以2019年前20位降序排列。

全国出版集团TOP10在2019年市场竞争情况

本期排名	排名变化	出版单位	码洋占有率	动销品种数	新书品种数	动销品种占有率	动销品种排名	出版效率	销售册数占有率	销售册数排名
1	→	中国出版集团	7.75%	91225	7422	4.39%	1	1.77	6.17%	1

续表

本期排名	排名变化	出版单位	码洋占有率	动销品种数	新书品种数	动销品种占有率	动销品种排名	出版效率	销售册数占有率	销售册数排名
2	↑3	吉林出版集团	3.74%	69560	5468	3.35%	2	1.12	4.28%	2
3	→	凤凰出版传媒集团有限公司	3.01%	62194	5442	2.99%	3	1.01	3.21%	5
4	→	中南出版传媒集团股份有限公司	2.92%	32665	3116	1.57%	9	1.86	3.01%	6
5	↑2	中文天地出版传媒集团股份有限公司	2.69%	30126	3516	1.45%	10	1.86	3.24%	4
6	→	中国工信出版传媒集团有限责任公司	2.31%	50085	4271	2.41%	5	0.96	1.77%	12
7	↑6	新华文轩出版传媒股份有限公司	2.09%	20049	3132	0.97%	19	2.16	2.94%	7
8	↑1	浙江出版联合集团	2.02%	29100	3766	1.40%	12	1.44	2.36%	9

续表

本期排名	排名变化	出版单位	码洋占有率	动销品种数	新书品种数	动销品种占有率	动销品种排名	出版效率	销售册数占有率	销售册数排名
9	↓1	长江出版传媒股份有限公司	2.01%	34273	3210	1.65%	8	1.22	2.81%	8
10	↓8	中国国际出版集团	2.00%	26275	1890	1.26%	13	1.58	1.70%	14

注：数据来自开卷Smart数据查询分析系统。

文轩出版开卷监控近五年市场指标情况表

销售时间	2015年	2016年	2017年	2018年	2019年
码洋排名	26	19	15	13	7
码洋占有率	0.52%	0.84%	1.27%	1.77%	2.09%
动销品种数	12496	13377	15452	17510	20049
动销品种占有率	0.74%	0.76%	0.82%	0.90%	0.97%
动销品种数排名	23	24	21	21	19
出版效率	0.7	1.1	1.55	1.97	2.16

　　文轩出版进入全国出版传媒集团排名前10，位列第7，是20世纪80年代以后四川出版里程碑式的事件，彻底改写了30年来四川出版的落后局面，极大地增强了四川出版人的信心。一个曾经的出版大省、出版强省，又回到了中国出版大舞台，与同行竞技，与高手比肩，充满自信地走在出版发展的大路上。曾几何时，四川出版人信心全失。在四年前刚启动振兴出版工作时，人们对四

川出版能不能振兴还充满疑虑。四年来，通过上下齐心协力，文轩出版进入全国前十，四川出版的形象和面貌发生了巨大变化，文轩出版人用自己的漂亮业绩证明了四川出版人是能够做出版的，是能够做好出版的。现在文轩出版人扬眉吐气，士气空前高涨，这与四年前形成鲜明对比。有了这样的信心，我们相信，在未来很多年，文轩出版都会走在一条蒸蒸日上的发展道路上。

在出版社的市场排名方面，文轩旗下9家出版社都有不同幅度的提升，尤其是四川少年儿童出版社和天地出版社两家出版社在9家出版社中表现亮眼。在2019年全国出版社总体市场占有率排名中，天地出版社从2018年的51位上升5个位次，排到第46位，已进入TOP50；四川少年儿童出版社在2018年第32位的基础上再进12位，排名20，成功进入TOP20。

2015～2019年新华文轩各出版社开卷监控图书市场排名情况表

出版社	出版社总体市场排名					专业出版社数量	地方专业出版社排名				
	2015	2016	2017	2018	2019		2015	2016	2017	2018	2019
少儿社	151	85	47	32	20	26	16	12	8	6	2
天地社	296	153	82	51	46	18	7	4	3	3	2
人民社	240	311	296	200	162	32	16	11	19	13	11
文艺社	256	198	212	179	177	30	19	14	15	11	13
美术社	387	338	333	261	226	30	25	21	20	19	14
科技社	375	317	239	243	249	31	24	20	12	9	13
辞书社	381	346	347	340	260	3	3	3	3	3	3

续表

出版社	出版社总体市场排名					专业出版社数量	地方专业出版社排名				
	2015	2016	2017	2018	2019		2015	2016	2017	2018	2019
巴蜀社	467	449	415	440	450	18	16	15	13	16	16
教育社	496	508	510	497	525	32	30	29	30	29	30

注：按2019年市场排名位次降序排列。

（二）出版业务在文轩的作用发生重大变化

虽然出版社进入文轩很多年了，但外界长期仍然把新华文轩看作是一家单纯的发行企业。这一方面说明文轩发行强，另一方面也反映出文轩的出版太弱了。发行和出版两个"轮子"，一大一小，极不协调，这必然使文轩这驾马车跑不快。振兴四川出版这四年，也是文轩产业发展最快的四年。这四年，文轩净利润连续实现大幅增长，从2016年的6.15亿元增长到2019年的11.25亿元。其中一个重要原因就是原来长期拉后腿的出版业务一改颓势，每年出版利润都实现了跨越式增长，到2018年，历史性地突破1亿元，达到1.57亿元，2019年则达到1.72亿元。大众出版业务从文轩的拖累，成为文轩新的利润增长极，成为推动文轩产业发展的新引擎。

过去，文轩的产业结构是教育服务一个"火车头"拉动几十节"车厢"，走得又慢又吃力。随着大众出版业务的崛起，文轩实现了产业发展的"双轮驱动"。从2019年开始，电商业务也到了收获的季节，文轩产业结构又变为了出版、发行、电商"三驾马车"的格局。随着文轩产业结构的不断优化，文轩的发展已经从传统的"绿皮火车"变成了"动车组"，现在每一节车厢都有了动力。文轩产业发展的动力越来越强，速度也越来越快。随着出版的迅速崛起，文轩发行强、出版弱的产业格局得到了显著改善。出版与发行两大业务均衡发展、相互促进，使文轩产业高质量发展的基础越来越牢固。

（三）文轩出版结构发生重大变化

振兴四川出版四年来，我们实施"非均衡"发展战略，文轩出版从普遍小、散、弱的局面，转变为大、中、小结构趋于合理的格局。在这一过程中，有些出版社脱颖而出，成为"大而强"的名社、强社，有些出版社找到了自己的优势，朝着"小而美"的方向发展。文轩出版开始形成我们一直希望的"大则有实力有影响，小则有特色有声誉"的出版格局。

2019年，除了四川少年儿童出版社、天地出版社两家成为领涨文轩出版的核心力量之外，还有6家出版社年销售码洋突破亿元大关，支撑着文轩出版整体实力的快速提升，成为第二梯队。四川辞书出版社、巴蜀书社等坚持自身发展优势，聚焦专业出版，在各自细分领域努力向前。合理的出版结构，为文轩出版可持续发展奠定了坚实基础。

文轩大众出版业务不断向好，随之而来的另一个让人欣喜的变化是四川出版长期靠教材教辅吃饭的出版格局得到根本改变。2010年四川9家出版社整体并入文轩后，将各出版社的教材教辅业务整合到四川教育出版社。结果，失去教材教辅这一利润支柱后，大众出版社经营全线告急，全部处于亏损状态。2016年振兴出版刚起步时，还有观点认为应该将教材教辅还给各出版社，只有把教材教辅这碗饭端稳了才有条件做好一般图书出版。四年来，我们坚持向市场要效益，坚决不走回头路，推动大众出版社提升一般图书的出版能力。自2017年8家大众出版社全部实现盈利后，文轩彻底摆脱了靠教材教辅吃饭的局面。从此，文轩的大众出版社也真正完成了市场化转型。

振兴四川出版四年来，文轩出版收获了一支能打硬仗、善打胜仗的出版人才队伍。这四年，新华文轩不断加强人才队伍建设，除了不断引进出版新人，增强发展后劲之外，我们着力在市场中历练队伍，在实践中培养人才，一批优秀人才成长了起来，挑起了文轩出版的大梁。

四年来，我们通过推行"野生放养"的人才培养模式，在"赛马"中发现人才，在业绩比较中选拔人才。我们坚信"将军是打出来的"，在考核评价中，将业绩作为最重要的标准，通过在市场上真刀真枪的历练，让业绩来证明才干。在这样的机制下，一批出版人才脱颖而出，成为出版社的领路人和骨干力量。这个过程中，既产生了像四川少年儿童出版社社长常青这样在全国业界瞩目的领军人才，也产生了像明琴这样有业绩有后劲的骨干编辑人才。四年多来，文轩9家出版社的班子成员没有一个人是从外部招聘而来，都是从原有人员中培养、成长起来的。所以，我们说："人，还是那些人；人，已不是那些人！"文轩出版队伍的面貌发生了巨大变化，工作状态焕然一新。

四、行业赞誉：出版影响力显著提升

振兴四川出版四年来的变化，除了显性的业绩数据、市场排名和各种荣誉奖励外，还有一个重要方面，就是文轩出版影响力的快速提升。四年来，文轩出版赢得了行业的一致赞誉，文轩出版的图书不断登上各类获奖名单和排行榜，文轩的主张和声音渐渐成为行业的主流，文轩人成为媒体和舆论聚光灯下的常客，文轩出版的成效也得到了各级领导的关注和肯定。这些反响极大地提升了文轩出版的影响力。

（一）文轩出版的快速崛起受到媒体高度关注

四年来，人民网、光明网、中央电视台等中央级媒体，《中国新闻出版广电报》《中国出版传媒商报》《出版人杂志》《出版商务周报》等行业重要媒体，四川电视台、《四川日报》、《华西都市报》等本省主流媒体，《每日经济新闻》等财经媒体，以及其他大大小小的新媒体、自媒体，都对文轩出版的振兴进行了大量的宣传报道。这里略举有代表性的一些例子。

2016年，文轩振兴出版工作刚刚踏上征程，《中国新闻出版广电报》就以《新华文轩出版传媒：在新长征路上再创辉煌》为题，介绍振兴四川出版情况。那个时候，文轩刚刚回归A股，振兴四川出版的号召也刚刚发出，文轩人上下都攒着一股劲儿，想要大干一场，在事业上有所作为。那篇文章说道：在全面振兴四川出版的道路上，伟大的长征精神启示我们出版人，要振兴四川出版就必须要有为崇高理想矢志不渝奋斗的决心，有征服任何艰难险阻的英雄气概，有冲锋在前、吃苦在前、奉献在前的精神品格。坦白地说，那个时候振兴出版刚刚起步，也没有什么值得一提的成绩，作为国内最权威的行业报，《中国新闻出版广电报》的报道给了文轩出版极大的鼓励。

2017年，刚刚过完春节不久，《四川日报》就以《振兴四川出版，文轩驶入快车道》为题发出了一组报道。这篇报道全面介绍了文轩振兴出版的发展思路，介绍了"赛马"机制、"反哺"机制的成效，并以天地出版社的重组为例，介绍了新华文轩采取的内部资源整合、对业务重新布局的举措，旗帜鲜明地提出"振兴出版业，核心是出好书"的发展理念。报道中有一句是这样说的："站在2017年发展的新起点，新华文轩人将以'提速增效、跨越发展'为中心，努力推动文轩发展驶入快车道，争取五年目标三年实现，全力打造国内一流的文化消费综合服务集团。"现在回望过去，当年我们鼓足勇气提出的"五年目标三年实现"成了现实。从另一个角度来说，通过媒体的报道，让大家都来关注文轩是否真的可以做到"五年目标三年实现"，对文轩既是压力，也是动力。

2018年4月，《中国新闻出版广电报》刊发了一篇题为《新华文轩："振兴四川出版"迈入新阶段》的文章。这篇文章提到：经过两年的高速发展，振兴四川出版工作进入一个新的阶段。面对新的市场环境和发展形势，新华文轩又提出坚持精准出版、精细出版、精品出版的"三精"出版理念，积极抢抓优质内容资源，不断扩大文轩出版的市场影响力和社会影响力。值得一提的是，这篇文章被人民网、新华网等多个中央级媒体转发。事实上，很多对文轩振兴出版工作的报道，都是先由行业媒体发出再由其他媒体转发的。无独有偶，在2018年2月《中国新闻出版广电报》刊发的题为《新华文轩驶入"振兴四川出版"快车道》的文章，也被多个大众媒体转载，扩大了文轩出版的影响力。

2018年9月10日至10月28日，为检阅两个"振兴"的成效，我们在全省举办"振兴四川出版、振兴实体书店"重点成果展销活动。这个活动吸引了包括《光明日报》、人民日报数字四川、央广网、凤凰网、中新网四川、《中国新闻出版广电报》、《中国出版传媒商报》、《出版商务周报》、《新华书目报》、今日头条、四川电视台、《四川日报》、《华西都市报》、成都电视台、《成都商报》、《出版人》、《发行界》等近20家主流媒体的宣传报道。从这件事情可以看出，只要你工作做得好，你本身就是新闻，媒体会来主动关注你、宣传你。

2019年，媒体报道就更多了。《四川新华文轩"双振兴"战略创新纪实》《四川出版走进健康发展的春天》……从这些标题中，我们也可以看到主流媒体对文轩振兴出版工作的高度肯定。《出版人》杂志刊发《三年三大步，文轩出版快速崛起背后的秘诀何在？》的万字长文专访报道中，高度评价文轩出版的成就："2018年，中国书业迎来大考。机构调整、书号紧缩、成本上涨……一系列因素为书业前景带来变数。尽管大环境转冷，新华文轩出版传媒股份有限公司却稳住营盘，交出了一份亮眼的成绩单。其中，文轩旗下本版书在大众图书市场的竞争力进一步增强，文轩在全国出版集团中的排名，从2015年的第26位提升到2018年第13位，连续两年保持增速第一，文轩振兴四川出版的五年目标在三年得以完成。事实上，从2016年开始，文轩出版发展就进入快车道，并用一次又一次的亮眼表现为业界带来震动。"

2019年，新华文轩承办了首届"天府书展"，受到了全国媒体的极大关注，共计有80余家媒体参与报道，各地媒体发稿首发量为700余篇。其中，《人民日报》、新华社、中央广播电视总台等中央级媒体150余篇，《中国新闻出版广电报》、《中国出版传媒商报》、《四川日报》、四川电视台等行业及地方媒体550余篇，相关资讯在各大互联网媒体平台的转载量约为527000余篇，共计曝光人次过亿。首届"天府书展"之所以如此受关注，与近几年四川出版的崛起不无关系。这也从另一个侧面显示出文轩在行业和市场的号召力和影响力。

（二）振兴四川出版的成效被誉为"四川出版现象"

四年来，我们在做好出版工作的同时，还鼓励大家多研究、多思考，通过发表文章和各种演讲，在行业中发声，传递文轩的主张和声音，扩大文轩的影响力。在这四年间，《光明日报》《中国编辑》《中国新闻出版广电报》《中国出版传媒商报》《四川日报》等主流媒体对新华文轩管理层都做过深度采访报道。例如，2019年10月，基于对出版行业供应链的升级改造以及对整个行业未来发展影响的思考，我们提出了"实体书店发展亟待来一场'行业大分工'"的行业变革思路，引起了行业的广泛关注。在2019年11月全国新华书店网络发行能力建设工作座谈会上，与会领导特地就这一思路进行了热议。文轩的经营管理团队成员，在各个不同的专业论坛上发表主题演讲，通过各种方式宣讲文轩对行业发展的认识，很好地扩大了文轩的声音。可以说这四年，也是文轩出版人在行业内声音最响亮的四年。

振兴四川出版四年来的变化，得到了行业主管部门领导的高度肯定和赞扬。第28届深圳书博会期间，时任中宣部副部长、国家新闻出版署署长、中宣部出版局局长、中宣部印刷发行局局长等领导到四川展团视察参观，对新华文轩振兴四川出版取得的成绩给予充分肯定，有领导把振兴四川出版的成效誉为"四川出版现象"。中国出版传媒集团、上海世纪出版集团、浙江出版联合集团、中信出版集团、人民教育出版社、高等教育出版社等重量级同行，也在不同的场合高度赞扬文轩这四年来的变化和成就。在行业媒体《出版人》杂志看来，文轩大众出版的崛起，是"近年来中国出版业披荆斩棘道路上不可多得的精彩样本"。四年的努力，我们不仅在四川出版史上立下了一座丰碑，也在中国出版发展史上留下了浓墨重彩的一笔。

2020年7月1日，在中国共产党成立99周年之际，四川省"振兴出版工作推进会"在成都隆重举行，省级有关文化产业集团负责人和各市州宣传文化系统负责人出席会议。中共四川省委常委、宣传部部长甘霖同志做了重要讲话，总结了振兴四川出版工程实施以来取得的阶段性成果，对下一阶段进一步推动四川出版高质量发展做了安排部署。会上，中共四川省委宣传部对2016～2019年振兴四川出版的13家出版单位和33名出版工作者进行了通报表扬。会议指出，实施振兴四川出版工程四年来，全省广大出版工作者深入贯彻落实党中央和省委决策部署，打了一场攻坚战、翻身仗，文化自信更加坚定，两个效益明显增强，思路举措务实精准，整体实力实现跃升。这些成绩的取得，首要前提是把使命担起来，根本支撑在于让主体强起来，核心动力在于让机制活起来，关键因素在于让人才干起来。

第八章
那些难忘的人和事

　　振兴四川出版的成效，在枯燥的数据背后，有着十分生动的画卷。一本本书，一个个人，一家家社，有着太多的动人故事。在四年这个不算长的时间里，在很多人认为不可能盈利的大众出版领域，两个亿的利润增加额，需要多少好书来支撑呢？又凝结着多少人的智慧和汗水呢？所以我们说："人，还是那些人；人，已不是那些人！"

一、千万级畅销书诞生的背后

说起当今市面上的儿童读物，四川少年儿童出版社（以下简称"川少社"）出版的《米小圈上学记》可以说是无人不知、无人不晓。它凭借年销售数千万册、数亿码洋的业绩，持续登上开卷全国少儿图书畅销书榜TOP10，成为各大电商平台的销售"爆款"和地面书店的明星童书。在《米小圈上学记》的带动下，四川少年儿童出版社推出的众多产品一路高歌。仅2019年一年，"米小圈"系列图书就销售2918万册，实现码洋6.99亿元，被誉为"川版第一畅销书"，成为"振兴四川出版"丰硕成果的杰出代表。这本书是如何诞生的？是如何从新人新作迈向万众瞩目的"爆款"？在它成功的背后川少社付出了怎样的努力？我们从它的出版缘由说起。

（一）"米小圈"系列图书的出版缘起

2008年，初出茅庐的北猫踌躇满志、充满梦想，为了追寻自己的作家梦，毅然从家乡东北只身来到北京，踏上并不容易的文学之路，用两年时间写出了一部作品。2010年年初，讲述小学生成长快乐与烦恼的《米小圈上学记》问世，但是，书出来之后，基本上是放在市场上"自然流"，市场表现并不尽如人意。基于此，北猫决定换出版社，将这套书稿同时投给了川少社和另一家出版社。四川少年儿童出版社年轻编辑明琴发现了书中的亮点和可塑性，对其表现出极大的兴趣，迅速申请选题论证。在明琴告知北猫川少社决定出版这套作品的当天下午，另一家专业少儿社的编辑也找到北猫，说他们要出版这套书。诚实厚道的北猫遵守先前的约定，只能对其说遗憾了。就这样，北猫把自己的梦想和川少社紧紧连在了一起，与川少社一起开启了共同成长的奋斗之旅。

2012年6月，北猫与川少社签约；当年9月，《米小圈上学记》一年级4册正式出版。

儿童文学在少儿出版门类中一直占据最大的市场份额，各出版社无不想分一杯羹。虽然每年有大量的儿童文学新作上市，但畅销榜始终集中在为数不多的几个名家身上。多年来，儿童文学图书畅销榜长期被几个名家"霸榜"，新作者很难跻身榜单。"米小圈"系列读物从出版之初就无名家光环加持，但凭内容实力经历了从默默无闻到超级畅销的华丽转身。2012年《米小圈上学记》（一年级版）初版时，完全靠市场图书求生存的川少社谨慎地仅印了8000套，但在上市三个月内即加印了两次，这让川少社看到了这套书的市场潜力，决定举全社之力，将《米小圈上学记》打造成川少社的旗舰产品。

（二）把编辑功能发挥到极致

一部畅销书的诞生绝非偶然，它是作者和出版团队默契配合、踏实耕耘的结果。从"米小圈"图书的编辑打磨与品牌塑造中，我们可以看到一段漫长的路程。这段路程不是三千米，也不是一万米，而是七年的漫漫长路。任何一种图书都是从作者最初的"想法"和初稿开始，经过读者需求的挖掘、痛点的分析，再进一步设计图书的整体定位和架构，直至经过繁复的可行性讨论，最终才能看到一个图书产品"长"出小苗来。如果把选题看作是一粒种子，要让其生根发芽并茁壮成长，需要给它适宜的土壤，在恰当的季节播种，并且在其生长阶段还需要对树枝进行修剪。这个生长过程并不那么舒适，甚至可以说是一种煎熬。

1. 针对作家作品的特点"量体裁衣"

川少社对儿童文学作家的培育，秘诀在于量体裁衣。发掘并深度打磨作品的优势特质，是选题策划和内容编辑阶段必做的功课。对于作家北猫的培育和塑造，川少社没有采用"千人一面"的模式，而是注重"量体裁衣"的个性化孵化，即针对作家的写作特点、作品风格进行产品线打造。

读过"米小圈"故事的人都有一个共同的感受，那就是"有趣"！怎样让"有趣"这个特点始终贯穿阅读过程并加以放大，让孩子们在笑过之后能够有所思、有所得、有利于健康成长呢？川少社经过详细市场调研，与作者反复沟通，为"米小圈"图书量身定制了编辑制作方案。一是提出了"分年级出版"的思路；二是将每个年级原稿的三本改为四本，减少每本书的文字量，让小朋友产生很快读完一本书的成就感；三是增加图书的功能性，添加"日记魔法"，教小朋友像米小圈那样会写日记。

340

　　在装帧设计图书时，编辑十分注意形式与内容的结合，将与内容相匹配的细节做到位，让"米小圈"一"出世"就受到广大小读者的瞩目。每一个读过《米小圈上学记》的孩子都会在其中找到乐观的因子，无论生活和学习中遇到什么困难和问题，都能妥善解决，忘掉烦恼，留取快乐，不断进取。明琴说，编辑有时候更像一个服装设计师或化妆师。如果将作品比作一个人，那么怎样把这个人打扮得符合其性格，让其得到大家的认可和喜爱，就是编辑的工作。

　　2. 用匠人精神打造图书精品

　　《米小圈上学记》的作者北猫留恋童年时光，也十分享受写作带来的快乐。这种发自内心的真情，是他能创作出优秀儿童文学作品的重要原因之一。他写作十分认真，节奏很慢。之前有一篇新闻报道说《米小圈上学记》一年级版出版前北猫修改了一百多遍，许多人了解到这个细节很受感动。其实，这个报道有误差，实际上北猫改了两百多遍。在《米小圈脑筋急转弯》中，北猫对几个情节转折不太满意，足足用了一年的时间细细琢磨。

　　《米小圈上学记》一到三年级版出版后，在读者焦急等待后续产品的过程中，发行团队顶住渠道每日一催的压力，积极经营现有"米小圈"产品，着力在原销售基础上做增量。从社领导到编辑，虽然都期待新书上市，但最终选择了陪伴作者慢写作，并及时给作者提出改进建议，与作者一同商量打造产品线的方法。《米小圈上学记》四年级版沉淀了三年之久，经过反复调研和修改后终于出版，但只出了前两册，后两册又打磨了一年才出版。

即便是"米小圈"系列图书畅销之后，作者交来的所有新稿件，责任编辑还是要严格把关，寻找提升空间，从编辑角度提出建议，尽力让新书的内容和形式做到最好。在"米小圈"已经吸粉无数、渠道不停催要新书的情况下，编辑也没有急功近利地拿到四年级的稿子就直接出书，而是认真分析了读者群体，考虑到小学四年级读者的接受习惯与低年级读者有较大差异，重新设定了开本和封面背景风格，仔细分析、研究了书中每一个故事，大到篇名和情节，小到措辞或配图，只要有一丝不满意，就不惜花费时间和精力与作者进行商讨，直到双方达成共识。

作为畅销书，"米小圈"系列图书的出版节奏实在太慢了。但作者和出版方一致选择了每一本"米小圈"打造出来都是精品的理念，舍弃跑马圈地式的短期内迅速推出大量图书的路子，从而收获了整个"米小圈"系列图书的高品质，也收获了广大读者对这个品牌的高度认同，保持了品牌的持久生命力。

（三）线上线下联动实现精准营销

在销售策略上，川少社坚持"选准渠道、营销制胜"的思路，采用精准有效的宣传推广方式，选取合适的渠道销售。《米小圈上学记》一年级版刚刚出版时，一个偶然机会使川少社获悉北京一家知名的电子商务公司涉嫌非法加印并在网上销售已无版权的旧版《米小圈上学记》。对此，川少社没有采取惯常的发律师函、要求停售、赔偿等处理方式，而是让发行员立即带着精心打造、改版升级的新版《米小圈上学记》飞赴北京，找到该公司深入沟通，促使他们停售已无版权的图书，并达成推广新版书的合作协议，使《米小圈上学记》后续几个月的网销数量稳步上升。

与此同时，川少社加强《米小圈上学记》在电商渠道的拓展，积极争取更多更优的渠道资源，策划了许多线上营销活动。例如：制作H5小游戏"米小圈汉语拼音挑战赛"；在线上社群做试读活动，引发网友口碑传播；策划并定制"米小圈"形象徽章和"米小圈"漫画卡片在网络销售中免费派发，强化读者对"米小圈"形象的认知。随着主要电商平台的销量提升，页面好评暴涨，《米小圈上学记》在读者中的口碑效应不断显现。在《米小圈上学记》二年级版上市时，川少社趁热打铁，又与几家大型经销商签订了战略合作协议。在渠道商的联手推广下，《米小圈上学记》迅速成长为淘宝系图书品类中炙手可热的产品。

在地面渠道，针对实体书店的特点，川少社通过媒体宣传和阅读活动，强力拉动地面销售。川少社在全国组织了数十场"北猫哥哥的作文魔法"公益讲座活动；在书店重要口岸和展会搭建"米小圈场景屋"，现场组织"米小圈简笔画比赛""米小圈脑筋急转弯比赛"等读者互动活动；同时，在《红领巾》《小哥白尼》《足球总动员》《小学生学习报》等各地小学生杂志上刊登《米小圈上学记》的推文和连载。

与一些用高额营销费用在短时间内砸出知名度的畅销书不同，"米小圈"系列图书的畅销更多是依靠步步为营的"慢"营销，依靠一点一滴的读者口碑积累和出版社持续不断的品牌经营。这背后体现的是作者和出版社对图书内容的自信，以及对读者辨别优质内容的信心。

（四）以IP思维整体规划、多元开发

在内容创意产业，"得IP者得天下"。这一点，川少社在近几年成功运作几个动漫畅销书品牌后，有非常深刻的体会。所以，当《米小圈上学记》刚在市场上崭露头角时，川少社就果断开启了对"米小圈"的IP规划。"米小圈"目标受众群体清晰，人物性格契合广泛的社会认知，人物形象符号识别性强，知名度日渐看涨，有丰富的产品开发维度，这些都是一个IP成功的重要特质。

本着量体裁衣的原则，川少社针对北猫作品幽默活泼的特点，锁定"有趣"要素，以"趣学""趣玩""趣想"为主题规划了"米小圈趣学系列""米小圈益智系列""米小圈小漫画"等多个"米小圈"产品线，深挖"米小圈"的品牌价值，将"米小圈"打造成一个产品集群，提高产品的互动性，同时也通过构建产品链来建立市场的防护墙。

2018年，川少社在图书产品基础上开发了《米小圈》杂志，一方面通过杂志搭建一个与"米粉"们交流的平台；另一方面，围绕"米小圈"IP打造产品线，书刊互动，提升"米小圈"IP的知名度和影响力。到2020年，创刊仅一年半的《米小圈》杂志月发行量突破26万册。

除图书以外，"米小圈"IP的延伸还有很多想象空间。目前

已经设计开发了米小圈广播剧、米小圈手机H5小游戏，以及徽章、书签、手提袋等周边产品。这些开发举措，为"米小圈"品牌的传播起到了推波助澜的作用。

在川少社和作者的默契合作与共同努力下，"米小圈"这粒希望的种子结出了丰硕的果实，北猫和川少社实现了他们共同的梦想——让小读者都读到"米小圈"，都喜爱"米小圈"。从2012年至今，北猫先后创作了《米小圈上学记》4辑16册、《米小圈漫画成语》4册、《米小圈脑筋急转弯》4册、《米小圈日记本》4册及《米小圈图画本》1册。截至2019年年底，"米小圈"全系列产品累计销售8454万册，销售17.18亿元码洋，成为名副其实的超级畅销书。该系列荣获第五届中华优秀出版物奖提名奖；入选2018年向全国青少年推荐百种优秀图书；四川省委宣传部、省文明办、四川省新闻出版广电局、团省委、省少工委2018年向全省青少年推荐50种川版优秀出版物；《米小圈上学记——遇见猫先生》荣获四川省第十五届精神文明建设"五个一工程"优秀作品奖，入选"2019四川好书"。版权已输出到印度、挪威、马来西亚及中国台湾地区。改编的同名广播剧在互联网平台上点击收听量超30亿次，在全国小读者中产生了巨大影响。

（五）"米小圈"背后的出版团队

2016年以来，四川少年儿童出版社争当"振兴四川出版"排头兵，坚持品牌立社，将"出好书"作为立社之本，收入、利润连续四年实现高位增长。2015年，川少社营业收入5593.37万元，亏损154.76万元。2016年，也就是振兴出版的头一年，川少社实现经营业绩的大反转，营业收入9887.01万元，同比增长76.8%，净利润710.97万元。川少社不仅扭亏为盈，而且实现利润大幅增长，比上年净利润增加865.73万元。从2016年振兴四川出版开始，川少社沿着一条高速发展之路，持续发力，不断攀上新的高峰。2017年，川少社实现营业收入19122万元，同比增长93.4%；净利润1802.74万元，同比增长153.6%。2018年实现营业收入30765.29万元，同比增长60.9%，净利润7439.25万元，同比增长312.7%；2019年实现营业收入38808.10万元，同比增长26.1%，净利润9742.32万元，同比增长31.0%。

这些仿佛长了翅膀的数据，这样超高速的业绩增长，川少社可谓"创造了奇迹""创造了历史"。川少社整体实力爆发背后的"独门秘籍"是什么？

1. 市场化的运作模式

纵观《米小圈上学记》在内容打造、作者经营、市场营销等方面的成功，其意义不止于为孩子们贡献了优秀的精神产品，对出版社的经营开拓也具有重要的启示和借鉴意义。对于长期以来依赖教材教辅业务的四川出版来说，它为内容产品的市场化运作提供了一个范本。

《米小圈上学记》畅销的原因在于，它本身具备了好书的内在品质，又在编辑打磨和市场营销中遵循了出版规律，创造了一套符合川少社特点的运作模式。

首先，坚持以原创作品带动出好书。"出好书"是一家出版企业安身立命的根本，是正儿八经的主业，是"面子"更是"里子"。川少社曾经在影视动画和互动图书上做过有益尝试，并且打开了市场，提升了影响力。但这段经历并没有让川少社将这条路作为生存发展的主攻方向。他们认识到，影视互动类图书毕竟是"粉丝经济"的产物，属于快销品，很难具备持久的市场生命力。影视互动类图书对于川少社仅仅是一味补品，不是粮食，解决不了川少社的"温饱"。出版社的正道，是内容建设，是原创。只有打造出有市场影响力的、生命力旺盛的畅销书、常销书，才可能让川少社实现振兴。正是有了坚持原创出好书的信念，川少社才培育出了"川版第一畅销书"——《米小圈上学记》。

其次，孵化"种子作者"和"种子选题"。"出好书"的关键在于抓选题。抓选题需要抢资源。当今出版的竞争，实质上是内容资源的竞争，而优秀的作家则是优质内容资源的核心。优秀的出版社背后一定有一批知名的作者在支撑。在少儿出版领域，大家都把目光瞄向儿童文学"大咖"。不过知名作家毕竟是有限的，而且知名作家也是慢慢成长起来的。川少社把目光转向新生代作家，从他们中间发现黑马，打造和培育与本社契合度高的知名作家和品牌作品。按照量体裁衣的孵化方式，川少社先后发掘了王钢、魏晓曦、李姗姗、苏超峰等一批原创儿童文学作家，为川少社的产品目录添加了"我们的非凡小学"系列、"棒小孩日记"系列、《太阳小时候是个男孩》、"可乐的一年级"系列等原创儿童文学精品。此外，2017年5月，川少社还成立了深圳策划中心，与成都编辑中心、北京编辑中心，共同形成了川少社"多点布局、多地互动、多方策应"的格局，为进一步抢占全国少儿出版资源搭建了全新的平台。

最后，注重市场拓展，打通各种营销渠道。出版社营销团队主动作为，与编辑团队一起打好"配合战""协同战"。一方面，注重向渠道宣讲产品特色和卖点，帮助渠道商找到最恰当的销售方式；另一方面，不仅把眼光盯着大城市，更是盯着二线、三线城市甚至乡镇市场，开展多层次的营销活动。

2. 精细出版的管理机制

发展理念、运作模式最终要体现在管理制度上。川少社根据发展中出现的新情况、新问题，不断完善管理制度。

第一，严把选题论证关，提高选题通过的门槛。精品出版的前提是精准出版。出版社要做到精准出版，就要有针对性地策划选题，可做可不做的选题坚决不做。川少社强调三个"必须"来构筑选题论证的三道防火墙：一是提交论证的选题，必须要有明确的出版价值，即使不能带来经济效益，也要有良好的社会效益；二是编辑提出的出版理由，必须能说服由社班子成员和市场部相关人员组成的选题论证小组；三是编辑提出的选题，必须特色鲜明，在市场有竞争优势和变现能力。这三个"必须"，直接指向打造畅销书和常销书目标。这就要求编辑们的选题策划要更加注重细分市场的调研。

第二，全社一盘棋，南北策应激发内部活力。川少社对成都、北京、深圳几个编辑中心建立了统一的管理机制，实现资源共享，多地互动，南北策应，优势互补。统一管理机制不仅可以发挥北京编辑中心的地理和资源优势，侧重争取版权资源和组织重点稿源，也能发挥成都编辑中心扎实的编辑功能和总部的协调功能，将出版物的内容和细节做到极致。

第三，建立出版印制协调机制，以数据分析精准引导经营工作。库存备货既要考虑库存空间，又要满足市场订单需求。为解决这个问题，一方面，川少社建立了出版印制协调机制，通过定期召开协调会，出版印制部门可以提前安排纸张采购，有效安排印厂生产，避开教材教辅印制高峰期，调动承印厂的积极性和主动性，从而确保满足市场销售需求；另一方面，川少社定期对图书的销售数据进行分析，不盲目生产，用数据说话，让数据分析引导经营工作，坚决规避库存积压等问题。

3. 精品出版的团队氛围

在振兴四川出版战略的指引下，川少社坚持"精品出版"理念，确立了"品牌立社，品牌兴社"发展战略，把品质作为图书的第一生命力。社班子认识到，创作者的成长速度和创作频次并没有市场期待的那么高，只有坚持"精品出版"才能保持川少社的图书品牌在读者心目中长久的认同度和生命力。"精品出版"理念看上去是对编辑的一个框定，但实际上因为有了这一理念，大家对自己出版图书的要求提高了，自觉地在出版过程中严把图书质量关，不仅让川少社出版的图书更有品质感，赢得了读者和渠道的欢迎，更在此过程中培养了川少社专业认真、脚踏实地的团队精神，形成了出版精品图书的工作氛围和"不用扬鞭自奋蹄"的拼搏精神，让团队更有凝聚力，让川少社图书更有生命力和影响力。

4. 优秀人才脱颖而出的用人机制

新轩文轩积极推进"人才强社"战略，把出版社的人才队伍建设放在文轩人力资源工作的首要位置。鼓励各社让有项目、有想法、有思路的年轻人去担当项目负责人，充分发挥项目负责制团队精干高效、反应快速、灵活机动的特点，用这种灵活的机制推动出版好书、历练人才。为此，川少社设立了推动编辑成长的"产品经理制度"。成为产品经理的编辑，拥有一定的图书选题自主权，以更好地发挥编辑的创造力。编辑能够按照自己对出版的理解、对作品的把握和对读者的了解来完成作品。"米小圈"系列图书的责编明琴从一名普通编辑成长为知名的产品经理，就是川少社产品经理制度取得成功的实例。

更令人欣慰的是川少社内部团结奋进的工作氛围。一批年轻同志朝气蓬勃，倾心少儿出版事业，在愉快的工作中主动协作，快速进步，"死心塌地"地与川少社共进退。2018年和2019年，川少社连续两年人均创利100万元以上。

在常青社长带领下，川少社是振兴四川出版大军中当之无愧的先行部队。振兴四川出版，川少社走在前面，期待它继续发挥"头雁"效应，引领文轩出版"雁群"飞得更好、飞得更高。

二、"新天地"的崛起

四年来，在振兴四川出版大潮中，天地出版社脱颖而出，成为四川少年儿童出版社之后的又一家明星出版社。天地出版社的强势崛起，经历了一段不平凡的发展历程。

（一）天地出版社的发展历程

1995年，天地出版社成立。尽管天地出版社现在作为一家综合性出版社，以出版少儿、文学、社科等出版物为大家熟知，但在成立之初却是一家以出版"三农"图书为主的出版社，其前身是《中国农村文库》编辑部。1990年，《中国农村文库》选题受到中央和中宣部领导支持，四川省决定成立一个编辑部，组织全省出版社来完成这项工作。同年4月，由来自四川5家出版社的6个人组建的《中国农村文库》编辑部正式成立。但在运行过程中，编辑部作为一个非实体机构，遇到了许多问题。为了从根本上解决出版资质、运营经费等问题，在时任中宣部常务副部长徐惟诚同志关心下，四川省新闻出版局经过多次申请，获批成立天地出版社。出版社名称来自那句尽人皆知的语录，"农村是一个广阔的天地"。

天地出版社成立之初，其主要任务是完成《中国农村文库》的出版，同时也兼做古籍、学术著作等图书的自费出版。《中国农村文库》作为天地出版社绝对的主打产品，其销售主要依赖政府配套发行和征订。这也决定了天地出版社的发展对政府和政策具有极高的依赖性。然而，才几年的光景，出版社市场化浪潮来袭，在国家政策推动下，全国三农图书迅速增多①，竞争日益激烈。特别是经过出版社转企改制的改革洗礼，主要依靠《中国农村文库》和自费出版维持天地出版社的正常运转已不大可能。天地出版社发挥"船小好掉头"的优势，主动寻求市场转型，开始了第一次突围，转型成为一家综合性出版社。

2016年振兴四川出版起步之时，我们感到四川出版有一个很致命的问题，就是习惯偏安一隅，以四川局部的出版资源应对全国的出版竞争。这种不对称格局，是四川出版长期难以走出落后局面的重要原因。出版的竞争归根结底是出版资源的竞争，也只有抢占到全国出版资源才守得住四川的出版资源。全国出版资源的富集地在北京。为了搭建面向全国出版资源的平台，2017年初，新华文轩利用天地出版社社名无地域色彩的有利条件，对天地出版社和华夏盛轩、文轩中盘事业部进行整合，给天地出版社注入选题资源和渠道资源，并把天地出版社的运营中心、决策中心搬到北京。这样做的目的，就是要占据抢占出版资源的制高点，让天地出版社成为四川出版获取全国性出版资源的桥头堡，形成用全国、甚至全球的出版资源应对全国出版市场的新格局。

天地出版社与华夏盛轩、文轩中盘事业部整合之后，旗帜鲜明地"北上"发展，业务涵盖图书出版、期刊出版、新媒体运营等领域，建成了北京、成都两个出版中心，以综合分社、少儿分

---

① 2006年以后，随着国家"三农"读物出版规划的实施，以及农家书屋建设的提速，"三农"图书出版从年均3700种增加至年均7000多种。参见张丽四《浅谈我国"三农"读物出版的现状与突围》，载《编辑之友》2013年第12期。

社、成都分社三个分社统筹全社出版业务。随后又与中国互联网独角兽企业上海喜马拉雅科技有限公司合作成立"天喜"分社。各职能部门、编辑业务部门在京蓉两地布局，进行垂直一体化管理，实现了京蓉两地团队深度融合。同时，天地出版社旗下拥有华夏盛轩、蜀川公司和四川时代英语文化传播有限公司三家子公司。

（二）天地出版社振兴出版取得显著成效

天地出版社总部搬迁到北京之后，面向全国市场与高手过招，不断提升自身的竞争能力，在竞争中不断壮大实力，经营业绩大幅提升。

2015年，天地出版社营业收入为2783.27万元，亏损292.01万元。2016年，也就是振兴四川出版的头一年，天地出版社实现营业收入5221.48万元，同比增长87.6%，净利润39.20万元，同比增加331万元。2017年实施资源整合后的天地出版社，当年实现营业收入16725.84万元，同比增长220.3%；实现净利润2802.28万元，同比增长7048.9%。这个超高速增长，有合并天地出版社与华夏盛轩的因素，更有"1＋1＞2"的改革效应。2018年，天地出版社乘势而上，实现营业收入26210.95万元，同比增56.7%，净利润6052.33万元，同比增长116.0%。2019年，天地出版社实现营业收入28522.51万元，同比增长8.8%，净利润5162.79万元，在上年过快增长的基础上有所回落。这些数据，如果不是看到出版社实实在在的整体变化，真令人难以置信。

与此同时，天地出版社围绕产品线建设，明确产品定位，以重点项目为抓手，不断提升竞争力与品牌影响力，对重点核心产品线精耕细作，形成了头部产品、腰部产品、基础产品结构合理的产品线体系，确保了重点产品线的可持续性。经过四年的发展，天地出版社已初步形成以多个头部亿元项目拉动，以大量千万级项目为支撑，以其他常规项目为基础的产品金字塔结构体系。

（三）天地出版社崛起背后的秘密

振兴四川出版四年来，天地出版社能够在激烈的市场竞争中脱颖而出，取得显著的成效，其背后的原因值得探究。总体来说，可以用四个主题词来概括：聚焦、内容、联结、运营。

"聚焦"，即产品线的聚焦。这里的"聚焦"，本质上是读者人群的聚焦，紧紧围绕目标读者的需求创造价值。天地出版社虽然是一家综合性出版社，但其产品线设置较为清晰，不面面俱到，注重发挥优势，着眼于目标用户长久经营，不断强化服务的质量和效益。

"内容"，这是出版社的立社之本。天地出版社将自己定位为"知识服务商"，其发展战略就是在聚焦内容的基础上结合品牌经营，架构具有纵深度的内容矩阵，逐渐形成对优质内容的虹吸效应。

"联结"，即紧紧牵住作者与读者两端。传统出版社的窘境在于，既非初始的内容生产者（作者），又不是产品的终端用户

（读者）。出版社的竞争力就在于"联结"水平的高低。在互联网时代，天地出版社不仅注重发挥传统出版价值链的"联结"功能，而且不断探索多媒体、多介质、多业态的"联结"模式，为作者和读者创造更大的附加值，提供更好的服务体验。

"运营"，就是强化内部精细化管理。天地出版社是一家完全市场化经营的出版企业，特别注重提高自身的"运营"能力，善于在中长期战略、资源布局和短期成本、收益及风险控制等诸多方面做好取舍与平衡。新华文轩一直将所属出版企业的"运营"能力纳入考核评价体系，并将其作为资源投入的衡量因素，这强化了天地出版社"运营"能力的提升。

从这四个主题词所表达的能力框架中，可以总结出天地出版社的几条发展经验。

1. 坚守"做内容，出好书"这个出版本来

天地出版社四年实现大翻转，取得卓越的成绩，最大的经验就是坚守了出版的本来，就是"做内容，出好书"。正是不断抢抓内容资源，持续推出大量好书，才使天地出版社收获了巨大的效益，走上了一条康庄大道，消除了大家对文轩大众出版的诸多疑虑。

2017年年底，天地出版社出版的《汉声中国童话》上市，引起业界震动。短短一个多月，定价936元的《汉声中国童话》就卖出近2万套，全年销售码洋超过6000万元，成为业界一个现象级的产品。同年，天地出版社推出了由王蒙主编的"当代华语文学名家自选集"系列。这个项目让天地出版社聚拢名家资源。王

355

蒙、莫言、刘心武、毕淑敏、池莉、王安忆、贾平凹等知名作家陆续与天地出版社建立了合作关系。通过《刘心武自选集》，天地出版社签下了刘心武的《刘心武爷爷讲红楼梦》。这部作品在2018年上市，取得了销售34万册的好成绩。

这几年，天地出版社出版的《红船》《我的1997》《中国文学史》《高腔》《成为：米歇尔·奥巴马自传》《雨夜短文》等好书次第涌现，不仅取得了不俗的经济效益，还屡屡登上中华优秀出版物奖、中国出版政府奖、"五个一工程"奖、年度中国好书等大奖榜单。

2. 用产业链整体实力提升竞争力

随着移动互联网的发展与社群营销的兴起，传统图书分销体系被彻底打破，图书分销渠道日趋多元。新兴的图书分销渠道层出不穷，快速崛起。出版社面临的竞争，不再是单维度的产品竞争，而是基于产业链的多维度竞争。

2017年1月，新华文轩将北京华夏盛轩图书有限公司、文轩中盘事业部注入天地出版社。此举的一个重要目的就是打造产业链竞争整体优势。通过对天地出版社和中盘进行业务整合，就是要充分发挥中盘的渠道支撑作用，不断提升天地出版社的经营规模和市场占有率，推动天地出版社的集团化发展。

2019年，天地出版社将原营销中心拆分为大众产品运营中心与少儿文教产品运营中心两部分，打通与中盘的业务对接，进一步提升内部一体化、精细化和专业化水平。同时，天地出版社大力推进线上直营店渠道建设，开通了蜀川天猫专营店、天地出版社拼多多旗舰店等十余个直营分销渠道，让直营渠道成为天地出版社渠道体系的重要组成部分，有效拓展了线上分销的广度和深度。此外，天地出版社还积极探索新兴渠道建设，在内部组织架构中设立了独立的社群销售部，与大大小小200余家图书社群渠道建立了直接合作关系。天地出版社在社群渠道上发力，创造出了一系列骄人的成绩。

3. 努力打造多元化的营销能力

每本书都是一个独立的产品，面对的人群不一样，销售的渠道不一样，营销的方式也会不一样。因此，出版社需要构建与图书市场特点相匹配的多元化营销能力。一家快速发展的出版社，不仅要求产品好、渠道通，更要求营销给力。

近年来，天地出版社不断创新营销方式，努力打造多元化的营销能力。对每个重点项目，同时开展传统媒体营销、新媒体营销及线下营销，各个方向的营销工作并行不悖，相互借势，相互促进。一方面，依托文轩中盘和文轩零售的落地支持能力，线下营销活动别开生面。以"汪汪队"项目为例，天地出版社的线下营销活动不仅根据时令季节变化，以汪汪队形象KT板、吊牌、喷绘为主的美陈花样别出，推陈出新，而且在全国各地书城、幼儿园、学校，举办了数百场"汪汪队立大功儿童安全知识主题活动"。另一方面，注重新媒体、自媒体营销。豆瓣、微博、微信、头条、抖音等凡是有流量的平台，编辑和营销人员都玩得不亦乐乎；P图、拍视频、群分享等十八般武艺样样都来。美国前第一夫人米歇尔·奥巴马的自传《成为》采用了自媒体营销方式，上市4个月，该书推广文章的阅读量累计达数千万人次，销量达20余万册。

4. 致力于走好融合发展之路

进入互联网时代，纸质书留给传统出版业的好时光已经不多，整个行业都在加快转型升级。社会生活全面在线化的大趋势，知识服务的在线化和智能化变革已经在路上，传统出版企业不能再抱持鸵鸟心态，只有加快转型升级的步伐，积极拥抱变化，才能赢得生存与发展的机会。天地出版社在强化"互联网+"能力的同时，选择"内涵和外延"相结合的发展路径，通过合作、并购多种形式，加快融合发展布局，积极探索新的业务模式。

2019年7月，天地出版社与喜马拉雅合资成立的"天喜文化"公司，当年年底就形成一支20人的团队。天喜文化当年销售码洋超过1000万元，出版的第一本图书《汴京之围》销量近10万册；同时，天喜文化在融合发展方面进行积极探索，推出了《汴京之围》《光荣时代》《我的1997》《天下刀宗》等多个有声项目，并致力于探索纸声互动的出版新模式，以目前的趋势看，天喜文化将成为天地出版社新的亿元团队。

2019年8月，天地出版社与中宣部"学习强国"学习平台建立深度合作关系，成为全国为数不多的与该平台签订数字内容资源合作协议的出版单位。2019年12月，天地出版社又与中国移动咪咕文化科技有限公司在首届"天府书展"签订战略合作协议；与爱奇艺开展深度合作，推出了《破冰行动》等有影响力的图书。

（四）天地出版社的未来之路

天地出版社取得的显著成绩，充分说明以杨政为班长的天地出版社经营管理团队有能力、有担当。正是基于此，在2018年，新华文轩对天地出版社寄予了新的希望，提出了集团化发展思路，适时成立"天地出版集团"。

目前，天地出版社已经形成集团化的组织架构，下一步要通过子集团建设，让天地出版社在更大的平台上更好地发挥四川出版"领头羊"作用。建设天地出版集团，新华文轩提出了四个要求：一要总结天地出版社发展的成功经验，始终坚守"做内容，出好书"这个本来；二要不忘天地出版社搬迁到北京的发展初心，始终明确"抢占全国出版资源的桥头堡"这个目标任务；三要面向出版业不断变化的未来，始终瞄准"融合发展"这个行业方向；四要立足天地出版社当下的发展实际，推进集团化"既要有名，更要有实"。

按照这个要求，新华文轩对天地出版集团的定位与发展目标进行了规划。天地出版集团的基本发展定位是打造成一家跨区域、综合性、品牌化、融合性的出版产业子集团。希望通过资源整合与管理再造，以多出精品力作为中心，以改革创新为动力，大力推进优秀人才战略、优质内容战略、合作发展战略、融合发展战略，实现超常规发展，全面提升天地出版集团的品牌影响力与市场竞争力，力争用三至五年把天地出版社建成全国一流的单体出版集团。

从一个编辑部到一家单体社，再到集团化，天地出版社坚持创新，不断突围，走出了一条独特发展的成功之路。接下来，这支年轻的四川出版劲旅还将创造什么惊喜，我们充满期待。

三、吴鸿：用生命诠释对出版的执着与热爱

振兴四川出版的道路上，有一个人让我们深为感佩，他就是吴鸿同志。吴鸿同志忘我工作，倾尽心血，鞠躬尽瘁，把毕生精力和智慧献给了四川出版事业。所以，这里想对吴鸿同志的事迹从几个侧面做一个描述，谨当是对吴鸿同志的追忆和怀念。

（一）丰富的出版经历，难得的出版人才

振兴四川出版启动之后，四川文艺出版社是变化比较明显的一个社。在社长吴鸿的带领下，四川文艺出版社好书不断，很多名家纷纷在四川文艺出版社出书。正当我们对四川文艺出版社抱以更大希望的时候，2017年6月29日，一个惊人的消息传来：吴鸿在克罗地亚杜布罗夫尼克市因突发疾病不幸逝世。噩耗传来，震惊全国出版界。

吴鸿病逝异国他乡，我十分震惊，万分悲痛。在振兴四川出版起步的关键时期，四川出版痛失一员大将。吴鸿同志的逝世，是四川文艺出版社的重大损失，是新华文轩的重大损失，也是振兴四川出版的重大损失。

吴鸿同志为出版事业奋斗了三十多年。1986年，吴鸿从四川

武警总队退役后，进入出版战线工作。他从出版社编辑干起，经历了多个岗位的历练，做过编辑室主任、四川新华出版公司副总经理、文轩出版事业部少儿部经理、文轩传媒公司总经理、天地出版社副社长、四川文艺出版社社长。

多岗位历练，使吴鸿成为难得的出版经营管理人才。他熟悉编辑、发行、装帧设计等图书出版各个环节的工作。在三十余年的出版生涯中，吴鸿策划出版了大量文坛名家的重要作品，以及"老成都系列"丛书、"北纬30度·发现成都"系列等一大批书写四川与成都的图书。他自己还创作了《永远的宝贝》《怪斋杂记》《近墨者墨》《舌尖上的四川苍蝇馆子》等作品。

由于时常加班，患有糖尿病的他经常不能按时吃饭，而他总是说："这两年辛苦一下，等队伍带起来了，就可以轻松了。"振兴四川出版的开始阶段，他将满腔热血倾注于出版工作中。四川文艺出版社不仅推出了一大批优秀图书，而且逐步建立起了一支能打硬仗的经营团队，四川文艺出版社的面貌发生了快速变化。

（二）践行出版之职，担起振兴之责

吴鸿同志勇于开拓创新，堪称振兴四川出版的急先锋。2015年，四川文艺出版社营业收入仅为556.45万元，亏损926.01万元。在吴鸿的带领下，四川文艺出版社用短短一年时间就迅速扭转了经营颓势，振兴出版工作初见成效。2016年，四川文艺出版社实现营业收入3610.26万元，同比增长548.8%；净利润176.97万

元，比上年增长1102万元，不仅实现扭亏为盈，而且实现利润大幅度增长。

吴鸿带领的四川文艺出版社率先走出亏损局面，成为振兴四川出版见效最快的出版社之一。四川文艺出版社的快速变化，起到了十分明显的"鲇鱼效应"，给整个文轩出版带来了很大的震动和鼓舞，吴鸿也成为振兴四川出版的明星社长。

在吴鸿担任社长的短短两年多时间里，四川文艺出版社取得的社会效益也不断提升，无论在获奖类别上，还是在获奖数量上，都实现了历史性突破。

除了传统出版的优异业绩外，四川文艺出版社在数字出版、版权贸易、影视互动、新媒体营销等多个方面都有新的尝试，开创了新的局面。比如吴鸿大胆创新实践，积极开展"出版＋"跨界合作，哪怕在今天看来，他的很多思路都具有超前性和可操作性。2015年他联合文轩零售和四川淘旅文化公司，组织了"川藏文化的盛宴——文学家、艺术家进瞻对（新龙）采风行"大型活动，带领众多文学艺术家对四川文艺出版社出版的著名作家阿来的名作《瞻对》进行内容延伸，以文化为载体，为我省文旅资源融合发展做了崭新的尝试。这些做法，体现了吴鸿勇于开拓、敢于创新的精神，也反映出他务实进取、爱岗敬业的工作态度。

（三）爱书懂书，深谙出版之道

在四川乃至全国出版界，吴鸿以其爱书懂书著名。他爱书，业余时间经常流连图书卖场，最后拎着一大包书离去，名曰"支

持实体书店"。对他最爱的图书，他甚至会同时买三本（一本自
看，一本收藏，一本送人）。他觉得做出版与书为伴，是人生的
幸事。所以，他觉得应该好好地出版更多留得下来、经得起历史
检验的图书。

好书与好作家相关，他知道怎么去挖掘优秀的选题资源。吴
鸿跟作家有缘，他具有一种与作家成为朋友的天性。很多知名作
家，要不了多久就跟他成为朋友，甚至称兄道弟。

我参加过他邀请王蒙来成都做的活动，也见识了他与余秋
雨结成很好的合作关系。他总是能够通过各种方式去结识优秀
的作者，千方百计激发他们出书，就在这种磨合过程中，将四
川文艺出版社与全国许多著名作家建立起了良好的关系。

吴鸿认为，出版人一定要成为一个有心人。关注一个作家
不仅要盯着他的某一部作品，而且要关注他的所有作品和方方
面面的信息。秉持这样的态度做出版，他不仅为出版社争取到
一个又一个重磅选题，也让四川出版的"名人朋友圈"不断扩
大，品牌影响力不断提升。虽然四川文艺出版社是地方社，但
在他的带领下，编辑纷纷与一些名家建立起联系，扩大了选题
范围，提高了书稿质量。

近几年，四川文艺出版社大力推出名家名作，先后为王蒙、
陈忠实、阿来、贾平凹、余秋雨、冯骥才、虹影、魏明伦、流沙
河等知名作家出版多部作品。吴鸿为四川文艺出版社建立起了名
家名作矩阵，使四川文艺出版社得以沿着这个路子走下去。这些
名家作品中，有很多是全国一流作家的原创新作，包括著名作家

王蒙的《奇葩奇葩处处哀》与《女神》、陈忠实的《白鹿原纪事》、阿来的中短篇小说集等。通过名家名作的带动，四川文艺出版社开始在全国打响知名度，行业排名逐年提升。根据开卷的统计数据，四川文艺出版社在全国整体图书市场的排名在2016年上升了59个位次，2017年5月又上升了24个位次。

（四）识才惜才，壮大出版力量

吴鸿在任期间，识才惜才，慧眼独具，发掘了不少出版人才。他打破地域与行业局限，面向全行业，甚至整个文化圈物色人才，逐步引进了一批具有创新、创意才能的紧缺人才。

他大胆用人，悉心培育扶持骨干人员，从中发掘提携人才，培养了一批同他一样认真敬业的专业人才。同时，在他带领下，四川文艺出版社还对人才考核机制进行全面改革，按照发展需要制定全新的考核办法，切实调动一线员工的积极性。

吴鸿认为，要做深做透文艺出版，必须要有一批懂文艺、爱文艺的人来做编辑，这样才能与作家有共同语言，才能很好地与作家对话，才能真正团结到一批作家围绕在四川文艺出版社的周围。基于这样的认识，针对四川文艺出版社的实际情况，吴鸿引进了一批有潜力的青年作家和诗人成为四川文艺出版社的员工，为一线编辑队伍注入新鲜血液。由这些年轻编辑策划组稿的"副本译丛"，陆续推出了一批世界现当代文学史上具有重要影响力的译著作品，对四川文艺出版社的品牌形象加分不少。

（五）为成都立传，为自己圆梦

吴鸿怀揣出版情怀，扎根出版事业。策划出版与四川、成都相关的图书，成为他个人兴趣与出版事业链接的"锚点"。20世纪90年代末期，老成都的民俗、风土人情备受关注，他抓住机遇策划出版了"老成都系列"丛书；2005年，他又策划出版了"北纬30度·发现成都"系列作品；后来，他又策划推出了《地上成都》《地下成都》《人文成都》《湖广填四川》《客家人》《成都物语》和《从清朝开来的的士：成都交通史话》等十余种书写成都人文历史的书籍，构成了一套连缀的"成都简史"。在他去世的次月，由他重新策划的《成都街巷志》（修订版）上市，入选四川新华发行集团当年的新华好书，取得了良好的社会效益和经济效益。

此外，他还注重整理成都旧籍，推出适合当下阅读的新版本，让更多人对成都有更深入的了解。这些努力，让本就充满文化气息的成都更加为世人所熟知。

吴鸿自己有一个梦想，就是成为一个具有成都特色的"乡土作家"。为此，他写了不少关于成都地方文化的作品。他的这个梦想与爱好，自然也带到了他的出版活动之中。

与此同时，吴鸿注重对本土作家的培养，不遗余力地扶持一些不知名的作家，逐渐建立起四川文艺出版社的作家后备力量。许多尚不成熟的本土作家，其知名度和写作功力都不突出，市场号召力也比较弱小，从经济效益的角度来看，为他们出书会有较大的经营风险，但是吴鸿却看得更远，不计一时得失，对他们扶持有加。这当中，他特别重视对年轻作家的培养。吴鸿对出版社的编辑说，青年作者都有一个成长的过程，知名作家都是从无名作者起步的。正是基于此，四川文艺出版社出版了龚静染、余幼幼、熊焱、李海洲、周成林等许多年轻作家的作品，使他们崭露头角，受到越来越多的关注。

第九章

新机遇与新挑战

　　振兴四川出版是一场长跑。四年时间仅仅是一个开始。在行进途中，我们"前有标兵，后有追兵"，稍有松懈就会掉下队来。未来的征途，挑战无处不在。未来行业格局在变，出版市场在变，我们自身的状态也在变。唯有胸怀出版理想，保持出版激情，提升出版能力，既把握方向，又认清形势，才能走出一片新的天地，迎来振兴四川出版新的辉煌。

一、新机遇

（一）新时代给出版业带来新的发展机遇

1. 中国特色社会主义建设的伟大实践为出版业提供了新的发展机遇

历史证明，任何一个时代，社会经济的大发展大繁荣无不伴随着出版业的大发展大繁荣。丰富多彩的社会实践，包容开放的社会文化，繁荣发展的国家经济，不断提升的文明水平，不但给出版业发展奠定了良好的经济基础，还给出版业茁壮成长提供了良好的土壤。

新的时代，我国各项建设事业正在发生着前所未有的变化，当代中国正在进行着历史上最伟大的实践创新，这给整个国家和民族带来了深刻的影响。将这些实践创新进行总结、提炼、阐释，成为反映党和国家意志的时代理论，成为凝聚民族的精神力量，成为人类历史的宝贵财富，是中国出版业的重要责任，也是中国出版业的重大机遇。正所谓，伟大的时代产生伟大的作品，体现中国价值、弘扬中国精神、彰显中国特色、具有永恒传承价值的精品力作必将诞生在伟大的新时代。

2.　人民群众对文化产品和服务的新需求为出版业提供了新的发展机遇

随着中国特色社会主义建设进入新时代，我国社会主要矛盾已经转化为人民日益增长的美好生活需要和不平衡不充分的发展之间的矛盾。经济社会快速发展，人民生活水平不断提升，使人民群众对美好生活的追求，已经不限于物质条件，还会对精神文化生活提出更高的要求。人们对精神文化的需求整体上呈现出了新的变化和特点。

首先，人民群众的精神文化需求增长速度加快。改革开放以来，随着社会生产力的不断发展和人们收入水平的不断提高，人们物质和精神的消费已经呈现出不同步的发展趋势，人们的消费重心逐渐转移到精神文化层面，更加重视对各种文化娱乐和教育的消费，使精神文化方面需求的增长速度，远远快于物质需求的增长。

其次，人民群众对精神文化的需求不断升级。随着生活水平的提高，人们追求美好精神文化生活的愿望更加强烈，更加关注自身的内心世界和自我价值的实现，急需高质量的文化产品填补人们的精神文化世界。人们的精神文化需求呈现出高品质多元化的特征。

再次，人民群众对精神文化的需求途径和方式更加多样。现代社会的经济、科技、信息交织在一起，影响人们精神文化需求的各种媒体形态和信息传输渠道越来越多。人们对文化传播和传输方法的选择已经不再单一。人们既可以通过传统的方式进行文化的传播和获取，也可以运用现代新型载体和渠道进行操作，足不出户就可以享受到全球文化信息的全方位服务。

随着人民群众精神文化需求的不断增长，以及精神文化生活消费向多元化高品质的升级，我国文化消费市场将会得到快速发展。出版业作为精神文化需求的主要供给源，将迎来巨大的发展机遇。

（二）党和政府的大力支持为出版业发展创造了良好环境

我国社会主要矛盾的转化，对出版业而言，不平衡不充分体现为图书出版还不能满足人民群众对更高品质、更高层次的精神文化需求。近年来，党中央、国务院及地方政府出台相关政策，对出版业的发展给予大力支持，为行业的发展提供了良好的政策环境。

一方面，财政税收优惠持续加大。财政部、国家税务总局相继印发《关于调整增值税税率的通知》《关于延续宣传文化增值税优惠政策的通知》，继续加大对相关出版、印刷、制作业务增值税的优惠。国务院办公厅发布《关于印发文化体制改革中经营性文化事业单位转制为企业和进一步支持文化企业发展两个规定的通知》，进一步完善推动文化体制改革发展的一系列重要政策。这些税收优惠政策为出版企业减税降负，有力地提振了出版企业发展的信心，也为出版企业提升竞争力注入了力量。

另一方面，改革发展持续深化。中央全面深化改革委员会第五次会议审议通过了《关于加强和改进出版工作的意见》。这是继1983年中共中央、国务院发布《关于加强出版工作的决定》后中央最高领导机构对出版工作再次发文，体现了党和政府对出版工作的高度重视，指明了为人民群众提供更加丰富、更加优质的出版产品和服务的方向，引导整个出版业向精品出版看齐。

同时，地方政府也积极扶持本地区相关出版企业，以财政支持、资本运作、政策扶持等方式，加快推动出版融合发展、出版产业园区建设、扶持实体书店、弘扬传统文化等工作，或从全局谋划，或覆盖重点领域，或针对具体项目，积极为产业发展持续注入新动力。

中央和地方政策的推出，为出版产业带来了重大利好，也为文轩出版未来加快发展创造了一个良好的政策环境。

（三）文化与科技的深度融合为出版业发展提供了广阔空间

以互联网为特征的新技术与新闻出版业的融合发展，将不断提升内容生产与传播的效率，促进出版业与相关行业融合，催生一系列新型业态，为出版业开辟新的发展空间。

首先，新技术改变了文化的表现形式，提高了文化传播的效率，是增强文化表现力和影响力的重要引擎。在当今高科技化、高数字化、高交互化的世界中，科技不再仅仅作为一种单纯的技术手段，而是成为一种生活方式融入人类社会之中。如果说文化贯穿古今，确保人类社会生活的延续，那么科技则成为当代社会文化生活方式的关键和核心。正如著名技术哲学家阿诺德·盖伦在《技术时代的人类心灵》中所言，"技术的日新月异告别了那种宁静的常规社会，打破了那种稳定的制度，步入了一个节奏快、变化大的现代社会，而人类的精神、思想、伦理等都将在这种未定型的社会中被迫迎接这一巨大挑战"。新技术研发与应用的加速推进，为传统出版业调整产业结构、推进融合发展、谋求转型升级提供了强大支撑。特别是大数据技术的应用，为出版传媒企业选题策划、精准营销、激发市场需求带来了重大发展机遇，文化与科技融合带来了新的出版业经济增长点。

其次，新技术发展为出版业的跨界发展搭建了更加方便的桥梁。随着新兴技术的快速发展、互联网链接效应的持续扩大和各行各业"＋文化"升级转型的不断深入，出版业与非出版行业的界限越来越模糊。出版业因其特有的文化属性、知识积累与传播属性，涉及社会范围极广，可转化率高，不断渗入各行各业，形成新的业态。在新兴科技的加持下，出版业与旅游业、制造业等相关产业不断融合，为自身的发展打开了更广阔的大门，出版业迎来了全新的发展机遇。

最后，传统文化与新技术融合，催生了新兴业态，创造了新的需求。传统文化内容与信息技术、网络技术、数字技术、AR和VR技术等融合，使得信息的传播更加具有趣味性和针对性，更好地增强了用户的信息体验感和用户黏度，已经创新出网络游戏、数字视听、三维动画等新业态，提升了满足人们因文化消费理念、消费习惯变化而产生的新需求的能力，拓展了内容产业发展空间。出版传媒企业在内容生产端、供给服务端导入AR、VR、3D与MR、电子游戏等，可使消费者角色发生转换，即从一个被动接受者变为主动感受者、体验者，甚至成为参与文化生产的创造者，获得了参与创新的体验乐趣，由此将放大文化消费范围与消费规模。

新华文轩作为传统出版企业，凭借自身强大的资源组织优势和专业人才优势，只要敢于打破传统的内容生产与消费思维的限制，将内容服务延伸到社会生活的各个方面，加快转型升级的步伐，与时代同步，与技术同行，必将迎来更加广阔的发展前景。

（四）内容价值的重新认识为出版业带来了更多发展机会

前些年，随着互联网的飞速发展，大量新兴互联网企业攫取出版内容资源，推出以"免费"为代表的互联网商业模式，传统出版业在互联网浪潮中被边缘化。预测传统出版"大限"将至的声音此起彼伏，出版成为新兴市场避之不及的"夕阳"行业，出版人也丧失了出版自信，对前途感到一片迷茫。

但是，随着"免费"的风口逐渐过去，大家的认识也发生了变化——互联网商业模式取代不了传统出版的商业模式。从2017年以后，知识付费开始回归，原来我们都习惯免费，不仅信息免费，似乎读书也要免费，但事实上人们对真正有价值的内容是愿意付费的。互联网不是要消灭收费的内容，而是创新内容生产、传播与消费模式，通过市场机制筛选出有价值的内容，并实现内容价值的最大化。

今天正在发生的消费升级，从功能性消费或者是物质的消费向文化消费与精神消费的升级，其实质是对有价值内容、高价值内容的消费，有价值内容的消费将成为未来最大的社会需求。互联网只是给了我们这样一个生产有价值内容、消费有价值内容的工具，出版业作为高品质原创内容的生产者，在互联网时代的基础性产业属性将更加凸显出来。在新的时代，出版的地位没有下降，出版的价值没有降低，作为专业的内容提供者，出版业有其他内容生产者无法比拟的优势。在高品质内容为王的时代，出版业面临着更多的发展机遇。

随着振兴四川出版的深入推进，一大批精品力作持续问世，文轩出版的品质不断提高，优质内容的生产能力经受了市场的洗礼。文轩出版不断提升的出版能力，将给文轩产业发展带来产业链源头上的优势。凭借这个能力，文轩出版也将更加自信地参与大内容产业的竞争，进入全新的发展时代。

（五）综合国力的提升为出版国际化发展提供了有利条件

在中华文明5000年的悠久历史里，有过许多次文化输出的高峰。曾经，中国作为世界上最强盛的国家，制度、文化等受到周边国家的高度认同，对外文化传播活动高潮迭起。后来，随着国力的衰落，特别是近代以来，中国对外文化输出基本停滞。中华人民共和国成立以来，特别是改革开放以来，中国的发展取得举世瞩目的伟大成就，成为世界第二大经济体。中国的快速发展使世界越来越关注中国，中国的发展成就被世界很多国家，特别是发展中国家所认同，它们希望了解中国成功背后的原因。中外文化交流成为世界认识中国、中国了解世界的纽带。出版业作为世界各个民族、国家之间文化交流的重要组成部分，发挥着越来越重要的作用。客观上，这为出版企业走出国门，拓展国际市场创造了良好的条件。

随着我国综合国力不断上升，如何向世界讲好中国故事，提高国家文化软实力和中华文化影响力，已经成为国家战略。党和政府采取多项举措支持对外文化贸易发展，通过举办中法文化年、中俄文化年、伦敦中国文化年、纽约中国文化游、"感知中国"等文化交流活动，提升中国文化在世界各国民众中的影响力。此外，党和政府还大力支持包括出版企业在内的中国文化企业"走出去"，到海外落户，把中国文化传播到世界各国民众中间去。

有强大的国力为基础，有党和政府的大力支持，有各国人民对中国文化的认同和喜爱，有国际市场对中国文化产品的需求，出版业走出国门、走向世界具有广阔的发展前景。随着中国出版市场容量的饱和，出版竞争更加激烈，开拓国际市场成为文轩出版发展的新希望。

（六）四川文化强省建设为文轩产业发展增添了更大的动力

四川是国内较早提出建设文化强省的省份。2002年5月，四川省第八次党代会报告首次提出建设西部文化强省。此后，在省委省政府发布的重要文件和报告中，不断重申建设与西部经济发展高地相适应的文化强省。

2016年6月，为加快四川文化强省建设，充分发挥出版作为文化产业的基础作用，四川出版战线开启了"振兴四川出版"战略，自此，四川文化强省建设全面提速。

在四川文化强省建设的征程上，文轩作为主力军，既倍感压力，也备受鼓舞。在2018年9月举行的振兴四川出版工作推进会上，甘霖部长充分肯定了文轩振兴出版以来取得的显著成绩。甘部长说，2015年以前，文轩出版在全国35家出版集团中总体排名第26，基本上是到谷底了。现在，无论是图书市场占有率、经济规模，还是利润、获奖情况，包括争取各类资金资助支持情况，文轩出版每一个方面都取得了大的跃进，成绩是非常显著的。新华文轩作为上市公司，出版社最多，它们发挥了主力军作用。应该说两年多来，振兴出版在整个四川文化建设、文化发展中发挥了重要作用，取得了显著成绩，也起到了很好的示范作用。文轩振兴出版工作虽然取得了巨大进步，但与全国先进同行比还有很大差距，同时也有很大发展潜力。为此，甘霖部长提出，要继续推动振兴四川出版，首先是文轩出版再上新台阶——要求文轩出版综合实力、主要经营指标进入全国地方出版集团前五名；要在治蜀兴川再上新台阶的伟大实践中，发挥我们出版人应有的作用。省委对文轩出版提出的"综合实力、主要经营指标进入全国地方出版集团前五名"的新要求，既是动力，也是压力，文轩出版有了新的目标和方向，更是有了新的发展机遇。

2019年5月，四川省印发的《建设文化强省中长期规划纲要》提出，文化强省建设和经济强省建设相互促进，实现文化建设由"大"到"强"的根本转变，到2025年基本建成文化强省。四川省委省政府对文化强省建设的高度重视，对振兴出版的高度关注，对出版发展的大力支持，为文轩产业的发展增添了源源不断的动力。

二、新挑战

（一）出版市场深刻变化带来新的挑战

进入21世纪以来，受互联网新技术的影响，我国出版市场发生了一系列深刻的变革，给传统出版企业带来了巨大挑战。

1. 内容载体多样化

一部出版业的发展史，就是出版形态不断创新的历史。从古至今，铅与火、纸墨笔、声光电、0和1，极大地丰富了出版的形态，出版形态的改变带来了阅读载体的变化。图书是最古老的阅读载体之一。我们对于书的认识是书是一种关于文化的商品，既包含了书中文字图片所表达的文化内容，也是指有质量的实物本身。但是，随着互联网时代数字技术的发展，图书内容的生产从图书实体中分离出来，很多内容可以不通过纸质图书这一形式实现生产、流通与消费。

借助数字技术，出版内容单纯由文字、静态图片等扩展为集文字、图像、声音、视频等于一体的立体化复合形态，而内容载体也随之改变，这对传统出版业的纸质图书一品独尊的地位构成巨大冲击。

在传统出版时代，无形的内容需要依靠有形的载体进行传播。从甲骨、竹简到纸张的进步，推动着出版业的发展，也给人类社会的进步提供了文化动力。

20世纪以来，随着社会经济的发展和技术手段的进步，内容的表现形式与载体都发生巨大变化，磁带、光盘、硬盘、数据库、云存储等不断迭代升级，每一次更新换代都伴随着文化市场的消费升级。而且，前一种载体被后一种载体取代的时间越来越短，似乎磁带和光盘没有流行多久，智能手机和云存储就来了，新概念和新玩法层出不穷，稍不留意，我们就可能被时代抛弃。

进入21世纪后，出版物已经不再大量依靠纸张或磁盘、光盘等材料，电子书、数据库、有声书、知识付费课程、混合现实（MR）出版物等成为读者喜闻乐见的出版形态。不仅如此，出版物的内容也不再以单一的形态出现在读者面前。过去，一本书主要通过文字将内容呈现给读者；现在，出版机构通过二维码、AR/VR等技术，用更为立体直观的方式将内容呈现给读者，或者以书中内容为基础延伸出更为丰富的出版形态，大大扩展了知识和文化内涵。比如，时下在教育出版领域大热的AR教材用新颖有趣的新形式呈现纸质教材中的内容，让书中的动物、植物、人物、地理现象动起来，读者可以身临其境地体验这些3D内容并进行互动。传统的单向教学已转变成双向的互动式教学。再比如，出版与知识付费平台的结合，形成了以音频为介质、以知识付费为变现路径的全新出版形态。有声书将专业化知识进行解构，简化处理后以音频形式传播，在对话、互动的氛围中增强用户对知识的接受与理解。以知乎LIVE为例，针对用户提出的技能类、生活类疑问，邀请知识达人提供系统、专业的回答，以"短音频＋文字＋图片"的方式传播，热门话题如"妇科常识""咖啡馆开店指南"等收听量暴增。

随着电子书、有声书、多媒体阅读产品等内容产品的不断涌现，不断分流传统图书市场，纸质图书独领风骚的时代已经结束，传统出版业的"码洋"经济逐渐让位给"点击率"经济。这对习惯了纸质图书生产与销售的传统出版业来说，构成了巨大的挑战。

2. 阅读方式多元化

近年来，随着数字技术和互联网的高速发展，人们的文化消费模式也发生了重大变化，越来越多的用户将手机作为内容接收终端，内容消费方式更加多元化，阅读图书不再是内容消费的首选方式，阅读方式已经呈现出多元化格局。

一是纸书阅读与数字化阅读共存。中国新闻出版研究院《第十六次全国国民阅读调查分析报告》显示，2018年我国成年国民人均纸质图书阅读量为4.67本，与2017年的4.66本基本持平；人均电子书阅读量为3.32本，较2017年增加了0.20本；包括书报刊和数字出版物在内的各种媒介的综合阅读率为80.8%，较2017年有所提升，数字化阅读方式（网络在线阅读、手机阅读、电子阅读器阅读、Pad阅读等）的接触率为76.2%，较2017年上升了3.2个百分点。阅读方式的多元化使得纸质书不再是读者接触知识和文化的唯一途径，相反，许多比纸质书更便捷和智能化的阅读方式抢夺了读者的大部分阅读时间。尤其是以音视频为主要形式的知识付费大热之后，读者的阅读途径更加丰富多样。

二是碎片化、浏览式阅读与系统化、深度阅读共存。读者传统图书阅读，也就是系统化的"深阅读"，逐渐演变为大量年轻用户利用碎片化时间通过手机等电子设备进行的"浅阅读"。传统的报刊阅读也逐渐让位于以网络新闻等为主体的浏览式阅读。据《亚马逊2019全民阅读调查报告》，97%受访者表示，深度阅读和碎片化阅读均会涉及，以深度阅读为主的受访者占比38%，以碎片化阅读为主的占比33%。其中只有21%的受访者认为读书仍然是他们日常生活的重要组成部分。

三是主动选择内容与被动接受内容共存。以前，在出版业的产业逻辑中，作者和编辑是内容生产的主导者，作者写什么书，出版社就出什么书，读者也就读什么书，这是一种被动接受内容的出版传播方式，作者对读者具有巨大的影响力。随着时代的发展，特别是互联网带来的信息交互的便捷性，读者已经不满足于作为被动的内容接受者的角色，而是开始主动选择内容，甚至影响内容的生产。现在流行的网络小说内容生产传播模式就体现了这一趋势。正所谓，作者还是那个作者，读者已不是那个读者。

如果说内容载体的变化已经影响到图书作为文化产品的中心地位，那么，人们阅读方式的变化则更加深刻地影响到图书消费行为，传统出版业在面对自己的主要产品——图书受到其他载体冲击的同时，还要应对消费者更加多元化的阅读方式带来的挑战。

3. 生产消费一体化

传统出版业内部按编印发环节分工，各业务环节之间有着很清晰的界限。编书的、印书的、卖书的各自按照自己的逻辑组织生产经营活动，通过市场交换实现产供销平衡和图书的价值。随着数字媒介技术的快速发展和移动互联网的广泛应用，出版业态发生了两个重要变化。

一是作者、读者一体化。在"作者－出版社－渠道－读者"的传统出版产业链中，读者是图书的终端用户，也是一本书实现其文化价值的终点。当移动互联网成为人们生活不可或缺的一部分时，内容与读者的关系发生了剧变。今天的读者变成了集用户、内容生产者和内容传播者为一体的角色。这也就意味着曾经以内容为中心的时代行将结束，一个以用户为中心的时代已经到来。作为图书消费者的用户，可以随时随地接入互联网信息平台，他们已经不再局限于做图书内容的被动接受者，开始通过网络平台参与内容生产，形成了以维基百科为代表的知识分享类，以天涯为代表的社区论坛类，以及在线教育平台、网络文学平台等丰富多彩的内容创造模式，大大丰富了出版的内涵和外延。用户既是内容的消费者，也是内容的生产者。当今"读者、作者一体化"飞速发展的重要原因是基于公共资源的内容生产成本越来越低，原来作家只是少数人的职业，现在依托互联网，人人既是读者，人人也可能是作家，虽然创作的内容质量良莠不齐，但是极大地丰富了内容生产，有力地推动着出版产业的变化与繁荣。

二是出版、传播、消费一体化。在传统出版时代，生产、流通与消费是互相分离的三个环节，通过构成一条图书出版发行供应链运行，并维持出版的简单再生产与扩大再生产。在图书的生产传播过程中，内容从作者到达读者，需要经过出版社、印刷厂、经销商等诸多中间环节，这形成了作者和读者之间长长的距离，一方面导致了供应链的中间环节对图书生产和消费的巨大影响，比如，因为印刷和书店经销商的原因造成图书上市销售不佳的现象比比皆是；另一方面也抑制了读者的个性化选择自由。面对越来越长的出版链条，读者对出版信息几乎一无所知，只有坐等图书上市后才知晓图书内容，结果每年上市的大量图书，因为没有满足读者的需求而变成了库存。近年来，随着互联网和数字技术的发展，出版价值链发生巨大变化，呈现出越来越明显的"生产消费一体化"特征。随着以起点中文网等为代表的新型网络出版平台的出现，图书内容生产与内容消费实现同步，作者在网络平台上写书，读者同步在网络平台上阅读，出版、传播、消费在网络平台上同步实现，再没有原来供应链中的中间环节，这对传统出版模式具有明显的替代性和颠覆性。

生产消费一体化模式具有几个重要特征：

其一，图书内容的生产——消费周期几乎为零，极大地提高了内容生产传播效率。

其二，读者的地位得到了空前提高，读者的兴趣、爱好等成为作者创作的重要指南，使出版业成为真正以用户为中心的产业。

其三，出版创作进入情境化时代。传统出版过程由于时间、空间和语言文字的隔绝，读者和作者之间存在"交流的无奈"，作者的创作体验和读者的消费体验均大打折扣。在生产消费一体化状态下，读者与作者共同在一个内容情境中进行创作和分享，为产业的发展增添了新的动力，极大地提升了产业的发展空间。

内容生产消费一体化的发展，从根本上颠覆了传统出版业编印发的商业模式，传统出版产业链被彻底解构，盈利模式受到极大挑战。出版业、印刷业、物流业、书店业等主要传统出版行业，都面临数字化网络化时代无纸书出版、无印刷生产、无物流传播、无门店销售的冲击，在这种趋势下，这些创造主要出版产值的行业将面临极大的压力。

（二）出版业高质量发展面临新的挑战

随着我国社会主要矛盾已经转化为人民日益增长的美好生活需要和不平衡不充分的发展之间的矛盾，人民群众对精神文化生活有了更高的期待和向往，出版业只有坚持走高质量发展之路才能满足人民群众对文化生活的高质量要求。但是，传统出版业的供给侧结构、生产流通模式和经济增长方式等都难以满足文化消费升级的需求。

1. 出版业供给侧结构性改革任重道远

随着国民收入水平的提高和中等收入群体的扩大，对出版物品质、质量的要求明显提高。然而，我国出版业供给侧明显不适应需求侧的变化，主要表现在：一是无效和低端出版供给过多，由于出版生产属于精神文化生产，门槛不高，形成严重的低质量生产过剩；二是有效和中高端供给不足，供给侧调整明显滞后于需求结构升级，对高品质商品和服务的需求难以满足，一个重要的表现就是人们转移消费，从图书消费大量转移到新兴互联网信息消费；三是体制机制束缚了供给侧结构调整，供给侧调整表现出明显的黏性和迟滞。出版业基本是国有或国有控股体制，在适应市场、应对变化方面存在明显的短板，生产要素难以从无效需求领域向有效需求领域、从低端领域向中高端领域配置，新产品和新服务的供给潜力难以得到释放。

从2000～2018年全国出版业发展情况来看，虽然我国目前在图书出版品种和总印数上已经位居世界第一，成为名副其实的出版大国，但是在图书供给数量、品种大幅增长的同时，我国出版业存在着有效品种不足、原创作品少、市场拓展能力弱、库存居高不下等问题。

2000～2018年全国纸质图书发展情况

年份	图书总品种（万）	总印数（亿册张份盘）	单品平均印数	全国纯销售（亿册张份盘）	全国纯销售金额（亿元）	全国总库存（亿册张份盘）	全国总库存金额（亿元）
2000	14.34	62.74	43751	70.24	376.86	36.47	272.68
2001	15.45	63.10	40841	69.25	408.77	35.54	297.57
2002	17.10	68.70	40175	70.27	434.93	36.89	343.48
2003	19.04	66.70	35032	67.90	461.64	38.54	401.38
2004	20.83	64.13	30787	67.06	486.02	41.64	449.13
2005	22.25	64.66	29061	63.36	493.22	42.48	482.92
2006	23.40	64.08	27384	64.66	504.33	44.59	524.97
2007	24.83	62.93	25344	63.13	512.62	44.78	565.90

续表

年份	图书总品种（万）	总印数（亿册张份盘）	单品平均印数	全国纯销售（亿册张份盘）	全国纯销售金额（亿元）	全国总库存（亿册张份盘）	全国总库存金额（亿元）
2008	27.41	70.62	25764	67.09	539.65	51.10	672.45
2009	30.17	70.37	23324	63.18	580.99	50.62	658.21
2010	32.85	71.71	21836	64.62	599.88	53.06	737.80
2011	36.95	77.05	20853	65.78	653.59	55.86	804.05
2012	41.40	79.25	19143	68.32	712.58	56.00	841.88
2013	44.44	83.10	18699	68.08	735.63	65.19	964.40
2014	44.84	81.85	18254	69.86	777.99	66.39	1010.11
2015	47.58	86.62	18206	67.42	779.88	67.83	1082.40
2016	49.99	90.37	18078	70.25	852.49	65.75	1143.01
2017	51.25	92.44	18037	72.80	909.35	62.59	1220.97
2018	51.93	100.09	19274	77.05	982.58	69.06	1375.40

注：数据来自《全国新闻出版业基本情况（2010～2018年）》。

从上表可以看出，2000年至2018年，我国图书总品种、总印数逐年增加，单品平均印数却不断下滑。2000年，全国出版图书总品种14.34万种，之后一路狂飙突进，2018年达到51.93万种，是2000年的3.62倍。总印数也从2000年的62.74亿册（张、份、盘，下同）一路增长到2018年的100.09亿册，中国已经成为世界第一图书出版大国。单品种平均印数则从2000年的43751册一路狂跌至2018年的19274册，仅为2000年的44.05%。一增一减，反映出我国出版物供给质量在不断下降。

2000年至2018年，全国图书纯销售数量勉强维持不变，人均购买图书数量却在下降。全国新华书店系统、出版社自办发行单位纯销售，以实物来衡量，2000年为70.24亿册，中间若干年度一度下降，2016年勉强达到了2000年的数字——70.25亿册，2018年也仅仅比2000年超出6.81亿册。19年时间里，图书销售几乎没有增长。但是，从2000年到2018年，全国人口从12.63亿增加到13.95亿，说明人均购买图书数量其实在下降。近20年来图书品种的大幅增加并没有扩大图书市场规模。580多家出版社辛辛苦苦打拼十几年，几乎所有出版社参与所有细分市场的竞争，但整个蛋糕并没有做大，实际上是零和博弈。

如此悬殊的产销比，带来的直接后果必然是越积越高的出版物库存。全国新华书店系统、出版社自办发行单位年末总库存，2000年只有36.47亿册，2018年达到69.06亿册。2014年库存总金额首次超过千亿元，达到1010.11亿元；2018年库存总金额达到创纪录的1375.40亿元，远远超过当年纯销售982.58亿元。从数量来看，19年来，全国出版业纯销售数量仅增长了9.7%，但库存数量却增长了89.4%；从金额来看，全国出版业纯销售金额增长了1.61倍，但是库存金额则是增加了4.04倍。在出版繁荣的背后，出版行业高库存导致的整体高风险正在快速积聚。

我国出版业产销存在的严重失衡局面，与高质量发展存在巨大的差距，如何通过供给侧结构性改革提升发展质量，考验着整个出版业的智慧。

2. 传统出版生产流通模式难以满足消费层次高端化的需求

长期以来，我国出版业存在着追求数量轻视质量、内容拼凑品位不高、平庸泛滥精品不多等问题，由此带来一方面供给不足，高质量的精品太少，另一方面供给过剩，粗制滥造的出版物太多。出版业供给不足和供给过剩并存的局面，本质上是相对落后的传统出版生产销售模式造成的。

从改革开放四十多年来的发展历程这个较长时段看，20世纪我国出版业的快速发展得益于文化行业与经济领域的巨大落差，以及蕴藏在居民身上长期被压抑又被市场经济激发出来的巨大补偿性文化消费需求。这种落差源于我国文化体制改革滞后于经济体制改革、文化发展滞后于经济发展、文化生产滞后于文化消费需求的历史现实，它为出版业的发展提供了巨大空间。

进入21世纪以后，随着文化体制改革的不断深化、文化产业的快速发展，以及文化与经济融合的全面展开，文化与经济的落差也在快速缩小。补偿性文化需求得到满足后，人们的生活方式和文化消费模式开始转型，"乐消费"即满足精神和心理需求的消费已经成为重要的服务产业，文化消费逐渐升级。但是，面对新一轮文化消费升级，传统出版业无论是书报刊的产品形态，还是一成不变的商业模式，无论是缺乏体验感的服务场景，还是低效的服务效率，都远远满足不了人们的文化消费新需求。书报刊等传统文化产品受到电子书、有声书、数据库、知识服务产品等层出不穷的新产品的冲击，书店买书、图书馆借书读书等消费模式受到新型知识服务平台的挑战，传统书店单一的图书卖场受到充满体验感的新零售的威胁。

因此，出版业要适应新的文化消费趋势，就应改革生产流通模式，在生产端回归出版的内容产业本质，重塑出版价值观，丰富产品形态，发扬工匠精神，推出适应市场、满足时代需要的精品力作；在流通端从以产品销售为中心过渡到为消费者提供价值为中心，创新服务业态和商业模式，实现高速度增长向高质量发展转型。

3. 传统出版经济增长方式难以满足高质量发展的要求

我国传统出版业的经济增长方式是建立在"码洋经济"上的，也就是生产导向型的经济增长。不论是在行业经济统计上还是在企业经营成果核算上，都把生产码洋作为一个很重要的经济指标。当然，这也很有必要，因为没有生产就没有销售，也就没有利润，那么行业也就不复存在。我们每年出版图书的品种数不断地膨胀，表面上说是为了满足人民群众的文化需求，背后其实还隐含着整个行业的诉求，那就是要不断地做大规模大家才有饭吃。

出版品种的增长，带来生产规模的扩大，对纸张供应、印刷业、物流业都是极大的利好，都能带来巨大的产值。对书店业来说，也是利大于弊。虽然书店抱怨品种太多、更新太快，销售组织工作面临压力。其实，如果没有源源不断的新产品进店吸引读者不断地上门，书店的生意也难以维持。当然还有一个因素，即整个行业实行经销包退的流通规则，书店除了承担物流费用之外，并不承担存货的损失，所以书店基本上也是支持不断扩大生产规模的。生产规模的扩大，造成最终会有越来越多的图书卖不出去而变成出版社的库存，但这也并不影响出版社扩大生产的热情。因为我国的出版社都是国有体制，对出版社的考核是把库存作为资产来核算的，一般来说库存多少并不影响当期利润，当然也不会影响大家该拿的收入了。由于整个行业都存在着追求"码洋经济"的生产冲动，难以自律，最后还得主管部门出面，从源头抓起，控制书号发放量，这两三年才把品种飙升的车刹住。

但是，一个行业过分突出生产端的重要性，必然是不可持续的。不论你生产做得多么好，生产最终要服务消费，生产好不好最终也要由消费来检验。所以我们说，出版业作为文化生产与服务行业，既要满足消费需求，又要引导消费需求，必然要受到市场规律的约束。

在生产导向的经济增长方式下，出版业要实现转型是一个艰难的过程。出版的品种少了，对每一个品种的质量要求更高了，这对长期习惯于造货思维的出版业来说是一个巨大挑战。此外，不计成本的生产码洋少了，躺在库房里的存货少了，也必然影响到物资印刷行业的收益。

（三）出版融合发展面临新的挑战

随着5G、大数据、人工智能等新兴技术对出版传媒业的广泛渗透，对出版业的改造正加速推进，传统出版业走融合发展之路迫在眉睫。新兴数字出版传媒企业依托技术领先优势，发展非常迅猛，掌阅、阅文等数字出版企业每年都是以百分之几十，甚至百分之百的速度增长，爱奇艺、喜马拉雅FM、今日头条等新的阅读服务企业都已经成长为千亿级大企业。这一方面说明数字阅读的市场非常庞大，另一方面不可避免的是，新兴数字企业对传统出版企业的挤压也越来越强烈，新兴数字企业凭借强大的技术实力、资本实力和高度市场化的体制机制，在内容资源争夺、消费者争夺等方面对传统出版企业形成全面碾压之势。

面对严峻的市场形势，传统出版企业也不甘落后，凭借自身长期积累的资源优势和人才优势等奋起直追，近年来也取得了一定的成效。但是，在融合发展上，传统出版企业的短板也非常明显，那就是在研发投入上严重不足，技术能力远远落后于新兴数字企业。事实上，我国出版传媒上市公司的研发投入，不但远远低于上市公司平均水平，甚至落后于全国总体研发投入强度。技术研发投入不足，导致了出版业融合发展的技术支撑力度不够。目前，读者市场已经转向新阅读方式，但出版企业的新技术、新业态没跟上，这就形成了读者新阅读和出版旧模式的巨大矛盾。

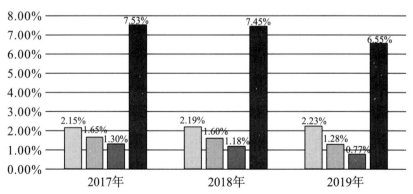

注：数据根据《全国科技经费投入统计公报》（2017—2019年）、上市公司公告整理。

我国出版上市公司、A股上市公司及全国总体研发强度情况

我国出版发行上市公司研发投入情况（单位：亿元）

企业类型	公司名称	2017年			2018年			2019年		
		研发投入	营业收入	研发强度	研发投入	营业收入	研发强度	研发投入	营业收入	研发强度
传统出版	山东出版	0.04	89.01	0.05%	0.00	93.51	0.00%	0.00	97.67	0.00%
	城市传媒	0.00	19.69	0.00%	0.00	21.70	0.00%	0.01	23.14	0.05%
	南方传媒	0.00	52.51	0.00%	0.00	55.97	0.00%	0.00	65.25	0.00%
	中国科传	0.02	20.11	0.11%	0.00	22.25	0.00%	0.05	25.08	0.19%
	中文传媒	9.55	133.06	7.18%	8.33	115.13	7.24%	3.90	112.58	3.47%
	中南传媒	0.56	103.60	0.54%	0.62	95.76	0.64%	0.50	102.61	0.49%
	长江传媒	0.92	112.32	0.82%	0.93	103.63	0.89%	0.91	76.71	1.19%
	中原传媒	0.10	81.74	0.13%	0.05	90.01	0.06%	0.22	94.98	0.23%
	凤凰传媒	0.56	110.50	0.50%	0.39	117.89	0.33%	0.32	125.85	0.26%
	中国出版	0.28	46.97	0.59%	0.45	53.31	0.84%	0.46	63.15	0.73%
	出版传媒	0.06	19.31	0.29%	0.04	23.38	0.17%	0.08	27.11	0.30%
	时代出版	0.28	66.07	0.42%	0.31	64.37	0.47%	0.28	64.71	0.44%
	读者传媒	0.07	8.31	0.86%	0.08	7.61	1.11%	0.13	9.72	1.34%
	中信出版	0.00	12.71	0.00%	0.07	16.34	0.44%	0.08	18.88	0.40%

续表

企业类型	公司名称	2017年			2018年			2019年		
		研发投入	营业收入	研发强度	研发投入	营业收入	研发强度	研发投入	营业收入	研发强度
传统出版	新经典	0.06	9.44	0.64%	0.04	9.26	0.46%	0.04	9.25	0.39%
	皖新传媒	0.03	87.10	0.03%	0.05	98.32	0.05%	0.08	88.33	0.09%
	新华文轩	0.24	73.46	0.32%	0.24	81.87	0.29%	0.03	88.42	0.04%
	世纪天鸿	0.01	3.81	0.22%	0.01	3.81	0.38%	0.01	3.86	0.18%
	天舟文化	1.17	9.36	12.51%	1.41	11.26	12.52%	1.57	12.40	12.65%
	新华传媒	0.00	14.27	0.00%	0.00	13.91	0.00%	0.00	13.47	0.00%
合计1	—	13.95	1,073.35	1.30%	13.01	1,099.28	1.18%	8.67	1,123.18	0.77%
新兴出版	中文在线	1.15	7.17	15.99%	1.23	8.85	13.88%	1.14	7.05	16.16%
	掌阅科技	0.80	16.67	4.80%	1.16	19.03	6.11%	1.20	18.82	6.38%
	阅文集团	2.93	40.95	7.16%	3.44	50.38	6.82%	4.82	83.48	5.77%
合计2	—	4.88	64.79	7.53%	5.83	78.27	7.45%	7.16	109.35	6.55%
合计	—	18.83	1,138.13	1.65%	18.84	1,177.55	1.60%	15.83	1,232.54	1.28%

注：数据根据各上市公司公告整理。

为应对出版市场的深刻变革，出版业必须加快融合发展的步伐，坚持两手抓，一手抓内容资源建设，一手抓技术能力提升。只有两手一起动，两手都有力，出版融合才能产生实实在在的效果。如何更好地将传统出版业的内容优势转化为产品优势、市场优势，如何提升研发技术、驾驭技术、使用技术的能力，如何将新兴技术与传统内容进行有机衔接打造新的竞争优势，是摆在整个行业面前的一个难题。

（四）文轩出版实现持续高速发展面临新的挑战

除了行业共同面临的挑战之外，文轩要继续实现振兴出版以来的高速度发展也面临着巨大的挑战。

1. **追求规模与速度的发展模式不可持续**

振兴四川出版进入第二阶段以后，文轩出版原来的数量型、速度型的发展模式面临着越来越大的挑战，需要加快高质量发展转型步伐。

一是市场排名升位越来越难。振兴四川出版四年来，文轩出版一路高歌猛进，2016年上升了7位，2017年上升了2位，2018年上升了4位，2019年更是上升了6位，来到了全国第七名的位置。文轩出版进入到新的高层次竞争领域，接下来升位更难了。我们必须清醒地认识到，近四年排名的迅速上升，与2015年我们起点太低有着很大的关系。当我们站在新的起点向前看去就会发现，排在我们前面的出版传媒集团，个个实力都很强大，要超越它们绝非易事，文轩出版的升位难度越来越大。因此，我们必须正视这一现实，要明白当前各集团的竞争，已进入更高层次的品牌竞争，是综合实力的全面角逐，是高手间的激烈"对决"。

二是继续上规模越来越难。就文轩内部来看，各家出版社现有生产能力和现有编校人员的工作量已经达到饱和状态，每年能够出版图书的总量已经达到极限。从外部环境来看，国家推进出版业高质量发展，对书号资源进行更加严格的控制，出版社不能再依靠申请更多书号增加出书品种了。大环境、小环境都不允许我们继续扩品种、上规模。

三是发展速度和发展质量难以兼顾。振兴四川出版四年来，文轩出版整体发展速度很快、发展质量较高，但具体到各个出版社则不尽相同，出现了个别出版社发展速度上去了而发展质量掉下来了的新情况、新问题。这几年总的看起来我们发展很好，但要看到就在2019年，我们的个别出版社利润有所下滑。这提醒我们，如果只追求发展速度，发展质量必然受到影响。振兴出版是一场长跑，是马拉松，只有解决好出版社发展速度与发展质量相协调的问题，才能跑得稳、跑得久、跑得远。

2. 文轩出版品牌还未形成社会影响力

当今的出版竞争，已经从产品竞争进入品牌竞争时代。在日益增长的数十万个图书品种面前，在越来越多元化、碎片化的传播渠道面前，消费者很难把注意力聚焦在产品上面，品牌的作用至关重要。出版社只有做出了品牌，它的书才会受到读者的持续关注，才会得到销售渠道的青睐，也才能更好地吸引知名作者。也就是说，只有栽好梧桐树，才能引得凤凰来。吸引到知名作者，出版社就能推出更多的好书，进一步壮大品牌的实力，从而进一步增强在出版市场上的影响力，创造出更多的销售机会与更好的销售业绩，如此下去，才能形成发展的良性循环。

振兴四川出版四年来，文轩好书不断增多，相比四年前有了巨大的进步。但总体上说，文轩的产品影响力还没有转化为品牌影响力，我们没有把品牌建设提升到战略高度，还习惯于就产品论产品，就书说书。

目前文轩具有全国性品牌影响力的图书，还主要集中在少儿出版领域，如《米小圈上学记》《汪汪队立大功儿童安全救援故事书》等。在大多数细分市场，主要还是一些产品的影响，还未形成规模化的品牌冲击力。文轩出版品牌还远远没有形成社会影响力。

此外，四川出版原有品牌也未焕发出新光彩。我们对出版社原有的知名品牌资源挖掘利用还不够，比如说四川人民出版社的"走向未来"丛书、四川辞书出版社的《汉语大字典》等。与此同时，体现文轩出版品牌实力的高水准重点项目储备和国家级大奖也还不足。文轩出版入选国家级重点项目的数量，虽然比往年有了很大进步，但整体数量在全国同类出版传媒集团中还不算多，个别出版社几乎没有一个项目入选。最近一届的全国三大奖，我们获奖数量位居全国出版集团前列，但没有拿到一个图书正奖。2019年全国"五个一工程"奖评选，文轩也是榜上无名。这些情况，体现出文轩出版品牌的影响力与先进集团相比还有很大的差距。在未来的发展路上，文轩出版面临着国内出版市场上强势品牌的挑战与挤压。

3. 文轩出版的经营管理能力面临挑战

四年来，出版社集中主要精力抓发展，使文轩出版的面貌发生了根本性变化。在高速增长的同时，文轩出版经营管理上的一些问题也逐渐暴露了出来。

一是粗放经营的倾向仍然存在。部分出版社盲目扩大规模，没有将思想和行动统一到新华文轩战略部署上来。跟风出版、选题同质化问题仍然存在。比如，2018年，文轩旗下9家图书出版社共申报选题6125种，较上年同期增长10%。其中，名著解读类、历史名人解读类、低幼儿童类、百科类读物同质化、浅层次的选题占比较大，而体现专业性、原创性的优质选题却比较少。部分出版社偏离了自身专业化出书方向，尚未建立起科学有效的选题论证机制，没有从源头上把好质量关，这些情况令人担忧。还有个别出版社只注重跑选题、做项目，忽视了后期管理，结果优质出版资源拿来了，资金和人力也投入了，由于管理不精细，推出来的一些图书两个效益并不能令人满意。

二是出版社内部管理不规范，风险防控意识还不强。在企业高速发展时期，往往是"一俊遮百丑"，一些管理上的短板不容易暴露出来，很迷惑人。一旦出版社发展速度降下来了，这些问题就会接踵显露出来。有人说，超级大企业距离死亡只有一天时间。事业发展得越快，经营规模越大，越要注意潜在的风险。要将这些潜在风险消灭在爆发之前。

三是出版质量管理还不到位，图书质量存在隐患。近两年来，在国家新闻出版署和省新闻出版局组织的图书编校质量和印装质量检查中，文轩出版均有不合格图书，这暴露出文轩出版在质量管理中的问题。一方面我们出版社的质量管理体系没有真正建立起来，有的是没有建立完善的社内图书质量管理制度，有的则是有制度却执行得不好，有的是执行了但奖惩不到位，有的是盲目追求短期效益，在非优势领域出书，编辑把关能力跟不上。这都给未来振兴出版提出了更多挑战。另一方面出版社的质量意识也不到位，存在重视不够、抓得不紧等问题。过去出版界有个说法，叫"无错不成书"。好像大家都觉得图书有质量问题是正常的，觉得图书质量问题无所谓。但是，随着新时代社会主要矛盾的转化，人民群众对美好文化生活的需要，党和政府对出版质量提出了更高要求，我们已不能用过去的老思维、老做法来应对今天的出版工作。

文轩出版在经营管理上存在的这些问题，表面上看是出版社的社长们重视不够，背后隐含的则是出版社的经营管理能力还不强。这或许说明，抓一个方面的发展你行，抓全面发展你不行；抓发展速度你行，抓发展质量你不行；抓经济效益你行，抓社会效益你不行。这些情况都不是认识问题，而是能力问题。在向全国出版第一方阵迈进的征程中，全面提升文轩出版能力还有很长的路要走。

第十章

在希望的大道上

　　振兴四川出版的良好开局，让四川出版的未来充满希望。打过胜仗的人，懂得怎么迎接下一次战役；走过来路的人，懂得怎么走好未来之路。我们深知，永远没有同样的战争，也永远没有相同的道路。创新是出版业永恒的课题。四年的历程中，四川出版人得到的最大收获是信心。四川出版人将带着自信，走向未来。

一、文轩出版走在希望的大道上

振兴四川出版四年来，不断冲上新高的经营数据，每年都大踏步上升的市场排名，还有屡屡刷新畅销图书榜的新纪录，都给我们带来巨大的惊喜。我们知道，从长远来看，短期经营数据的显性变化或许并不那么重要，因为它们很快都将被超越、被刷新，在不久的将来，这些数据都将显得微不足道。面对未来，我们更看重的是数据背后的隐性变化。这些变化，也许并不那么引人注目，却是影响新华文轩未来的根本性的东西，是文轩出版的希望所在。

（一）振兴四川出版形成广泛共识

经过四年的出版振兴工作，文轩出版发展到2019年，实现超过1.7亿元的利润，对文轩人产生了巨大的心灵冲击。因为，从渠道起家的文轩，骨子里都不认为大众出版能赚钱。所以，对振兴四川出版，很多人并没有当成一回事。大家普遍认为离开了教材教辅，出版社能自己养活自己就很不错了，哪还能"挣大钱"？以至于在振兴出版刚起步时，不少人认为这是做给上面领导看的，不是自己真正要干的。还有人认为，只是为了政治上表态的需要，文轩才把振兴出版的口号喊得那么响亮。在这种氛围下，许多人对四川出版能不能振兴是持怀疑态度的，总以为振兴出版就是上面刮来的一阵风，这阵风过去了大家又会回到原来的状态。

但是，四年来，随着出版业绩的高速增长，文轩人亲身经历出版社发生的巨大变化，已深刻地感受到出版业务是既可以挣"面子"又可以赚"里子"的一项事业，彻底改变了"出版不挣钱"的认识，开始自觉地投身到振兴出版的事业中。在新华文轩，振兴出版已形成了广泛共识，振兴出版的信念已深入人心。特别是出版业绩的增长还带来出版社干部员工收入的大幅增长，一些出版社的奖励达到了创四川出版历史纪录的水平，让大家感到出版事业有干头、有奔头，出版人的斗志被进一步激发起来。在文轩内部的不同层面，无论业务机构还是管理部门，无论出版单位还是渠道机构，无论管理人员还是业务人员，都围绕振兴出版这一中心来开展工作，振兴出版工作成为文轩的"一号工程"，全体文轩人都自觉投入到四川这场伟大的文化事业建设中，四川出版的未来充满希望。

（二）文轩出版形成良性发展态势

正如四川出版不是一年两年就衰落下来一样，文轩出版也不可能短时间内就实现振兴。因为出版业是一个积累性行业，其发展一定是一个渐进的、持续的过程，很难"一夜暴富"。所以，看文轩出版的未来，我们既要看到当前取得的亮丽业绩，更要看到总体发展趋势。四年来，文轩出版已经形成的几个向上趋势，预示着未来的光明前景。

一是出版的增长趋势已经形成。振兴出版以来，我们通过"赛马"机制，释放文轩出版活力，激发出版社的发展动力，出版业绩连续几年实现高速增长。这个增长趋势，不是某一两个方面努力的结果，而是所有增长要素叠加的效果。其中既有资金的投入，也有队伍的培养，既有理论上的指导，也有实践中的付出，既有机制上的转变，也有观念上的更新……也就是说，我们打的是一场"正面战""系统战"，而不是"游击战""遭遇战"，体现的是整体能力和实力。因此，这个趋势一旦形成，不会轻易逆转。随着文轩出版进入高质量发展的新阶段，增长速度会降下来，但是，文轩出版的增长要素还在，出版向好的发展态势不会转变。文轩出版已经走在前进的大路上，只要不犯颠覆性错误，就不会因为暂时的困难而掉头向下。

二是出版与发行协同发展的格局已经形成。四年来，我们通过实施产业链协同发展战略，建立文轩渠道与出版的协同发展机制，明确工作任务，量化考核指标，出版发行协同发展的格局已经形成。文轩各渠道已经把支持出版作为自己的分内事，与各出版社建立产销对接机制，加大川版书的营销力度。出版社还与文轩网等渠道联合开发定制产品，提高销量和利润率。从长远来看，渠道对出版的支持，也终将会得到回报。出版发展所形成的强大内容资源优势，将是未来文轩渠道转型、进行多元化拓展的独家资源。出版与渠道的协同作战，使文轩能够站上产业链竞争的制高点，有利于发挥文轩产业链一体化的优势，形成出版与发行两大产业链环节均衡发展、相互促进的格局,进一步促进文轩出版行稳致远。

三是出版人才培养机制基本形成。四川出版的振兴必须依靠人才,依靠一支有出版情怀、有文化担当、有丰富经验、有发展活力的高素质人才队伍。四年来,文轩推行"赛马"机制和人才培养措施,狠抓人才队伍建设,形成了基础性人才和高端人才建设齐头并进的新局面。内容丰富的人才成长机制,使年轻编辑队伍逐渐成长。通过创新人才引进模式,举公司之力为出版社引进后备人才,为文轩出版储备了一支高素质的人才队伍。今天他们还在磨炼,明天他们就会挑起四川出版的大梁。此外,文轩还瞄准出版前沿,推进产学研结合,成立新华文轩博士后科研工作站,培养出版高端人才。人才培养机制的建立,给文轩出版的未来提供了一支结构合理、不断成长的人才队伍。有了这个机制,文轩出版人才队伍就不会断档、不会断层,文轩出版良性发展的态势就不会轻易改变。

(三)文轩出版竞争优势初步显现

四年来,随着振兴出版的深入推进,文轩出版逐渐从底子薄、实力弱、地位低的状况走了出来,开始构建起新的竞争优势。

一是产品优势。四年振兴出版的一个重大收获,就是出版能力提升,产品竞争力增强,文轩出版具备了一定的产品优势。这集中体现在销售超过10万册的图书,从2015年的2种增加到2019

年的64种。这反映了文轩出好书的能力增强，产品具有一定的市场竞争力。

二是资金优势。振兴出版起步之时，新华文轩为了"反哺"出版，采取了为出版社注资的重大举措。自2016年10月，率先为四川文艺出版社注资4000万元到2019年12月为天地出版社第二次增资1亿元，为旗下8家出版社累计增资已超过4.7亿元。今天的文轩出版，早已不是当年那个在亏损考核下缺衣少粮的样子了。出版社有了造血机能，有了更强的实力，就敢于在全国市场去争夺优质出版资源，敢于向最好的看齐，与全国一流高手过招，从而进一步提升文轩出版的整体竞争力。

三是渠道优势。文轩以渠道运营起家，渠道优势一直在全国颇为突出。但在振兴出版之前，由于观念、管理等方面的原因，出版与渠道基本上是两张皮，渠道优势并没有转化成出版优势。2016年以来，文轩推进出版与渠道"两个轮子"协同发展的策略，不但将渠道既有优势嫁接到文轩出版，还根据市场的需求加大渠道的转型升级力度，推动两个"振兴"的协同发展，进一步提升渠道对出版的支持能力。今天为文轩出版服务的渠道，既有四川本土的实体书店网络，也有排名全国前三位的文轩网络书店；既有面向全国主流经销商的文轩中盘网络，也有出版社自身打造的专有渠道。可以说，这个渠道能力在全国出版传媒集团中都堪称一流。

四是资本优势。新华文轩2007年在香港上市，2016年在上海A股市场上市，成为全国唯一一家横跨"A＋H"市场的出版传媒企业。这个优势在2010年收购四川出版集团主要出版机构的一段时期里，并没有用在出版的发展方面。振兴出版以来，文轩调整了战略方向，提出了"精耕出版传媒主业，推动产业转型发展"的战略思路，坚持资本助推文轩主业发展，学习借鉴中南传媒、凤凰传媒、中文天地传媒等利用资本发展出版的先进经验，这将给文轩出版的发展带来更加广阔的想象空间。

（四）出版转型发展基础初步建立

出版转型发展、融合发展是出版产业未来的希望所在。近几年来，新华文轩在狠抓传统出版和内容建设的同时，出版融合发展的战略布局和业务探索也在推进之中，初步构建起了出版转型发展的基础。

一是产学研协同机制初步形成。出版融合发展是传统产业的深刻变革，对出版融合发展进行深入的理论研究，与丰富的工作实践同等重要。所以，我们积极推动产学研协同，对出版融合的理论与实践问题进行攻关。2017年，我们创建了国家级新闻出版业科技与标准跨领域综合重点实验室，从四川大学、电子科技大学等高校聘请知名专家指导、参与实验室建设工作，针对与公司业务发展紧密相关的出版融合课题进行集智攻关，研究出版发展新业态、新产品和新服务，为文轩出版的业务转型提供理论指导和参考意见。

二是融合发展的探索多点开花。各出版单位根据自身的资源条件和业务发展需要推进出版融合发展工作，取得了一定的成效，为未来的发展奠定了较好的基础。天地出版社与喜马拉雅开展战略合作，推出一批有声作品，受到消费者的欢迎。四川人民出版社深入挖掘内容资源，打造"盐道街3号书院"品牌，并建立大数据科学决策选题系统及数据库资源系统。四川教育出版社利用技术为教育赋能，开发"基于AR技术的学科教材教辅整体解决方案"及高中AI融媒教辅，利用二维码技术为图书提供数字化增值服务。由读者报社打造的"文轩全媒体服务平台"形成"报+网+端+微"相结合、"图文+直播+视频+音频"相融合的形态立体化、传播渠道多样化的全媒体矩阵。2018年累计阅读量1.3亿次，"轩直播"累计观看量199万人次。四川画报社以自有图片库为依托，持续推进"轩视界"平台建设，获得用户高度评价。四川数字出版传媒有限公司则将区块链技术应用于版权保护工作，完成了"区块链知识产权资产联盟链版权认证、确权平台"上线工作，平台无缝链接四川版权局版权登记、认证平台，大大提升了四川省知识产权的创造、运用、保护和管理能力。

这些出版单位对融合发展的探索，有几个共同特点。其一是紧密结合自身专业优势和资源优势。这也是传统出版单位开展融合发展的着力点，因为融合发展不是空中楼阁，不能毫无目的地四面出击。其二是围绕消费者需求开发新媒体产品。出版融合做得好不好，最终要靠产品来说话。文轩旗下出版单位在探索出版融合的过程中，都推出了一些有特色的产品，得到了消费者的认可。

三是融合发展的思路逐渐清晰。除了各个出版单位根据自身特点和优势探索融合发展路径之外，新华文轩还站在全公司的角度，发挥文轩网、九月网的平台优势，打造公司层面融合发展平台。一方面，实施横向拓展，在现有图书电商业务优势的基础上，面向机构发展行业供应链服务业务，形成"2C+2B"的传统图书电商新格局；另一方面，推动纵向发展，在九月网数字产品推送的基础上，聚合出版社所形成的内容资源优势，建立数字出版平台，形成数字化产品传播的新格局。通过平台建设，力争在不久的将来，各出版单位的探索实践能够与公司数字化平台建设实现"胜利会师"，推动融合发展向纵深迈进，逐步走向产业化发展。通过近年来的探索，文轩出版融合发展的路径越来越清晰。

（五）研究问题之风悄然兴起

文轩出版的振兴，需要一支高素质的人才队伍作为支撑。而高素质出版人才的培养，不仅要加强实践锻炼，还要注重理论研究。理论研究，不但要想得到，还要想得深、想得远，在认识上、理念上不断提升自己。人们常说，想得到才能做得到，这话有一定的道理。勤于思考，潜心研究，必定会使出版实践更加科学和理性，使出版者具有更高的眼光和更长远的规划，出版的路子才能走得更好、更实。

振兴四川出版以来，我们倡导文轩出版人积极研究和思考出版发展的理论问题，激励大家去不同的平台为文轩出版发声。

在每年年终的公司总结表彰会上，还专门对优秀论文进行表彰奖励。

近几年，越来越多的文轩出版人积极思考研究出版产业发展问题，出版理论研究之风已悄然兴起。社长、社领导班子利用不同的机会和方式在行业发声，通过发表文章、发表演讲等方式表达自己对业务和行业发展的思考和看法，总结振兴出版的经验，传递文轩在业界的声音。理论研究的氛围越来越浓厚，他们自身的认识水平也得到了很大的提升，对出版工作规律性的把握也越来越深入，以此指导出版实践也会更加游刃有余。这些理论研究，不仅有纯粹的学术探讨，更有对实践工作的总结和提炼。这些研究和思考，从实践中来，再回到实践中去，对文轩出版的未来发展具有重要的指导意义。理论与实践相结合，文轩出版的未来之路会越走越宽阔。

二、坚持"三精"出版理念，推进出版高质量发展

随着振兴四川出版向纵深推进，我们需要深入思考文轩出版未来之路怎么走。面对新的出版形势，我们认为，文轩出版未来要从高质量发展、转型发展、升级发展三个层面发力。通过内容建设和品牌建设推进高质量发展；通过出版融合发展，推进转型发展；通过子集团建设，推进产业的升级发展。

对出版业来讲，内容永远是出版的根基。没有内容优势的出版业就如无源之水、无本之木，这就需要坚持"三精"出版理

念，加强出版品牌建设。在互联网时代，有了内容，还需要思考如何将内容开发成人们易于接受的产品来变现，这就需要推进出版融合发展。在开展产品经营、服务经营的同时，我们还要善于运用产业链竞争的思维，这就需要将专业化的出版子集团建设提上日程。

（一）坚持"三精"出版理念，加强出版内容建设

1. 出版业的生存根基是高品质的内容

当前，包括互联网信息业、传媒业、出版业等各类知识信息服务商无一不在加强各自的"内容资源"建设。在这场内容"抢夺"战中，互联网企业表现得最为活跃。不论是英特尔的"数字家庭计划"，还是百度等搜索引擎的"新闻开放计划"，或者是已经占据了网络新闻主要入口的门户网站，都在抢夺内容资源。新兴互联网企业对于内容的高度重视，改写了传统内容产业的格局。传统出版业、传媒业内容生产的至尊地位受到极大挑战。

一直以来，出版业有一个观点，就是"内容是我们的优势"，"我们有内容资源，我们有积累了十几年甚至几十年的海量内容资源"。其实，这种说法已经过时了。在互联网企业面前，我们的内容生产能力远远落后了。一方面，互联网的发展改变了内容生产与传播方式，大量的内容开始在网络上原创生产，甚至大量有价值的内容都不以图书的形式存在，比如内容火爆的自媒体出版，使出版业单一的内容生产模式受到明显的挑战。另一方面，互联网的发展也改变了人们的文化生活方式，面对触手

可及的内容来源，人们对内容的质量要求更高、更加苛刻，出版业以传统的"注水"方式生产内容产品已很难满足消费者的胃口。

目前互联网企业已经具备超强的内容生产能力，它们以其适当的模式加上先进的技术，就能够带来海量的内容。传统出版业已经不能在内容的"量"上取得竞争优势了。这种情况下，传统出版业只有另辟蹊径，在内容的"质"上构建竞争能力。有一种说法是"海量内容等于没有内容"，因为"海量"分散了用户的注意力，让用户不知所措，无法选择。因此，只有那些高质量的内容才会被用户注意到，才会与用户发生关联，也才能实现自身价值。对出版业来说，生产高品质的内容才是其优势所在。出版业通过严格的编辑加工流程、审核流程和生产流程，进行专业化的内容筛选与创造，作品的影响力将远远高于普通网络产品。

深入研究出版业的发展历史和发展趋势我们会发现，不管时代如何变，市场如何变，载体形式如何变，人们对内容的需要永远不会变。高品质的内容永远是出版业的根本。"内容"解决的是人们内心的焦虑和渴望问题，这也是它的永恒价值所在。在新媒体、自出版蓬勃发展的时代，"内容为王"仍然是出版企业的经营之道，内容质量依然决定出版物的品位和出版企业的价值。因此，着力提升出版的内容创造能力、内容聚集能力，是发展四川出版的永恒课题和正确道路。

2. "三精"出版是内容建设的必由之路

如何推进高品质的内容建设？必须明确，我们原来粗放式的出版发展模式产生不了高质量的内容。在"剪刀+糨糊"的内容生产模式下，伪书、抄袭书、注水书等成为消费者诟病最多的话题。因此，从"模糊"走向"精准"，从"粗放"走向"精细"，从"糙品"走向"精品"，是我们的着力方向。为此，我们要坚持精准出版、精细出版、精品出版的"三精"出版理念，以高品质的内容夯实生存发展的根基，应对出版的激烈竞争。

一是坚持精准出版。精准出版就是要供给与需求"对得准"，精准满足人们对文化产品的需求，增加有效供给。精准出版的实质，就是坚持专业出版、优势出版、有效出版，满足市场需求，实现双效统一。一本书只有为特定的读者带来特定的价值才有意义。坚持精准出版，就是发挥自身特色和优势，有针对性地策划选题，找准选题的核心价值，围绕读者需求抢抓优质内容资源，进行精准开发，做出真正能够打动人心的作品，从而为读者带来独特的阅读价值。坚持精准出版，就要在经营产品的同时经营好作者，牢牢抓住一批优秀作者，要围绕作者的特质，找准市场的契合点，打造精品力作。

精准出版的实质在于"准"，在于满足特定读者的需要。过去人们喜欢说"大众出版"，习惯于认为大众都是同一个偏好、同一种胃口。过去我们也确实经历过一部小说全民看、一部电影全民看的时代。在文化产品稀缺的年代，人们迫切需要解决的是"有"和"多"的问题。随着社会主要矛盾的转变，人们的需求分层次、分类型、多样化、个性化了。那种为一部作品"万人空巷"的时代早已结束。这种情况下，人们需要解决的是"准"和"好"的问题，是能否满足不同层次读者和不同类型读者的各种需要的问题。

二是坚持精细出版。精细出版就是产品"做得好"。出版是一个小行业，只有精耕细作才能带来大产值；图书是一个小商品，只有精心打磨才能产生大价值。坚持精细出版，就是要改变、改善原来粗放式的出版方式，建立精细化的运营机制，从出版的全环节入手，实施精细化策划、精细化编辑、精细化设计、精细化营销，通过精细化管理、精细化运作，推出精品力作，用有限的资源实现更大的效益。坚持精细出版，就是要发扬工匠精神，出版机构全环节的编辑、营销管理等人员都要在各自专业领域深入学习研究，精耕细作，成为自身领域的专才和专家。

需要说明的是，精细化出版，强调的是专业、执着、认真，并不是"慢"。在我们的习惯意识中，精细就等于慢，"慢工出细活"嘛！实际上，"慢工"与"细活"之间并无内在逻辑关系。现实生活中，"磨洋工"的现象太多了。很多时候，事情没有做好，效率还很低。所以，"慢工"不等于"细活"。我们需要的，不仅是精细，而且还要"快"，要"快工出细活"，这考验的是能力。因此，精细出版，需要摒弃"慢"的思维，要在讲求效率中实现精细。现代出版，只有"又好又快"，才能实现两个效益的统一。

三是坚持精品出版。精品出版就是图书要"出得精"，始终聚焦单品种图书的效益，以质量效益作为增加品种、扩大规模的前提。精品出版的实质，是在品种数量相对稳定的情况下，在资源和资金投入一定的条件下，实现更大的社会效益和经济效益。坚持精品出版，更能增强我们的出版竞争力。全国出版业名列前茅的出版社有一个共同的特点，就是精品力作多。这也是我们要求与先进出版社对标发展的重要原因。坚持精品出版，更能实现出版资源价值的最大化。一本畅销书的投入，并不比一本平庸书的投入多，但带来的双效益完全不可同日而语。坚持精品出版，更考验出版社的经营能力和管理水平。

这里也需要说明，精品出版的实质，在于读者是不是认可，市场是不是接受，与产品数量的多与少没有直接关系。过去我们有一个习惯认识，就是精品在数量上必然不多，"少而精"嘛！但是，过去我们面临的很多情况却是"少而糙""少而粗"，甚至是"少而差"。所以，"少"与"精"之间也没有内在逻辑关系。精不精，关键在能力，而不在数量的多少。能力不行，数量再"少"也不会"精"。我们的目标是既要精，还要多。只有多出精品，才能实现四川出版的振兴。

毛主席在庆祝吴玉章同志六十寿辰时说："一个人做一点好事并不难，难的是一辈子做好事。"一家出版社出一本好书并不难，难的是持续不断地出好书。这考验着出版社的策划能力、管理水平、机制建设等方方面面的能力。坚持精品出版，更能让编辑营销人员实现更大的个人价值。出好书、出精品，是我们获得行业尊敬、实现个人价值的重要途径。今天，四川出版已经进入新的发展阶段，有条件朝着精品出版的方向迈进，不断打造内容精深、设计精湛、制作精良的精品力作，将振兴四川出版推向一个新的发展阶段。

坚持"三精"出版的目的，就是要把握出版本质，回归出版初心，坚守出版职责，牢记出版使命，为读者奉献更多的精品力作，以精品去赢得读者、赢得市场，吸引新一代消费者认同出版价值。我们在2018年年初正式提出"三精"出版理念，经过两年的实践，"三精"出版取得了比较明显的成效。一是出版效率上升。在动销品种增长率下降的情况下，文轩的出版效率从2017年的1.55上升到2019年的2.16，而在2016年之前文轩出版的出版效率都在1以下。二是新书单品销量上升。2015～2017年文轩出版的单品销量分别为995册、1583册、2179册，2018年则达到了3044册，同比增长率为40%，是新品品种增长率的两倍。因此，理论和实践都表明，"三精"出版是一条正确的出版发展道路，坚持"三精"出版是文轩出版进入发展新阶段必须坚持的原则和方法，是文轩出版实现高质量发展的根本遵循。

（二）实施出版品牌战略，推动出版高质量发展

如果说"三精"出版解决的是出版最核心、最基础的高品质内容生产的问题，那么，出版品牌建设解决的则是高品质内容如何让消费者认同的问题。对出版业而言，形成品牌的前提是产品必须是精品；而精品力作也需要通过形成出版品牌来进一步拓展市场空间。从这个意义上讲，加强出版品牌建设是深入实施"三精"出版、推进出版高质量发展的必然选择和必由之路，对文轩

出版发展具有重要而深远的意义。

1. 实施品牌战略，是实现出版高质量发展的必然选择

推进"三精"出版的最终落脚点是出精品。精品的标志是什么？就是品牌。没有一流的品牌图书，就没有一流的品牌出版社；没有一流的品牌出版社，就谈不上高质量的发展。所以，我们必须从战略的高度，认识到加强出版品牌建设的重大意义，全力支持出版社去争创著名出版品牌，以品牌去拓展市场，以品牌去占领市场，以品牌去延伸市场，将"三精"出版的精髓凝聚到出版品牌之中，实现出版的高质量发展。以往的成功经验也告诉我们，以品牌拓展市场、推动出版社发展，是成效最高、成本最低的一条捷径。一个成功品牌为出版社带来的产品溢价力和影响力的价值，是任何有形资产所不能比拟的。

实施品牌战略，是出版社面对激烈市场竞争的立社之本。在现今每年出版50余万个品种的中国图书市场中，找不到一个细分市场、一个细分领域没有被出版社涉足过。与改革开放初期出版社面临的市场环境迥然不同的是，今天的出版已基本没有任何一片"处女地"了。可以说，当今的出版市场是一个完全充分竞争的市场。在这样一个产品日趋同质化、渠道日趋同质化、营销日趋同质化，甚至连创新方式都日趋同质化的激烈竞争市场中，我们的出版社只有走品牌立社、品牌强社的发展道路。通过品牌去培养读者的忠诚度，方可实现可持续发展、高质量发展。对于一家出版社来说，如果读者不清楚它出版过什么有影响力的书，那么这样的出版社可能连生存都很艰难，更别说高质量发展了。我

们实施"三精"出版，就是要求每一家出版社要在自己的优势出版领域去谋划、打造自己独一无二的出版品牌，以品牌建设来推动并彰显"三精"出版，实现高质量发展。

实施品牌战略也是赢得出版资源的关键因素。实施"三精"出版，需要抢抓出版资源。当今的出版竞争，不仅仅体现在终端市场对读者的争夺上，还体现在对出版资源的争夺上。从某种意义上讲，出版资源的争夺比出版市场的争夺更加激烈，对出版社的发展也更加重要。因为，出版资源总体上讲是有限的，特别是优质的出版资源，包括优秀选题、知名作家等，全国就这么多，短期内不大可能培养出一大批畅销书作家来。而出版市场可以说是无限的，只要你能够生产出打动人心的作品，就永远不愁销路。所以，出版社要更加重视对出版资源的争夺。

争夺出版资源靠什么？最终是靠品牌！知名作家为什么会选择你这家出版社出书？往往是你在市场上树立了良好的品牌形象，得到了读者的认可，他们才愿意放心地把书交给你来出。优质的选题都需要找到有影响力的出版社来出版，一个好故事总是需要高水平的包装和营销。选择品牌出版社，就意味着选择了高水平的出版服务。因此，文轩出版实施"三精"出版，对优质内容资源、市场资源的争夺，最终都要依靠出版品牌的竞争力，依靠品牌去赢得优质出版资源，然后，再用优质出版资源推出品牌图书进一步强化出版社的品牌形象，从而走上良性循环的发展之路。

实施品牌战略是提升文轩出版形象的重要途径。振兴四川出版，就是要以多出精品为目标，重塑"出版川军"的形象。如果说精品只是影响一时，那品牌就会影响一世。如果出版社只停留在做"精品"阶段，那出版的影响力是有限的。因为每年的"精品"，甚至每季的"精品"都是不断更新的，后来的"精品"会掩盖前面"精品"的风光。品牌是精品的升级版，它来源于"精品"，又高于"精品"。品牌的影响力可以不断持续下去，不会因为一时的市场得失而失去光泽。因此，出版形象的提升，既要靠一本本"精品"图书，更要靠强大的出版品牌。

振兴四川出版的过程，实质上就是四川出版形象再造的过程。而四川出版形象的再造，需要通过全省16家出版社的品牌形象再造来实现。四川拥有多少著名出版名牌或品牌出版社，关乎四川出版的整体形象。所以，我们要在打造出版品牌上下功夫，既要打造精品，又要锻造品牌，以一大批优质的出版品牌重塑"出版川军"的形象。

2. 加强出版品牌建设，要找准品牌建设的着力点

如何开展出版品牌建设，是仁者见仁、智者见智的问题，没有标准的模式可以借鉴。品牌看不见、摸不着，文轩出版品牌建设之路怎么走，需要深入思考和研究。在品牌建设上，不能去简单追求"高大上"，走运动式、一窝蜂的路子，而要从文轩出版的实际出发，明确品牌建设的思路，找准品牌建设的着力点，一步一个脚印地往前走。

一是品牌建设要明确出书方向。

我国有500多家出版社，各出版社在专业领域、出书规模、

出书范围、管理水平、编辑状况、经济实力、市场开拓等方面均存在较大差异。任何一家出版社都不可能包罗万象，不可能在所有领域都有品牌。因此，要立足服务对象、出版资源、出版特色、出版优势来确立自己的品牌。只有如此，出版社才能在广阔的出版空间里找到自己成功的坐标。

出版社树立品牌，应结合自身实际，对标先进出版单位，找出自身的优势和不足，在把准出版方向的前提下，综合分析各方面要素，制定出符合本出版社的品牌建设规划，将有限的资源集中在自己的优势出版方向和产品线上。出版社如果好大喜功，遍地开花，什么都想做，结果可能是什么都做不好，也做不出什么品牌。

出版品牌是由一个出版社的资源优势决定的，是该社优势资源的市场表现。只有将品牌图书的定位建立在本社资源优势的基础上，这个品牌才有根基，才经得住市场浪潮的冲击。那些跟风的图书，非优势领域的图书，只会昙花一现，终究难成品牌。所以，出版社在品牌建设方面要坚持有所为有所不为，有所小为有所大为。只有坚决放弃一些选题，集中精力挖深挖透某一方向的选题，才有可能强化优势，做出特色，做出品牌。目前在出版社，碰上什么选题就做什么书，什么书赚钱就做什么书的做法还普遍存在。这是一种"捡到篮子里的都是菜"的"小农"式做法，只看到眼前的小利益，牺牲了长远的大利益。我们只有顶住小利益的诱惑，集中精力打造属于自己的品牌图书，出版社才能收获更大的利益，也才会有更长远的发展。基于此，各出版社要围绕品牌规划，强化选题论证，不断优化出书结构。在确定的出版领域，可出可不出的书坚决不出，无助于品牌建设的书尽量少出，大力减少重复出版和超范围选题，坚决遏制粗制滥造、跟风炒作、抄袭模仿和内容平庸的选题。

二是品牌建设要突出出版特色。

大众图书出版是一个高度市场化的领域，也是一个竞争最为激烈的出版领域，读者怎么才能在数十万种图书中发现你的身影、记住你的形象、购买你的产品？这是出版社进行品牌建设必须深思的问题。出版社在出书之前一定要想清楚，我要出的书与市面上的书相比，最大的特色是什么。是内容的独特性，还是装帧的特色？是作家的知名度，还是价格的冲击力？是产品的高质量，还是营销模式的独特性？虽然我们不能面面俱到，但至少不能没有特色。只有做出特色，才能成就品牌。

在发挥出版特色上，我们要做好两个工作。其一是树立"小众"出版的意识。在目前高度细分的出版领域里，伴随着文化消费的圈层化，"小众"出版成为常态。我们要围绕独特的选题，以"小众"图书做"大众"出版。从"小众"入手，进行精细化的出版运营，只要做出特色，往往会产生"大众"出版的效果。这就是出版"以小博大"的智慧。其二是抓好特色出版项目。重点出版项目、重大出版工程，一般得到党委政府的重视与支持，有着显著的社会影响力，对出版品牌建设具有突出作用。历史上因重大出版项目而树立知名出版品牌的案例比比皆是。因此，我们要把重点出版项目看作是重大出版机遇，不能抱着简单完成政府布置的任务的想法，而要精心谋划，狠抓项目特色。既要抓好富有时代特色的高品质主题出版工程，也要抓好富有四川特色的重点出版工程，还要抓好有国际影响的国际出版项目。加大对国家级重点出版项目的推进力度，有助于打造出版品牌，发挥重大项目对出版品牌建设的支撑作用。

三是品牌建设要运作好出版资源。

出版社强大的品牌形象有利于集聚优质出版资源，有效地运作出版资源也对出版品牌建设有巨大的促进作用。从某种程度上说，一家出版社的资源运作能力决定了出版品牌建设的成败。对文轩出版来说，要抓好以下三个方面的资源：

其一是要深入挖掘原有品牌资源。在20世纪80年代，四川几乎每家出版社都有享誉全国的出版品牌，比如四川人民出版社的"走向未来"丛书，四川辞书出版社的《汉语大字典》，四川科学技术出版社的菜谱系列等。进入新时代，"走向未来"等出版品牌仍然是四川出版的独特记忆。因此，四川人民出版社可以遴选一批代表新时代学术和思想前沿的作者和编委，开发"新走向未来"丛书。其他出版社也要对自己积累的出版资源进行系统梳理，在深入调研的基础上，研究确定哪些资源可以进行新的开发利用，让老品牌焕发新活力。

其二是要学会利用作者品牌资源。出版社在抢抓作者资源过程中要善于打造作家品牌，利用作家品牌，以作家品牌支撑出版品牌。作者的知名度往往决定着作品的影响力。在互联网进入千家万户的时代，作者不再单单通过作品让读者了解自己，而开始展示自己的个人魅力，成为"明星"。对出版社来说，把作者的书出好、卖好远远不够，还需要把优秀的、有潜力的作者包装成"明星"来为出版社代言，推出一批"明星作家"。以"明星作家"的模式，吸引更大数量的读者群。

其三是有效运作渠道资源。在竞争激烈的出版市场，"酒好也怕巷子深"。怎样使自己图书的特色十分准确地传递给读者，怎么在市场上树立起自己独特的品牌形象，都需要有效地运作渠道资源。在几乎所有文化产品中（如报纸、期刊、电影、电视、广播、音乐、舞蹈等），图书是一种内涵最深的文化产品。它直接作用于人们的思想、情感，不同的人对同一本书的感受往往是不一样的。此外，现代人更鲜明地体现出"物以类聚、人以群分"的特征，品牌出版物中隐含的作者的人格魅力、审美趣味、价值观念等在读者购买决策中起着更为重要的作用，读者更看重的是品牌产品与自己的关联和契合程度。因此，出版品牌建设要把握这个特点，不能走"大众传播"的路子，不能搞广种薄收；不要去满足"广大读者"的需求，而要实行"精准传播"，找到自己特定的读者对象，让图书内容真正走进读者心中，引起读者的共鸣。我们在运作渠道时，要围绕培养读者的黏性，充分运用移动互联网新媒体渠道，与书友会、阅读讲堂等线下渠道进行紧密互动，以此实现有效的品牌传播。

四是品牌建设要形成品牌梯队。

出版品牌是次第推进的一个体系，既包括个人品牌、产品品牌、出版社品牌，又包括细分领域的品牌、行业品牌、社会品牌。所以，我们在品牌建设中，不能单打独斗，只关注某一方面的品牌建设，而是要综合施策，整体运作。既要打造图书产品品牌，也要建设出版社的企业品牌；既要推出名作家品牌，也要打造明星出版人品牌。出版社要在品牌建设的路上多管齐下，形成浓厚的氛围，坚持不懈走下去。

出版社品牌是出版品牌中层次最高的，包含企业战略、出版体制和品牌文化等要素，是一个出版社的目标与追求，也蕴涵了多年的出版物所积累和沉淀下来的出版文化，对出版社的长远发展具有重大意义。所以，我们尤其要关注出版社的品牌建设。

文轩旗下9家出版社，每一家的出版方向与出版特色都不一样，在市场上的影响力也不同。振兴四川出版四年来，四川少年儿童出版社、天地出版社发展势头强劲，品牌影响力大大增强。我们要充分发挥好品牌社的示范带头作用，鼓励品牌出版社进一步做大做强，充分发挥"头羊效应"，以品牌社引领带动其他出版社的发展。其他出版社要在自己的领域专注经营，在一个或几个细分领域做出特色，做出声誉，多在产品品牌上下功夫，力争形成在全国有影响力的若干产品品牌。此外，还要有意识地包装一批个人品牌，包括年轻作家、明星编辑、优秀出版人等，让大家到行业中去"营销"自己，扩大市场影响力，建立品牌知名度。

出版品牌竞争力的构建与提升非一日之功，不能一蹴而就，需要三至五年乃至更长时间持续不断的努力。我们要以功成不必在我的心态，锲而不舍的精神，全力推进出版品牌建设，提升出版品牌竞争力，推动四川出版的全面振兴。

三、推进出版融合发展，创造出版新价值

（一）出版业已进入融合发展新时代

1. 政策推动行业转型，融合发展成为行业重头戏

出版传媒业是意识形态重要阵地，长期以来受到党和政府的高度重视和信赖，得到了各级主管部门的倾力支持。面对来势汹汹的互联网新兴媒体、新兴出版的竞争，党中央把握时代发展趋势，做出一系列重大战略决策，推动出版业转型升级。出版业只有走融合发展之路，才能适应市场变化和人们的文化消费新需求，才能更好地履行自身的意识形态和文化建设职责。

2014年8月，在中央全面深化改革领导小组第四次会议上，习近平总书记强调："推动传统媒体和新兴媒体融合发展，坚持传统媒体和新兴媒体优势互补、一体发展，坚持先进技术为支撑、内容建设为根本，推动传统媒体和新兴媒体在内容、渠道、平台、经营、管理等方面的深度融合。"会议审议通过了《关于推动传统媒体和新兴媒体融合发展的指导意见》。由此，传统媒体和新兴媒体的融合发展开始成为我国传媒领域的重头戏。

2015年4月，国家新闻出版广电总局、财政部联合印发了

《关于推动传统出版和新兴出版融合发展的指导意见》，明确要求各出版行政主管部门和各出版单位将融合发展列入行业和单位的"十三五"规划，并且要求制定时间表、路线图和任务书。2017年3月，国家新闻出版广电总局联合财政部再次发布《关于深化新闻出版业数字化转型升级工作的通知》，对进一步推动新闻出版业转型升级进行新的部署，提出新的目标与任务。2017年9月，《新闻出版广播影视业"十三五"时期发展规划》正式对外发布，将深化转型、融合发展作为"十三五"时期新闻出版业发展的重要任务。

2. 数字出版高速发展，传统出版业的数字化业务却不尽如人意

在政策的推动下，出版单位纷纷开启转型之路，不断推出电子书、数字报、互联网期刊等新媒体产品，加快数字出版业务的发展，力争扭转在互联网市场的不利局面。但是，传统出版单位虽然付出了巨大努力，效果却不尽如人意，与其他新业态相比，增长仍然缓慢。

2019年8月22日，中国新闻出版研究院发布的《2018～2019中国数字出版产业年度报告》显示，2018年国内数字出版产业整体收入规模为8330.78亿元，比上年增长17.8%，其中互联网期刊收入达21.38亿元，电子书达56亿元，数字报纸（不含手机报）达8.3亿元，博客类应用达115.3亿元，在线音乐达103.5亿元，网络动漫达180.8亿元，移动出版（移动阅读、移动音乐、移动游戏等）达2007.4亿元，网络游戏达791.1亿元，在线教育达1330亿元，互联网广告达3717亿元。数字出版产业呈现出一派蒸蒸日上

的景象。

在整个数字出版产业突飞猛进的同时，值得引起重视的是，图书、报纸、期刊等传统出版业数字化收入占整个数字出版产业的比重在持续下滑。

2018年互联网期刊、电子图书、数字报纸的总收入为85.68亿元，相比2017年的82.7亿元，增长幅度为3.6%，低于2017年5.35%的增长幅度，在数字出版总收入中所占比例为1.03%，相较于2017年的1.17%和2016年的1.54%来说，继续处于下降态势。这表明传统书报刊数字化收入占比增幅下降态势依旧，在全媒体发展已成为必然趋势的当下，传统书报刊数字化业务日渐式微，需要引起高度警觉。

还要看到，与传统出版业有明显替代效应的移动出版和网络游戏的收入分别为2007.4亿元和791.1亿元，在数字出版总收入中所占比例分别为24.10%和9.50%，两者合计占比33.6%，超过全年总收入规模的三分之一，是数字出版产业收入的重要支柱。这一增一减的对比，使传统出版业在数字产业中有进一步被边缘化的危险。

3. **出版融合发展是传统出版转型升级的必由之路**

首先，传统出版与新兴出版的融合发展，是出版业巩固主流思想文化阵地的迫切需要。传统出版业是记录历史、宣传真理、资政育人的重要载体，也是唱响主旋律、传播正能量的有效渠道，肩负着以科学的理论武装人、以正确的舆论引导人、以高尚的精神塑造人、以优秀的作品鼓舞人的神圣使命，承担着巩固主流宣传思想文化阵地，维护国家文化安全和意识形态安全的重要职责。互联网的发展和普及，极大地拓展了宣传思想文化阵地。新技术改写了人们获取信息，包括获取知识、获取能力的主要方式。当今各种各样的新兴媒体提供的信息成了人们日常主要信息来源，传统出版物在阅读人群中的覆盖面、影响力显著下降。在互联网传播领域，传统出版业在思想文化建设上的体制优势、内容优势、渠道优势、队伍优势等荡然无存。读者走向网络，宣传思想文化的主阵地也随之向网络转移。

在这种思想文化传播方式大变局面前，出版业怎么履行党和政府赋予的职责使命？只有一条路，阵地延伸到哪里，意识形态工作就必须跟进到哪里！承担意识形态重要功能的出版业，如果不能适应传播阵地向网络转移的趋势，必然失去读者、远离受众、丢掉市场。如果只是自说自听、自娱自乐，怎么弘扬主旋律、传播正能量？如果不能把人心抓住，那么，思想的制高点、舆论的风向标、文化的主阵地就可能拱手让人。因此，推动传统出版与新兴出版融合发展，向网络进军，向新的阵地挺进，是出版业履行自己职责使命的必然选择。

其次，推动传统出版与新兴出版融合发展，是出版单位应对市场变化的必然选择。进入互联网时代后，出版业面临多方面的挑战，包括用户阅读需求变化对出版业内容生产带来的挑战，技术环境变化对出版业创新能力带来的挑战，产业竞争主体变化对出版业运营机制带来的挑战，等等。在终端市场上，传统出版业的忠实读者大量流失，传统读物的阅读时间大量减少，传统产业的市场空间被不断挤压。新媒体、新出版快速崛起，新阅读成为人们获取资讯、学习新知、分享交流的主要方式，网络成为内容生产与消费的主要载体和渠道。

在巨大的产业变迁面前，我们传统出版业如何保持与读者由来已久的密切关系？是以我为中心留住读者的脚步，留住读者的心？还是读者到哪里、受众到哪里，就把出版延伸到哪里？

从近年的实践看，出版业转型的整体效果不好，跟围绕传统出版做新出版的思路有很大关系。仅仅将传统出版产品数字化后上网传播，表面上看已经数字化了，但在日新月异的互联网时代，这是一种落后的生产方式，很难吸引读者。传统出版的未来仅仅靠电子书、数字报、互联网期刊打天下已不现实，还需要以更加开放的心态深度拥抱互联网。从出版数字化升级到出版融合发展，以主动姿态走向网络空间，真正做到融进去、走出来、融下去、走上来，构建全新的传统出版与新媒体出版相融合的生产方式和商业模式，把传统出版的覆盖面和影响力向网络延伸，赢得新用户的青睐和传统读者的回归。将传统出版延伸到网络空间，不是不编书、不印书、不发书了，而是用适应网络传播的方式编书、印书、发书，就是要实现"在内容、渠道、平台、经营、管理等方面的深度融合"。

最后，推动传统出版与新兴出版的融合发展，是出版业未来发展的必由之路。传统出版业主要通过提供标准化生产的出版物来满足人们获取信息、提升能力等基础性文化消费服务需求。随着时代的发展，这种方式已经不能很好地满足人们对知识服务的新需求。随着全面小康社会的到来，人们的物质消费逐渐向文化消费升级，文化消费又从普适性基础性消费向个性化差异化消费升级，从而产生对知识服务的新需求。

一方面，随着互联网技术的普及，内容生产空前繁荣、信息量剧增，带来了人们知识获取的重重困难：一是信息呈现日益分散化、碎片化、混乱和无序的趋势，需要进行梳理加工；二是垃圾信息不断增多，需要对信息进行有效筛选；三是信息的大量积累，很快呈现出过剩化的趋势，需要不断补充与更新。人们虽然身处丰富的信息包围之中，却常有知识贫困之感。

另一方面，由于人们对更高生活品质的追求，精英观念、知识焦虑等社会现象盛行，产生了对知识服务的渴求。需要从特定的用户出发，针对其需求提供个性化的知识产品或解决方案。如何通过建构一套行之有效的知识服务系统，将分散的信息有机整合起来，将有价值的信息从大量的冗余信息中提取出来，以个性化的知识呈现方式提供给读者，实现从传统的文化消费服务到现代知识服务的转变。这既是国家创新战略的必然要求，也是出版业未来发展的重大课题。

传统出版业本质上只是知识的传播者，而不是真正的知识服务者。传统出版活动中，出版只是知识生产、传播、消费线性产业链中的一个环节。虽然出版与读者因出版物而产生关联，但二者在更多情况下处于分离状态。知识服务打破了出版与用户分离的状态，解决了及时把有用的知识传递给需要它的用户的问题，打通了知识生产者与知识需求者之间的供求关系，提高了知识生产的效率,产生了更好的知识传播效果,具有广阔的发展前景,是出版业的未来发展方向。

知识服务是随着出版技术发展、读者需求变化,在原有的教育、出版、传媒三大产业的边界和逻辑发生改变后出现的全新数字出版形态,打破了传统出版业知识生产、传播、消费的线性产业链,是数据库开发、网络传播、数字出版等新兴业态的集合体。因此,出版业要向知识服务产业转型,实现知识生产、传播、消费一体化,必须走融合发展之路。以知识服务为导向重构服务模式与业务流程,打造跨领域、一体化、垂直纵深的服务供应链,将出版社与书店的服务供应链延伸到读者的阅读活动中去,延伸到读者的知识获取中去,基于用户思维推出更多更优的知识服务解决方案,为出版业的发展开辟更广阔的市场空间。

(二)坚持融合发展四大理念,创造出版新价值

融合发展,理念先行。互联网经济的发展,颠覆了传统产业的商业模式,形成了全新的经济形态。在出版业,网络出版、数字阅读等新兴业态的迅猛崛起,对传统出版产业构成巨大冲击。面对史无前例的变革,我们首先要更新发展理念,用融合发展的思维推动出版业态和商业模式的变革,构建全新的竞争优势,创造出版新价值。

1. 用户思维:以消费者为中心,创造出版新价值

在传统出版时代,市场竞争主要在出版业内部不同企业之

间展开。各家出版社根据消费人群、产品定位、产品内容特点等因素进行市场细分。在互联网时代，出版社面临的竞争，不仅有出版业内部同行之间的竞争，更严峻的是来自其他行业的跨界竞争。

例如，在阅读碎片化时代，人们缺乏整块的阅读时间，读者希望利用日常生活中零碎的时间进行阅读，哪种产品能更好地满足读者的这种需求，帮助他们完成随时随地阅读的任务，哪种产品就会受到读者的青睐。这使得原来图书市场的竞争成为跨界竞争，竞争不仅在图书类产品之间展开，而且在图书产品和其他产品之间展开。智能手机、平板电脑、电纸书、地铁报、户外媒体等产品都成为图书出版业的竞争产品。

互联网时代是消费者主权时代，面对全新的出版竞争形势，我们要从市场定位、产品策划、生产销售、售后服务等各个环节建立起"以消费者为中心"的用户思维，从用户需求出发而不是从自身的出版选题出发，来进行商业模式的打造和产品的设计，将自身的商业价值建立在为用户提供价值的基础之上，从容迎接互联网时代的挑战。

2. 内容思维：推动商业模式创新，从产品经营转型为内容运营

在互联网时代，随着内容产业的规则被重新书写，内容生产模式、传播方式、消费形态等发生巨变。面对巨大的变革，我们出版人要敢于超越传统产业的局限，加强对互联网新模式、新形态的学习，向得到、知乎、喜马拉雅FM、分答等优秀互联网内容运营企业取经，对我们曾经熟悉的书报刊等内容产品进行重

新封装，建立全新的产品形态和服务模式，把出版业从延续几千年的出版载体上解放出来，建立以出版内容为核心的商业模式，创新出版形态，从产品经营向内容运营转变，对出版内容按照不同层次、不同类型的需求进行重新设计、包装，向用户进行精准推送，以高水平的内容运营能力吸引新一代消费者向出版回归。

3. 平台思维：创新出版组织形态，从"做产品"转变到"做平台"

随着出版内容产销一体化时代的来临，出版内容生产平台和终端接收平台的直接对接，将改变出版业生态。伴随出版模式少环节、去中介化的步步推进，作为中间商角色的传统出版社面临被新兴产业链边缘化的危险。因此，未来出版社在推进融合发展过程中要找准自己的产业定位，从"做产品"转变到"做平台"，重构出版社与作者、读者的关系。它们要将作者、读者聚集到自己的内容生产平台上，为作者提供市场信息收集、选题资源组织、创作环境营造、粉丝经济营销等深度服务，为读者提供出版信息、开展阅读活动、进行内容分享等深度的知识服务和相关的文化消费服务。通过打造出版的"作者经济"与"读者经济"模式，构建起融合发展时代全新的竞争优势。目前，有些采用签约作家制的民营出版机构已经敏锐洞察这一趋势，甚至为此改造整个企业战略，比如果麦文化传媒公司近两年紧紧围绕韩寒、安意如、冯唐、易中天等作者打造产品线，做深做透细分市场，品种少而销量高，大幅度提高了出版效率。

4. 迭代思维：从一次性买卖升级到持续性出版服务

在传统出版模式下，出版社精心打磨的一部经典作品一经推出，产品的更新只能等到再版。在这个间隔期内往往会出现大量的跟风书、模仿书，甚至盗版书，对目标读者造成大量分流。即使读者还在，他们对已经出版的图书内容的需求也并非一成不变。过时了的信息、落伍了的观点、跟不上时尚的装帧设计，都会影响他们下一次图书购买决策。

因此，出版融合发展要学习互联网商业的迭代思维，从一次性的产品提供，转变为持续性地提供出版服务。既然互联网产品可以不断地迭代更新吸引用户，我们出版业的内容产品更容易进行迭代更新粘住用户。出版迭代的目的，是要实时把握读者的需求，并根据读者的需求进行动态的产品调整。由于图书再版有一定周期，我们不能依靠再版实现内容迭代更新，而是要充分利用互联网的优势。一方面，这样可以根据读者的反馈信息对出版内容进行持续的"微创新"，发布在自己的网络平台上，持续优化读者的阅读体验，满足读者对内容的新需求。另一方面，也可以举办图书分享会、作者见面会等线下活动，发布作者或图书的背景资料、帮助读者理解图书的学习资料等，持续保持和提升图书产品在目标读者群中的热度，产生更理想的长尾效应。

我们要通过引入迭代思维，对传统的出版活动进行全新的审视和认知；通过有效地优化图书产品内容更新和出版服务模式，解决传统出版图书再版周期长的短板；通过持续不断地推出新内容、新服务，强化出版品牌与目标读者之间的关系。

（三）稳步推进传统出版和新兴出版的融合发展

面向未来，文轩要在坚持融合发展理念的基础上进行公司融合发展的顶层设计，以内容聚集开发为根本，先进技术为手段，重点项目为抓手，平台建设为支撑，推动传统出版与新兴出版在内容、渠道、经营、管理等方面的融合，构建融合发展新时代的出版竞争新优势。

1. 瞄准产业前沿，进行整体布局

推动出版融合发展，需要现代科技的支撑，但是，技术是以内容见长的出版业最不擅长的事情。近年来出版产业发展实践表明，科学技术依然是第一生产力，而且在产业发展中还起到了越来越大甚至是决定性的推动作用。因此，我们出版人一定要对现代科学技术给予特别的关注，对新技术保持良好的敏感度，高度重视新技术运用对出版融合发展的重要意义，不断加强新技术的应用性研究，重视新技术与出版业务的结合，促进传统出版与新兴出版的融合发展。

在推动公司技术进步方面，要发挥出版融合发展重点实验室、新闻出版业科技与标准跨领域综合重点实验室的作用，规划一批具有前瞻性、与公司业务紧密结合的研究课题，组织公司内外专家开展集智攻关，为业务转型发展助力。信息中心要发挥主体作用，提高信息规划的主动性和前瞻性，要以开放的心态，积极主动地学习和掌握产业前沿的先进技术，更好地配合业务，理解业务的需求，用具有前瞻性的信息项目规划和落地实施，推动

出版业务的持续变革和融合发展。

公司在推进融合发展过程中，顶层设计要注意处理好三个关系：一是正确把握好狭义的融合发展和广义的融合发展的关系。文轩不但要做好出版融合发展工作，更要对传统产业转型升级进行整体谋划。作为一家全产业链公司，既要考虑在内容生产端的融合发展，也要考虑推进渠道端的融合发展，还要研究把这两端打通进行整体设计。二是公司总体层面和各个业务机构的关系。融合发展是新生事物，各业务机构要结合自身的资源条件先行先试，积极探索，做出成效。公司层面的主要工作是要在各业务机构探索的基础上形成总体规划，并制定相关政策支持业务机构的融合发展。三是跟踪与超越的关系。在公司层面和业务机构层面，都要对标先进企业，学习先进经验，把自己的基础工作做好、做扎实，进行跟踪发展。在具备发展基础和实力后，要研究如何超越，形成自己的特色和优势。

2. 立足自身优势，挺拔内容主业

出版融合发展关系出版的未来，是振兴出版的重要内容。如此重要的工作，我们在振兴四川出版的第一阶段却并没有要求出版社投入主要精力去做。这是因为，在振兴出版的第一阶段，我们的传统出版业务发展不足，还谈不上也顾不上大规模地推进融合发展的事情；我们的出版社能力不足、人才缺乏，融合发展还很难做出成效；我们的观念还停留在传统出版的习惯做法上，与新兴出版在观念上差距太大，用传统出版的思维去做融合发展，往往事倍功半，甚至一事无成。这里更为重要的问题还在于，文轩出版弱小，而弱就弱在内容。没有文轩自己的内容优势，融合发展就是"无米之炊"。所以，在振兴四川出版的第一阶段，文轩出版的主要任务是做好传统出版业务，通过振兴四川出版挺拔文轩的内容优势。只有手上有了优质的出版内容，我们才能生产出形态多样的产品，并在此基础上推进出版融合发展。

振兴四川出版四年来，随着出版的快速发展，文轩好书越来越多，出版品牌越来越响亮。振兴四川出版进入新的阶段，我们要继续坚持紧抓传统出版不动摇，进一步壮大我们的内容优势。同时，我们也要站在出版产业发展的前沿，深入研究阅读服务需求的新变化，充分发挥出版社的内容资源优势，开发有市场前景和新技术含量的融合项目，取得出版融合的实际成效。我们要坚持"项目带动，有效推进"的基本原则，不能眉毛胡子一把抓，要选择发展基础较好、有市场前景的融合项目深入推进，力争做出成效，做出实绩，做出影响力，在此基础上完善经营模式，打造盈利能力，实现可持续发展。

3. 整合公司资源，搭建出版平台

出版融合发展改变了传统出版相对独立的图书生产销售模式，在网络的聚合效应下实现内容的社会化生产、差异化传播与多元化增值。在此背景下，我们既要发挥出版社各自的优势和特点，积极探索，更要整合资源，搭建平台，整体推进。出版融合发展平台，核心是两个部分。

一是构建底层的信息技术平台。如果各家出版机构、渠道机构的技术标准不统一，数据采集不统一，怎么能实现业务"融合"？所以，我们要加强企业信息化建设，构建公司内部统一的信息平台，打通公司内部的信息孤岛，实现出版社与出版社之间、出版社与渠道之间的互联互通，推动信息化建设向产业链的上下游、供应链上下游的延伸，从而为融合发展提供强大的信息基础设施支撑。在信息化建设过程中，业务部门和信息部门要步调一致，密切协同配合，共同将新技术的应用融入业务经营活动中，实现组织机构、业务运营的创新与融合，避免业务、技术两张皮现象的发生。

二是搭建融合发展的业务平台。出版融合平台需要强大的技术实力、内容资源和运营能力的支撑，单凭出版社自己的实力很难做出什么成绩来。所以我们不能每一家出版社都去搞一个什么平台，即使搞起来也走不远。近年来，文轩在网络经营、新媒体传播等方面积累了一定的优势，具有推进出版融合发展的基础。因此，我们要在此基础上搭建公司统一的全新数字出版平台，面向市场开展运营。出版单位要立足自己的内容资源优势，依托公司数字出版平台加快内容资源从数字化到产品化、商品化的转化，开发丰富多彩的新媒体产品和富有自身出版特色的数据库，形成自己的数字化产品特色与优势，实现优质内容资源的多业态开发、多媒体呈现、多渠道传播和多方式增值。这样，通过公司统一数字出版平台与各出版社内容优势的结合，形成"前有平台、后有内容"的融合发展格局，推动传统业态和新兴业态的融合发展。

四、建设出版子集团，
推动文轩出版向更高层次迈进

近几年来，我国部分出版传媒上市公司或出版集团都在积极推进出版子集团建设，如江西中文天地旗下组建了二十一世纪出版子集团，安徽时代出版旗下组建了时代少儿出版子集团，浙江出版联合集团旗下组建了浙江教育出版子集团等。这些子集团成立后，无一例外地迅速崛起，营收和利润高速增长，并带动了相应出版传媒上市公司或出版集团的出版业务快速发展。同时，中信出版集团和广西师范大学出版社集团这些以单体出版社为核心组建的集团也异军突起，发展势头迅猛。这些出版子集团均以高品质内容、高质量产品与服务，在各细分市场引领潮流，成为行业中的领军企业。出版子集团建设正在成为推动我国出版业高质量发展的新兴力量。

（一）建设出版子集团是出版产业发展的重要方向

1. 建设出版子集团符合出版产业发展规律

随着我国出版集团转企改制上市的推进，形成了现今出版（发行）集团、出版传媒上市公司、出版社三个层级的组织架构格局。基于各细分出版领域市场规模、增长潜力、竞争烈度，尤其是各专业出版社发展能力的不同，形成了出版传媒上市公司旗下各出版社营收和利润不同规模的发展梯次。从出版产业的普遍发展规律来看，一个单体出版社的市场图书年度出版规模超过5亿元码洋之后，就具有集团化发展的强大内在驱动力，建设出版子集团就可以提上议事日程。

统观我国500多家出版社，那些综合实力处于前几十名的出版社，已几乎全部实现集团化发展。我国单体出版社采取集团化发展策略大致有以下几种情况：

一是单体出版社经过多年发展，积极布局，整合本系统或本地区相关资源，正式组建出版集团公司。采取这种发展策略的出版社既有地方城市出版社，比如青岛出版集团、重庆出版集团，也有中央部委出版社，比如人民交通出版社股份有限公司、人民卫生出版社有限公司、人民法院出版传媒集团、英大出版传媒集团（中国电力出版社）等，还有一批名列前茅的大学社，比如广西师范大学出版集团、北京师范大学出版集团等。

我国当前综合实力最强的城市出版社——青岛出版社，成立于1987年初，经过多年快速发展，于2009年正式组建青岛出版集团。以该社为基础的"城市传媒"于2015年顺利借壳上市，成为我国第一家以地方城市出版社为基础的出版业上市公司。

我国最有影响力的地方大学出版社之一——广西师范大学出版社，1986年11月在桂林成立，经过多年发展，于2009年6月正式组建广西师范大学出版社集团，成为中国首家地方大学社出版集团。

我国大众出版领域最具活力的出版社——中信出版社，成立于1988年，2008年改制为中信出版股份有限公司，2013年正式组建中信出版集团公司。

二是我国一些出版传媒上市公司或地方出版集团内部进行深度的管理变革与机制创新，以其下属某一家出版社为基础，整合内外部相关资源，组建独立的子集团。比如，江西中文天地旗下的二十一世纪出版社2014年12月正式挂牌成立集团有限公司；湖北的长江出版传媒股份有限公司以长江少年儿童出版社为基础于2015年10月正式成立长江少年儿童出版集团；安徽的时代出版传媒股份有限公司以安徽少年儿童出版社为基础，整合相关资源，于2015年11月成立时代少儿文化发展有限公司（出版子集团公司）；浙江出版联合集团以浙江教育出版社为基础，组建了浙江教育出版集团，等等。

三是大量处于全国出版社综合实力前几十位的中央部委出版社和大学出版社虽然没有正式挂牌成立出版集团，但它们大多拥有多家全资子公司或参股子公司，业务多元，事实上已走上集团化发展道路，是典型的隐性集团化发展的出版社。此类例子有人民教育出版社、高等教育出版社、人民邮电出版社、化学工业出版社、电子工业出版社、人民文学出版社、中国少年儿童新闻出版总社、中国青年出版总社、外语教学与研究出版社、清华大学出版社、北京大学出版社、华东师范大学出版社等。

可见，随着业务的发展，集团化成为出版社普遍的发展道路选择。尽管有的出版社因为种种原因没有进行集团化改组，但其业务布局与管理架构已实际形成集团化的发展格局；而另外一些出版社，则是随着业务发展到具备集团化雏形之后，主动进行集团化变革，正式组建出版集团，进行资源重组与业务优化，从而走上集团化发展的快车道。

2. 建设出版子集团是出版社增强发展动力的重要方式

最近十来年，国内单体出版社发展到一定阶段后，要实现可持续发展，几乎都选择了集团化的发展路径。通过集团化，单体出版社在主营业务规模、产业链延伸、品牌化、管理变革等各方面实现由量变到质变的发展，走上可持续的快速发展之路。集团化是单体出版社发展到一定阶段后的内在发展需要。

从企业集团形成的规律来看，企业的集团化发展主要有四大动因：一是追求规模经济效应，即随着出版规模的扩大，生产成本和经营费用会相应降低，从而就可以获取成本优势并实现效益倍增。二是追求范围经济效应，即企业通过扩大经营范围，增加产品种类，会带来单位成本的降低。三是追求协同效应。企业沿产业链纵向一体化延伸，将产业链上游或下游企业纳入掌控之中，把纯粹的市场交易关系转变为企业内部上下级之间的管理关系，实现企业系统内各要素之间的互动和协同，从而使系统产生创新和发展的推动力量，即协同效应，也就是"1+1＞2"。四是降低经营风险。面对日趋激烈的市场竞争，企业迫切需要壮大实力、增强核心能力以提升抵御经营风险的能力。这四大动因，是我国现今出版（发行）集团、出版传媒上市公司、出版社三级模式的组织架构背景下单体出版社集团化发展内在的动因。单体出版社的集团化发展，对于打造出版业的航空母舰，提高产业运营能力具有重要意义。

（1）出版业务的集约化经营需要集团化发展。从出版产业的普遍规律看，一个单体出版社市场图书年出版规模超过5亿元码洋之后，就必须考虑集约化经营的效率问题——在流程管控、生产印制、销售发行、衍生产品经营等各方面需要以集团化方式推动集约化，实现生产要素的最佳组合，使资源得到最有效的配置，降低交易成本，提高管控效率，形成集团合力，从而实现价值最大化。

（2）出版业务的专业化需要集团化发展。出版产业是典型的供给侧驱动的产业，虽然产业规模不大，但产品数量十分庞大。每一个产品都具有自身个性，没法基于工业生产的逻辑进行管理。同时，出版产业专业分野庞杂，教育出版、专业出版、大众出版不同的出版门类具有鲜明的特性。要构建产业竞争力，基于各出版门类的特点进行战略发展规划、产品线发展定位，以及营销渠道建设、团队能力建设等各业务方向的专业化发展显得尤为重要。要解决这些问题，出版社发展到一定阶段，成立出版子集团是必然选择。

（3）出版业务创新发展需要集团化发展。出版产业是典型的文化创意产业，以内容版权为基础，往文化相关产业延伸经营几乎是所有领先出版传媒企业的必然选择。在移动互联网普及、大数据应用快速发展、文化服务产业快速迭代的当下，出版产业的创新发展最关键的路径就在于以内容版权为基础，打通出版与相关内容知识付费、教育培训、文化创意、文化娱乐、新零售等产业的跨界经营。这些相关产业，尽管都与出版产业高度相关，但都有其专业特性，需要建立适应其产业发展的运营机制与专业团队，因而在传统出版社内部发展相关业务困难重重。而建立出版子集团，以出版社的内容资源为依托，借助资本力量，成立相关业务的专业团队，按各业务的市场化方向运营，就成为有效的发展模式。纵观国内成立了集团的出版社，在相关业务拓展上都快速地取得不俗的业绩，中信出版、时代少儿、长江少儿、广西师大社等都堪称这方面的代表。

还需要说明的是，以单体出版社为核心纵向组建出版集团，与通过横向联合方式组建的出版集团相比，前者大都是自然成长起来的"航空母舰"，后者则往往是人为捏合起来的"联合舰队"，因而前者具有更高的经营效率和管控优势，在行业中也具有更大的影响力。出版子集团正是以打造"航空母舰"为目标推进的。

（二）建设出版子集团对文轩出版发展具有重要意义

1. 通过建设出版子集团，有利于创新体制机制和优化管控方式，进一步挖掘出版潜力，增强出版发展动力

出版社的体制机制建设，特别是公司总部对出版社的管控方式，对出版社的发展影响深远。这从振兴出版几年来文轩优化出版管控方式激发出版活力取得的显著成效就可见一斑。在出版管控上，文轩调整了原来的运营管控模式，公司总部更多地强调目标导向，弱化过程管控，向出版业务前线放权。管控方式的这一调整，加之资源配置的优化，极大地激发了出版社发展活力。所以，文轩继续推进出版管控方式的优化调整还大有可为，还能激发出版社更大的动力，打开更大的成长空间。

振兴出版战略实施以来，文轩旗下各出版社虽然都取得了

不同程度的发展，呈现向好发展态势，但各社的经营格局与经营状况差距进一步拉大，各社的资源状况、人才队伍、管理状况、盈利能力与核心竞争力呈现出巨大的差异。这就要求公司根据各出版社的具体情况，规划其相应的发展路径，实施差异化的资源配置策略与差异化的管控机制。如果不能切实根据各出版社的社情进行深度的出版管控模式变革，将难以更大程度地激发出版活力和更加充分地调动领跑者的积极性，从而难以深刻改变文轩出版的发展格局，不利于文轩出版乃至四川出版战略目标的实现。

出版子集团的成立，可以在学习借鉴业内领先企业成功经验的基础上，探索建立一套有利于四川出版振兴的激励制度体系，特别是出版创意人才的引进、使用、培养、留住的激励约束机制和绩效考核体系等。四川出版的振兴关键要靠这支队伍，这支队伍首先要讲情怀、担使命，但也不能只讲情怀不讲激励。不然，优秀的人才终将会流失。成立出版子集团，可以在出版激励制度方面进行大胆探索，要让跑得快的有激励，跑得慢的受处罚，通过形成一套制度体系来进一步深挖出版潜力，增强出版发展动力，推动四川出版的振兴。

2. 通过建设出版子集团，有利于充分发挥"赛马"机制中脱颖而出的"领头羊"作用，加速推进文轩出版做强做大做优

经过几年推行"赛马"机制和实施"非均衡"发展战略，文轩旗下各出版社原本体量规模大体相当的发展格局被彻底打破，四川少年儿童出版社和天地出版社脱颖而出。

2019年，四川少年儿童出版社实现销售码洋10.9亿元、净利润9742万元，净利润比2016年的710万元增长9000多万元。2019年川少社全国出版社市场排名第20，是文轩首家进入全国出版社排名前20的出版社。更为重要的是，川少社在强手如林的全国少儿出版阵营中跻身第二位，成为全国业界瞩目的明星出版社。

天地出版社2019年实现销售码洋5.98亿元，净利润5162万元，净利润比2016年的39万元增长130多倍；全国出版社市场排名第46，挤进前50位。

从这里我们也可以看出，销售规模越大的出版社，其营收和利润增长也越快。因此，要做强做大文轩出版，必须要充分发挥"领头羊"的作用，而通过出版子集团的建设，无疑会放大这个"头羊效应"。

国内出版子集团组建后迸发出空前活力、进入快速发展期的案例也印证了这一判断。例如，中信出版社2013年年底成立集团，此后的发展可谓一年一个台阶，发展势头非常迅猛。从2014年到2017年，其自有图书出版发行营业收入增长了160%，2014年仅37098万元，此后连年保持35%以上的复合增长率，到2017年高达96508万元。又如，安徽少年儿童出版社2015年正式成立时代少儿文化发展有限公司，组建时代少儿出版子集团，此后强势崛起。2015年，时代少儿在全国图书零售市场排名仅为45位，码洋市场占有率0.59%；2016年，也就是成立子集团一年后，该集团在全国图书零售市场排名跃居第25位，码洋市场占有率0.85%；2017年，时代少儿的码洋市场占有率突破1%大关，达1.04%，在全国出版社图书零售市场排名第19位。成立出版子集团后，时代少儿除了少儿出版主业迅猛发展，还在少儿教育培训、数字化媒体、少儿文化创意产业、少儿国际交流、少儿文化产业投资等相关领域强势介入，迅速崛起，完成了在少儿出版与教育等相关产业的业务布局与资源组织工作。

组建出版子集团，注入新的资源，进行管理机制创新，有利于发挥文轩出版"头羊效应"，进一步激发文轩出版的整体活力，从而加速文轩出版做强做大做优。

3. 通过建设出版子集团，有利于优化资源配置，提高经营效率，打造出版品牌，提升出版核心能力

一是在图书出版主业上，集团化发展的出版社通过集约化经营，形成产业链资源共享的经营平台，可以大幅提升经营效率。集团化发展的出版社，在图书的质量管理、生产印制、图书发行、物流、信息支持等各环节，构建了全社统一的经营平台，具有稳定的质量管理与成本管控优势，成为典型的平台化出版社，有利于在主业生产经营上快速裂变扩张，从而形成各业务板块相互促进的螺旋式上升发展态势。

二是在产业延伸与相关业务拓展上，集团化发展的出版社改变了单一的图书经营业态，可以形成资源共享、相互协同的局面。集团化发展的出版社，因为在内部有相关业务经营单元，可以在图书经营、数字产品开发，甚至文创产品开发、IP衍生授权经营、渠道支持等各环节，一次性签下同一作品的多种版权。一方面，这有利于大幅提升上游版权方的收益水平，从而提升出版单位获取优质内容版权的竞争力；另一方面，由于集团内部具有多业态协同能力，能有效摊薄同一版权作品在不同业态的初始投入，从而大幅降低出版商获取版权的保底成本，有效降低经营风险。此外，集团化的出版社能在不同业态的经营上相互借力，相互促进，方便开展各种形式的跨界合作，从而有效提升经营效率，最大化地发挥出协同价值。

三是集团化发展的出版社，基于统一的顶层设计进行战略发展规划，建构统一的管理体系与流程规范，有助于补齐短板，形成较为全面的能力。各出版社都有自身的发展历程与发展阶段，在不同的业务方向能力水平必然有差异，在有些业务环节能力突出，有些业务环节能力则比较欠缺；或者是在某些业务板块能力突出，某些业务板块能力欠缺。出版社集团化发展，可以针对出版社原有业务的短板与不足，通过资源整合或具有针对性的能力建设，补齐短板，从而快速提升出版社的整体能力，将出版社某一环节的竞争优势提升为全产业链的竞争优势，快速提升出版社的核心能力。

四是建设出版子集团有利于加强出版品牌建设，快速形成品牌优势，通过品牌建设为产业发展赋能。出版社集团化发展的过程，通常也是出版社品牌化的过程。出版子集团进行统一的品牌规划，规范品牌识别体系，并在所有的产品上予以呈现，通过一个个品牌产品，打造自己的品牌产品线和子品牌，进而强化出版子集团的整体品牌。依靠品牌优势，形成对产业链资源的吸附能力，不断提升出版社的整体竞争力。

（三）出版社组建出版子集团应具备的条件

出版社选择集团化发展路径，本质上都是业务发展到一定阶段的自然选择。那么，文轩的出版社在什么情况下应该采取集团化的发展策略？我们认为，通常应具备以下几个条件：

一是坚持正确出版导向，社会效益成效显著。

选择集团化发展的出版社，必然在出版导向管理方面建立了健全有效的流程管控体系，在出版物导向管理、内容质量管理等方面形成了稳定的能力，连续多年没有出现出版导向问题与较为严重的内容质量问题。同时，出版社形成了稳定的优质选题开发能力，连续多年在国家级出版物评奖、省部级出版物评奖中表现较为出色，屡获殊荣，广受好评，社会效益显著。

二是发展战略清晰，盈利能力强。

拟组建子集团的出版社，其出版主业突出，发展战略清晰，连续多年保持稳定发展态势，具备较强的可持续盈利能力。出版社在主业经营规模方面上了一定台阶，年度出书品种、销售码洋、经营利润达到一定量级，步入国内大中型出版社，甚至大型出版社之列。同时，拟组建子集团的出版社，发展方向明确，阶段性目标清晰，并形成了为达成阶段性目标而制订的可执行方案。

三是产品结构合理，具备可持续发展能力。

拟组建子集团的出版社，内部一定建立了较为合理的多元产品结构，已有多条重点产品线与辅助产品线，重点产品线在业界具备了较高的知名度、美誉度与市场占有率，具备可持续发展能力。从具体产品看，出版社形成了合理的基础常备产品、腰部支柱性产品、头部畅销产品的产品分布格局，产品整体动销稳定，滞销产品占比合理可控，从而确保出版社持续健康发展。

四是已形成相关多元业务架构，具备建立子集团的业务基础。

拟组建出版子集团的出版社，要么已经通过横向一体化进行业务扩张，主业裂变，形成了多个业务经营单元——出版中心或分社；要么进行纵向一体化业务扩张，将原有业务的某些环节进行扩容升级，发展为具有一定独立性的业务经营单元；要么在地域上进行拓展，形成了跨地域的多个业务经营单元；要么在相关业务上进行了新的投资和布局，已形成多元的、立体的业务架构，具备了建设出版子集团的业务基础。

五是已形成集团化的业务架构雏形，成立集团是顺势而为。

拟组建出版子集团的出版社，随着业务的多元发展，已自然地建立起母子公司的治理体系，形成了集团化的业务架构雏形。为了规范相关法人单位的业务关系、明确各业务单位的发展定位，有建立出版子集团的内生动力和内在需要。

六是形成了较好的人才结构，在管理上成熟规范。

拟组建出版子集团的出版社，形成了良好的人才储备。在核心经营管理团队、各方向的业务骨干上，形成了较为健全的人力资源格局，建立了积极的人力资源管理机制与有效的考核机制，有能力解决发展所面临的人才瓶颈问题。此外，拟建设集团的出版社，企业化、市场化程度高，在内部管理上业务流程规范，各项管理制度完善，没有重大管理缺陷。

（四）加快出版子集团建设，推动文轩出版向更高层次迈进

目前，文轩已有出版社具备组建出版集团的条件，需要抓住有利时机，加快建设出版子集团，将振兴四川出版推向新的阶段。

随着振兴出版战略向纵深推进，文轩出版进入一个新的发展阶段，承担着新的历史使命。2018年9月，甘霖部长在振兴四川出版工作推进会上指出："要从总体上算一下我们的综合实力，要再上新台阶，就是要进入全国前五，要在治蜀兴川再上新台阶的伟大实践中，贡献我们出版人的智慧和力量，实现我们出版人更高的发展目标。"

基于以上思考认识和战略判断，在推进新时代出版业高质量发展的背景下，文轩出版要进一步做大做强，实现振兴四川出版、跻身全国出版传媒集团前五位的战略目标，就要以深入推进出版供给侧结构性改革为突破口，以组建出版子集团这一重要抓手来推进出版改革发展，创新体制机制，创新资源整合，创新出版模式，创新经营作者方式、人才培养机制，探索建立一套完善的"出版社经营＋集团化管控"的振兴出版制度体系，进而推进文轩出版向更高层次迈进。

后　记

本书原是承担中宣部"文化名家暨'四个一批'人才"自主课题《振兴四川出版的思考与展望》的内容。做这个课题，是希望把平时振兴四川出版工作中的思考做一个系统化的梳理，同时，也希望通过课题研究这个契机，促使我更深入地思考一些问题。

美好的愿望，实现起来总不是那么容易。因为平时老是抽不出大块的时间，思路总是受到这样那样的干扰，所以，这个课题用了近四年才得以完成。不过，这也带来一个好处。这四年的时间，刚好与文轩振兴四川出版初见成效的时间吻合，这使课题的内容可以在实践的印证中有序展开。客观地说，因为这个课题研究，促使我在实践中把遇到的问题放在更加广阔的时空中去思考，有助于把工作做得更好。

振兴四川出版释放了四川出版人压抑多年的胸中郁闷。在曾经那段憋屈的日子，我亲身感受到了四川出版人那种心有不甘的失落和气有不顺的无奈。四川出版人憋屈了太长时间，急需要来一个深呼吸。振兴四川出版，是四川出版人面临的一次难得历史机遇，是四川出版人扬眉吐气的希望所在。

振兴四川出版是一篇大文章，需要一代甚至几代四川出版人的不懈努力。这几年取得的成绩，只能说明振兴四川出版开局良好，并不意味着未来的振兴之路是平坦的。"船到中流浪更急，人到半山路更陡。"今后的困难和问题，会比我们预想的多得多。因此，研究问题应该是我们走好未来之路的常态。

我的本意是想通过做这个研究课题把振兴四川出版涉及的方向、路径、举措思考得更清楚，而要做到这一点，就难免要涉及过去的历史，要回顾我们所走过的路，要反思我们的得失。这不仅需要有直面问题的勇气，还需要有分析问题的严谨。只有以一种严肃认真的态度来思考我们怎么了、我们怎么办，才会有令人欣喜的结果。由于思考的过程总不是那么轻松，尤其是面对问题、追问原因的时候，总有那么一点沉重，故用"沉思录"作为书名，以表达我的心情。

但是，过于严肃，板着面孔，又有拒人千里之外的感觉。身为出版工作者，我一直倡导书是给人阅读的，不是用来"装门面"的。所以，我把课题的内容做了一些调整，用"讲故事"的方式来表达，以便离读者近一点。一是读者对讲故事的要求不会太高。即使故事讲得不够深入、不够严谨，读者也不会有太多失望，别人还可以接着再讲。四川出版故事，讲的人多了，四川出版就容易做好了。二是讲故事比较随意。同样的问题，你可以这样讲，我可以那样讲，可以避免与人争论，可以为自己的粗疏开脱。浅显的故事，还可以抛砖引玉，引来真正严肃的研究。三是讲故事讲的多是陈年往事。作为长期在出版战线工作的人，最大的优势，就是见得多、经历多。过去的故事，只有讲出来，才有价值，才有助于温故知新。

讲述过去的故事，可以为后来者讲述更加精彩的故事提供参照。

巴金说："我之所以写作，不是因为我有才华，而是因为我有感情。"我深深地热爱出版事业，衷心希望四川出版能屹立于中国出版的潮头。这是我写本书的原动力。

这个课题，断断续续，历时几年。其间，很多同志帮着做了大量工作，包括收集整理资料，采访当事人。最让人感动的是初稿形成之后，很多同志认真审看，提出大量的宝贵意见。这本书可以说是一个集体成果，汲取了众多有识之士的智慧。这些同志是王伟、陈大利、赵学锋、王华光、刘定国、杨稀贵、李润权、金平、侯安国、胡巍、张纪亮、邓兴、孟庆发、李旭、蓝明春、常青、杨政、张庆宁、林建、杨锐。此外，蒲其元、林文洵、杨宗义、骆晓平等资深出版人对书稿进行了认真审读，并提出了大量宝贵意见。在此，向他们表示衷心的感谢。

感谢老领导柳斌杰为本书作序。斌杰署长长期以来对我的关心与支持，是我能够保持出版激情的重要原因。

感谢中国出版传媒股份有限公司董事、副总经理、商务印书馆原总经理于殿利，商务印书馆执行董事顾青和总经理李平对出版本书给予的大力支持；感谢责任编辑邹贵虎，封面设计陈钰莉、李其飞、陈荣为本书出版付出的辛勤劳动。

还要感谢我的家人为我写作所给予的各种支持。

何志勇

2020年7月16日